Adam Smith zur Einführung

Michael S. Aßländer

Adam Smith zur Einführung

JUNIUS

Junius Verlag GmbH
Stresemannstraße 375
22761 Hamburg
Im Internet: www.junius-verlag.de

Umschlaggestaltung: Florian Zietz
Titelbild: Archiv für Kunst und Geschichte
Satz: Junius Verlag GmbH
Druck: Druckhaus Dresden
Printed in Germany 2007
ISBN 978-3-88506-641-5
(zur Einführung; 341)

Bibliografische Information der Deutschen Nationalbibliothek
Die Deutsche Nationalbibliothek verzeichnet diese Publikation in der Deutschen Nationalbibliografie; detaillierte bibliografische Daten sind im Internet über <http://dnb.d-nb.de> abrufbar

Inhalt

1. Einleitung

Adam Smith zählt wohl zu den am häufigsten zitierten und zu den am seltensten gelesenen Autoren – so kommentiert Walther Eckstein, Herausgeber der deutschen Ausgabe der *Theory of Moral Sentiments*, den allgemeinen Kenntnisstand über die Werke Adam Smiths.[1] Diese Diagnose betrifft nicht nur die *Theorie der ethischen Gefühle*, sondern durchaus auch Smiths ökonomisches Hauptwerk, den *Wohlstand der Nationen*. Wenn überhaupt, ist Adam Smith vielen allenfalls als »Vater« der modernen Ökonomie bekannt und gilt gemeinhin als Vertreter eines kruden Laissez-faire-Kapitalismus. Der von ihm »entdeckte« Mechanismus der »invisible hand« erlaube es den Wirtschaftsakteuren, ihren eigenen egoistischen, auf individuelle Nutzenmaximierung gerichteten Verhaltensweisen bei weitgehender Zurückhaltung des Staates und größtmöglicher Freiheit in wirtschaftlichen Belangen freien Lauf zu lassen, da der Marktmechanismus stets zum Ausgleich dieser widerstreitenden Interessen zum Wohle aller führe – so die unter Ökonomen verbreitete Sichtweise.

In Vergessenheit geriet dabei, dass Smith seinen ökonomischen Entwurf als Teil der praktischen Philosophie betrachtete und das Handeln der einzelnen Wirtschaftsakteure stets an die Wirkweisen einer natürlichen Moral zurückgebunden sah, wie er sie in seinem moralphilosophischen Hauptwerk, der *Theory of Moral Sentiments*, beschrieben hatte. Wie wir aus dem Aufbau seiner Vorlesungen in Glasgow schließen können, betrachtete Smith die praktische Philosophie im Sinne der aristotelischen

Trias bestehend aus Politik, Ethik und Ökonomie. Neben den beiden schon veröffentlichten Werken zur Ökonomie und Moralphilosophie beabsichtigte Smith daher auch die Veröffentlichung einer Schrift zur Politik und Rechtsgeschichte. Diesem Werk widmete er einen Großteil seiner Arbeit der letzten Lebensjahre. Jedoch wurde die Schrift von ihm nie fertig gestellt, und die Manuskripte wurden in seinem Auftrag verbrannt. Einige Autoren meinen hieraus schließen zu können, dass Smith selbst nicht mehr an die Einheit der praktischen Philosophie innerhalb der neuzeitlichen marktliberalen »Commercial Society« glaubte und daher die Vernichtung seiner Manuskripte anordnete.[2] Wahrscheinlicher scheint hingegen, dass der stets sehr akribisch, aber auch sehr langsam arbeitende Smith, der stets um die exakte und einprägsame Formulierung seiner Gedanken bemüht war, eine Fehlinterpretation seiner noch nicht endgültig ausgearbeiteten Gedanken befürchtete. Dass seine Rechtsphilosophie durchaus an seine Ausführungen zur Moralphilosophie und zur Ökonomie anschlussfähig ist, belegen zwei erhalten gebliebene Vorlesungsmitschriften aus den Jahren 1762/63 (LJA) und 1763/64 (LJB), die unter dem Titel *Lectures on Jurisprudence* in der Glasgower Gesamtausgabe der Werke Smiths veröffentlicht wurden.[3]

Insgesamt umfasst das Werk Adam Smiths neben der *Theorie der ethischen Gefühle* und dem *Wohlstand der Nationen* sowie den erwähnten *Vorlesungen über Rechts- und Staatswissenschaften* auch eine Reihe kleinerer Schriften, die zum einen seine öffentlichen Vorlesungen über die Rhetorik und die schönen Künste umfassen und zum anderen kleinere Aufsätze zu verschiedenen philosophischen, aber auch naturwissenschaftlichen Themenstellungen enthalten, u.a. zur Geschichte der Astronomie und zur Geschichte der Physik. Ergänzend hierzu sind zahlreiche Briefe von und an Smith erhalten, die in einem eigenen Band der Glasgower Ausgabe in chronologischer Reihenfolge zusammengestellt wurden und einen guten Einblick auch in das private Leben Adam Smiths ermöglichen. Andere Schriften Smiths sind im Laufe der Jahre verloren gegangen, so u.a. die Tagebücher seines Frankreichaufenthalts oder seine politischen und literarischen Leitlinien.[4] Leider existiert bis heute keine einheitliche deutsche Ausgabe des Gesamtwerks Adam Smiths, so dass im Folgenden auf die einschlägigen deutschen Übersetzungen zurückgegriffen wird. Es sind dies: die Übersetzung des *Wealth of Nations* von Horst Claus Recktenwald, die Übersetzung der *Theory of Moral Sentiments* von Walther Eckstein und die von Daniel Brühlmeier editierten Zusammenfassungen der *Lectures on Jurisprudence.*

Die vorliegende Einführung bezieht sich vor allem auf die beiden Hauptwerke Adam Smiths, die *Theory of Moral Sentiments* und den *Wealth of Nations*. Nur wenn es darum geht, besondere Aspekte innerhalb der Philosophie Adam Smiths anhand des Zusammenspiels seiner verschiedenen Werke zu verdeutlichen, wird gelegentlich auf ausgewählte kleinere Schriften Bezug genommen werden. Im Mittelpunkt steht die Darstellung der Moralphilosophie Adam Smiths, weniger die seiner ökonomischen Gedanken. Dennoch bilden Moralphilosophie, Rechtsphilosophie und Ökonomie für Smith eine gewisse Einheit, so dass zumindest jene Teile des *Wealth of Nations*, die sich mit den Fragen der bürgerlichen Freiheitsrechte, den Grundlagen bürgerlicher Wohlfahrt oder der Rolle des Staates innerhalb der Wirtschaftsordnung befassen, ausführlicher diskutiert werden müssen, um die Gedanken Adam Smiths zu verstehen. Damit das Zusammenspiel von Moralphilosophie, Rechtsphilosophie und Ökonomie in Smiths Denken deutlich wird, soll in einem weiteren Kapitel ausführlich auf das smithsche Menschenbild und seinen gesellschaftstheoretischen Entwurf in der Zusammenschau seiner Werke eingegangen werden. Dies scheint insbesondere deshalb von Bedeutung, weil die jeweils einseitige Betrachtung seiner Moralphilosophie oder seiner Ökonomie vielfach zu Missverständnissen und Fehlinterpretationen Anlass gegeben hat. Hierbei wird in Ermangelung einer Originalschrift zur Rechtsphilosophie insbesondere auf Smiths Ausführungen zur Rechtsgeschichte in seinen Vorlesungen Bezug genommen.

Anliegen des vorliegenden Bändchens ist es, in die Gedankenwelt Adam Smiths einzuführen und das Zusammenspiel der unterschiedlichen von ihm analysierten gesellschaftlichen Wirkmechanismen zu erläutern. Ziel der vorliegenden Einführung ist es nicht, die Lektüre der Werke Adam Smiths zu ersetzen. Vielmehr will sie zu ihrem Studium anregen.

2. Vom Moralphilosophen zum Ökonomen

2.1 Smith und die Schottische Aufklärung

Mit der Vereinigung des schottischen und des englischen Parlaments in London im April 1707 verliert Schottland formal seine Unabhängigkeit. Für das bis dahin im Vergleich zu England rückständige Schottland beginnt nun eine Zeit des Umbruchs und der Aufklärung. Im Austausch mit England erleben Wissenschaft, Politik und Wirtschaft in Schottland eine bisher nicht gekannte Blüte. War Schottland bis dahin orthodox-calvinistisch geprägt und eher um Autarkie bemüht, führte die Vereinigung mit England zur Aufhebung dieser geistigen Isolation. Liberalismus und Toleranz finden Eingang in das Denken der schottischen Gelehrten. Isaac Newton und seine Vorstellung einer harmonischen Weltordnung werden zum Vorbild der schottischen Aufklärer.[5]

Zugleich erlebt Schottland einen bedeutenden wirtschaftlichen Aufschwung. Neben zahlreichen Manufakturen entstehen erste große Handelsgesellschaften, und der Überseehandel wird zu einem immer bedeutsameren Wirtschaftsfaktor.[6] Ökonomische Fragen werden daher zum beliebten Gegenstand in den neu entstehenden Debattier- und Gelehrtenclubs, in denen sich neben Wissenschaftlern auch Unternehmer und Staatsbedienstete zusammenfinden. Anliegen dieser Clubs ist nicht nur die theoretische Erörterung tagesaktueller wirtschafts- und sozialpolitischer Fragen, sondern auch die direkte Förderung und

Verbesserung der heimischen Industrie und der praktischen Ausbildung. Im Gegensatz zu den klassischen universitären Einrichtungen in Oxford und Cambridge waren die schottischen Universitäten, allen voran die Universitäten in Glasgow und Edinburgh, in weit höherem Maße praktisch orientiert und auch den Forderungen nach praxistauglichen Lehrinhalten gegenüber aufgeschlossen. Als vorteilhaft erwies sich dabei nicht zuletzt die Übernahme des »holländischen Ausbildungsmodells«, dem zufolge nicht mehr ein Professor jeweils alle Fächer unterrichten sollte, sondern jeweils nur mehr für eine Spezialdisziplin zuständig war.[7]

Infolge dieser neuen Orientierung an Spezialwissen und »praxisnaher« Forschung zogen die schottischen Universitäten eine Vielzahl Gelehrter an, die sich weniger an klassischen Studien orientierten, sondern sich neuen Wissensgebieten zuwendeten. Zu den bedeutendsten Vertretern zählen dabei im Bereich der Philosophie die Aufklärer Francis Hutcheson (1694-1747), David Hume (1711-1776) und Adam Smith (1723-1790). Mit James Hutton (1726-1797), dem Begründer der modernen Geologie, Joseph Black (1728-1799), einem Mitbegründer der modernen Chemie, und James Watt (1736-1819), der in seinem Laboratorium an der Glasgower Universität die Verbesserung der Dampfmaschine vorantrieb und so schließlich deren industrielle Nutzanwendung ermöglichte, versammelten die schottischen Universitäten zahlreiche herausragende Naturwissenschaftler unter ihren Mitarbeitern. Doch auch im Bereich der »Gesellschafts- und Geisteswissenschaften« hielten die schottischen Universitäten jedem Vergleich stand. Neben dem Historiker William Robertson (1721-1793) beheimateten sie mit Adam Ferguson (1723-1816) und John Millar (1735-1801) zwei der wichtigsten Mitbegründer der modernen Soziologie, um hier nur einige der herausragenden Geister der schottischen Aufklärung zu nennen.

In mehreren Schüben verändert die Aufklärung das Selbstverständnis der Menschen innerhalb der Gesellschaft. An die Stelle der gottgegebenen Ordnung treten die Vorstellung der Machbarkeit von Geschichte und die Idee, durch eigenes Zutun Gesellschaft gestalten zu können. Dieses Denken gelangt mit dem Vordringen der naturwissenschaftlichen und technologischen Weltinterpretation Ende des 17. und Anfang des 18. Jahrhunderts vollends zum Durchbruch. Mit der Aufklärung wird Gesellschaft nun nicht mehr als vorgefundene, bestehende Ordnung betrachtet, sondern als freiwilliger, vertraglicher Zusammenschluss politisch und gesellschaftlich prinzipiell gleichberechtigter Bürger verstanden.[8] Damit geht eine systematische Trennung von Staat und Gesellschaft einher, die es nun erlaubt, einzelne gesellschaftliche Prozesse zum Gegenstand wissenschaftlicher Untersuchungen zu machen. Ähnlich wie sich Gesellschaft in verschiedene Sphären – Politik, Wirtschaft, Recht usw. – teilt, agiert auch der Mensch in unterschiedlichen Handlungssphären, und seine Motivlagen und Handlungsmuster können im Kontext der jeweils zugehörigen Wissenschaft untersucht werden. »Die meisten philosophes sahen im rationalen Studium des menschlichen Lebewesens den ersten Schritt in Richtung auf die von David Hume so genannte ›Wissenschaft vom Menschen‹. Ehrgeizige Newtons des Seelenlebens arbeiteten an einer objektiven Psychologie, die reformbereite Staatsmänner in die Lage versetzen würde, Missstände aufzudecken, gegen Aberglauben vorzugehen, Ungerechtigkeit zu beseitigen [...]. Im 19. Jahrhundert brachten diese zukunftsweisenden Untersuchungen zahlreiche neue Berufe hervor, Fachleute, die man Soziologen, Politologen, Ökonomen und Kriminologen nannte.«[9]

Auch das geistige Klima der schottischen Aufklärung war geprägt von der Bewunderung für die naturwissenschaftlichen Erkenntnisse Isaac Newtons, die in ihrer Exaktheit und der Anwendung der mathematischen Methode als Vorbild für Wissenschaft schlechthin galten. Doch trotz einer zunehmend stärkeren Ausrichtung der Wissenschaft an praktischen Fragestellungen existierte zugleich auch eine klare Vorstellung von den der jeweiligen Wissenschaft zugrunde liegenden philosophischen und ethischen Prinzipien. So beschreibt David D. Raphael das Denken an den schottischen Hochschulen wie folgt: »Die schottische Universitätstradition der Philosophie hatte jedenfalls im 18. Jahrhundert einen ausgeprägten Einfluss und infizierte das Denken einer Vielzahl gebildeter Männer. Die Vorlesungen eines führenden Naturwissenschaftlers wie Joseph Black enthalten ebenso wie die Bücher eines führenden Juristen wie Lord Kames untergründig den Ton einer ernsthaften philosophischen Untersuchung.«[10]

Beide Denkweisen beeinflussen nicht zuletzt auch die Gedanken Adam Smiths. So ist er zum einen geprägt durch die Philosophie seines akademischen Lehrers Francis Hutcheson und seines väterlichen Freundes David Hume. Andererseits versucht er im Sinne des newtonschen Wissenschaftsverständnisses beobachtbare Phänomene auf einheitliche Wirkungsgesetze zurückzuführen. Sowohl seine Moralphilosophie als auch seine Erkenntnistheorie sind stark »psychologisch« geprägt.[11] Es geht Smith vor allem darum zu ergründen, wie sich die Welt und ihre Phänomene in unserem Denken darstellen und nach welchen Gesetzmäßigkeiten sie sich ordnen und erklären lassen. Dabei entpuppt Smith sich als genauer Beobachter, der seine Schlussfolgerungen stets mit einer Fülle von empirischen Details zu untermauern versucht.

Smith schildert sein Verständnis von Wissenschaft in den *Principles which Lead and Direct Philosophical Enquiries illustrated by the History of Astronomy*. Ausgehend von der Betrachtung »naturwissenschaftlicher Systeme« schließt Smith auf die generelle Bedeutung von Ordnungssystemen für das menschliche Denken. Allgemeine Prinzipien erlauben es, die Realität zu ordnen und zu verstehen und so die Erkenntnis voranzutreiben.[12] Der Erkenntnisgewinn wird dabei zunehmend um seiner selbst willen erstrebt, d.h. als etwas, das seinen Wert in sich selbst trägt (HA 50f.). Der Mensch ist von sich aus bemüht, Neues zu verstehen und es in seine bisherigen Kenntnisse über die Ordnung der Welt einzupassen. Wissenschaft sucht nach Erklärungen, »die den Gedankenfluss wieder gleichmäßig, natürlich und leicht machen. Eben dies ist die Aufgabe der Philosophie [...]: Indem die Philosophie die unsichtbare Verkettung scheinbar unzusammenhängender Gegenstände offen legt, bringt sie Ordnung in das Chaos und lässt manchmal ein neues Gefühl entstehen, nämlich das der Bewunderung für die Geordnetheit der Welt.«[13] Entsprechend definiert Smith: »Philosophy is the science of the connecting principles of nature.« (HA 45)

Mithin besteht die Aufgabe des Philosophen darin, die Dinge zu beobachten, sie zu beschreiben und neue Zusammenhänge zu erkennen. Der Philosoph wird zum »nachdenklichen Zuschauer«, der die Zusammenhänge der Phänomene erkennt und so theoretische Erkenntnisse oder praktische Erfindungen ermöglicht.[14] Seine wichtigste Fähigkeit ist es, Parallelen zu anderem, bereits vorhandenem Wissen zu ziehen. Als einen Vorreiter dieser Denkweise schildert Smith den französischen Physiokraten François Quesnay (1694-1774), den er als einen höchst vielseitig interessierten Theoretiker und Arzt beschreibt, welcher sich das Staatswesen analog dem menschlichen Körper aufgebaut vorstellte (WN 569f.). Und Bezug nehmend auf die Vorgehensweise der antiken Philosophie schreibt er: »As Aristotle observes, that the early Pythagoreans, who first studied arithmetic, explained all things by the properties of numbers; and Cicero tells us, that Aristoxenus, the musician, found the nature of the soul to consist in harmony. In the same manner, a learned physician lately gave a system of moral philosophy upon the [...] principles of his own art [...].« (HA 47)[15]

Obwohl somit Wissenschaft für Adam Smith im Prinzip stets auf die gleiche Weise verfährt, anerkennt er doch, dass nicht alle Bereiche der Wissenschaft nach den gleichen Methoden verfahren können. Während die Naturwissenschaft in der Lage ist, ihre Erkenntnisse experimentell zu überprüfen, bleibt diese Vorgehensweise den politischen, ökonomischen und sozialen Wissenschaften verschlossen. Sie sind letztlich auf die historische Betrachtung und die genaue Beobachtung ihres Gegenstands angewiesen.

Entsprechend basiert Smiths eigene wissenschaftliche Vorgehensweise auf der historischen Analyse und der kritischen Sichtung der bisherigen Theorien. Sein Ziel ist es, anhand der historischen Fakten Belegmaterial zu sammeln, das dazu geeignet ist, eine bestimmte Theorie zu widerlegen oder zu bestätigen und hierauf aufbauend seine eigenen Vorstellungen zu entwickeln. »Der Zweck von Smith' historischen Untersuchungen [...] bestand darin, sich das erforderliche Belegmaterial zu verschaffen, um eine Verallgemeinerung, eine Hypothese oder ein mögliches wissenschaftliches Gesetz zu bestätigen oder zu widerlegen.«[16] Dugald Stewart, der im Auftrag der Royal Society in Edinburgh als Erster eine Darstellung des Lebens und Werks Adam Smiths verfasste, bezeichnet die wissenschaftliche Vorgehensweise Smiths als »theoretische oder hypothetische Geschichte«[17]. Vermittels seiner historischen Analysen und seiner assoziativ-induktiven Vorgehensweise versucht Smith zu neuen Erkenntnissen zu gelangen. Seine Vorgehensweise gleicht dabei trotz ihrer spekulativ-historischen Ausrichtung der Vorgehensweise der Naturwissenschaften. Ähnlich wie die Naturwissenschaft bestimmte Phänomene auf einheitliche Wirkungsprinzipien zu reduzieren sucht, versucht Smith, ebensolche Prinzipien in den verschiedenen Sphären menschlichen Handelns aufzudecken.

Smith erweist sich dabei sowohl als Kind wie auch als führender Vertreter der schottischen Aufklärung. In all seinen Schriften hält er unverbrüchlich an seiner Vorstellung einer »harmonischen Ordnung« des Weltganzen fest. So wie sich den Aufklärern der natürliche Kosmos als wohlgeordnetes Ganzes darstellt, dessen (Natur-)Gesetze sich qua menschlicher Vernunft ergründen lassen, versucht Smith diese natürlichen Gesetze auch auf der Ebene der sozialen Handlungssphären zu ergründen, um hieraus Regeln für das gesellschaftliche Miteinander abzuleiten. Das naturwissenschaftliche Weltbild wird so bestimmend auch für Smiths Sicht der im gesellschaftlichen Kontext wirkenden sozialen Mechanismen. »Die sich mit der Aufklärung durchsetzende weltimmanente Betrachtungsweise [...] gründet auf der Überzeugung, dass der Mensch nicht nur befähigt sei, die Naturgesetze zu erkennen und sich nutzbar zu machen, sondern auch in der Lage, [...] die sozialen Verhältnisse als allgemeine menschliche Verhältnisse zum Nutzen aller rational zu gestalten.«[18]

Ursprünglich war es Smiths Anliegen, den Gesamtbereich der praktischen Philosophie, d.h. Ethik, Ökonomie und Politik (Rechtsphilosophie), darzustellen. Jedoch blieb seine Untersuchung zur Entstehung des Rechts unvollendet und wurde von seinen beiden Testamentsvollstreckern, Joseph Black und James Hutton, in seinem Auftrag verbrannt. Man mag darüber spekulieren, ob dieses ursprüngliche Ansinnen seiner Bewunderung für die antike, namentlich die aristotelische Philosophie geschuldet war[19] oder ob Smith hier dem Vorbild seines Freundes David Hume zu folgen beabsichtigte, der mit seinen Schriften *An Enquiry Concerning the Principles of Moral und Political Discourses* ebenfalls versuchte, alle drei Bereiche der praktischen Philosophie abzudecken, wenngleich insbesondere im Bereich der Ökonomie und der Politik wohl weitaus weniger systematisch. Wahrscheinlicher ist, dass Smith sich hier an der systematischen Einteilung der Vorlesungen seines Lehrers Francis Hutcheson orientierte, der in seinen Seminaren ebenfalls die Themen Ethik, Ökonomie und Politik als Gegenstand der Moralphilosophie behandelte, eine Einteilung, die, wie wir noch sehen werden, Smith selbst in seinen Vorlesungen übernahm.[20] Interessanter scheint, dass Smith – soweit wir dies aus der Rekonstruktion seiner Rechtsgeschichte anhand der erhaltenen Vorlesungsmitschriften beurteilen können – in allen drei Bereichen der praktischen Philosophie seine Untersuchungen stets auf die gleiche Weise vorantreibt. Kennzeichnend für die smithsche Philosophie sind stets der stark deskriptive Charakter seiner Werke, die umfassende historische Betrachtungsweise, die er seinen einzelnen Überlegungen voranstellt, und ein immer wieder am Paradigma der harmonischen Weltordnung fixierter Naturalismus.

2.2 Familie und Kindheit

Adam Smith wurde vermutlich Anfang Juni 1723 in der Hafenstadt Kirkcaldy, in der Grafschaft Fife nördlich von Edinburgh, geboren. Das kirchliche Taufregister Kirkcaldys enthält nur den Eintrag seiner Taufe am 5. Juni 1723. Sein Vater, Adam Smith sen., zuletzt königlicher Zollrevisor in Kirkcaldy, war wenige Monate zuvor, am 9. Januar 1723, im Alter von nur 44 Jahren gestorben. Adam Smith sen. war seit 1720 in zweiter Ehe mit der 1694 geborenen Margaret Douglas verheiratet; aus seiner ersten Ehe mit Lilias Drummond stammte Adam Smiths Halbbruder Hugh, getauft am 2. September 1709. Hugh Smith starb am 15. Dezember 1750.[21]

Die Küstenstadt Kirkcaldy lebte zu dieser Zeit vor allem vom Seehandel, insbesondere von Kohle- und Salzexporten nach dem Kontinent. Auf ihrem Rückweg brachten die Frachtschiffe Eisenschrott für die Nagel-Manufakturen Kirkcaldys mit. Mit zunehmender Prosperität Schottlands und damit einhergehend der zunehmenden Nachfrage nach Handelsschiffen scheint Kirkcaldy zeitweilig ein regelrechtes Monopol auf die vor allem für den Schiffsbau verwendeten Nägel gehabt zu haben.[22] Die Erfahrungen des jungen Smith in Kirkcaldy, sein genaues Studium der Nagelproduktion in den Manufakturen, die Beobachtung der ein- und auslaufenden Schiffe mit ihren unterschiedlichen Frachten, das Elend der Grubenarbeiter in den benachbarten Kohlebergwerken, die vermutlich auch im Familienkreis diskutierte Frage des Kolonialhandels, das Problem des Schmugglerwesens und vieles mehr finden später Eingang in seine Vorlesungen zur Jurisprudenz und seinen *Wealth of Nations.*[23]

Die Verantwortung für Smiths Erziehung liegt allein in den Händen seiner Mutter, der er bis zu ihrem Tod am 23. Mai 1784 stets eng verbunden bleibt. Adam Smith war von Geburt an ein schwächliches Kind und blieb zeitlebens anfällig für Krankheiten. Dies dürfte auch der Grund gewesen sein, warum er erst als Neunjähriger eingeschult wurde.[24] Bis an sein Lebensende galt Smith als zerstreut und neigte dazu, geistesabwesend Selbstgespräche zu führen. Aufgrund seiner gesundheitlichen Schwächen hielt sich der junge Adam Smith von sportlicher Betätigung fern. Trotz dieser »Absenz« bei den Spielen seiner Kameraden scheint Smith aufgrund seines freundlichen und großzügigen Wesens bei seinen Mitschülern jedoch durchaus beliebt gewesen zu sein. Anstelle sportlicher Wettkämpfe sorgten ausgedehnte Spaziergänge für Ablenkung, auf denen er viele jener Beobachtungen gemacht haben dürfte, die später wichtige Grundlagen seines Werks bilden sollten. Das Hinterland Kirkcaldys, in das Smith seine Ausflüge unternahm, war geprägt von einer nicht allzu üppigen, traditionell ausgerichteten Landwirtschaft, die für diejenigen, die sie betrieben, nur wenig abwarf. Daneben existierten auf den Dörfern eben jene kleinen Manufakturen, in denen Smith die Produktion von Nägeln beobachten konnte. Auch gab es einige Kohlegruben und Salzsiedereien, die ihren Arbeitern ein eher kärgliches Auskommen bescherten. Noch Jahre später bedauert Smith das Schicksal der Bergleute und Salzsieder.[25]

Über seine frühe Kindheit ist wenig bekannt, mit Ausnahme einer vielfach zitierten Anekdote, der zufolge Smith als Dreijähriger auf einem Ausflug mit seiner Mutter zu ihrem Bruder nach Strathenry Castle von Zigeunern entführt wurde. Nachdem Smiths Verschwinden bemerkt worden war, nahmen die Nachbarn eilig die Suche auf, und nachdem eine Zigeunerin mit einem jämmerlich schreienden Kind auf der Landstraße gesichtet worden war und diese von den eilends zusammengerufenen Nachbarn in einem Wald gestellt wurde, ließ sie den schreienden Jungen auf dem Waldboden zurück und floh. Smith wurde wohlbehalten nach Strathenry Castle zurückgebracht.[26]

Von 1732-1737 besuchte Smith die Burgh-Schule in Kirkcaldy. Das 1723 auf Betreiben des Magistrats von Kirkcaldy errichtete und 1843 aufgelassene Schulgebäude bestand nur aus zwei Räumen, in denen sechs Klassen unterrichtet wurden. Allerdings verfügte die Schule trotz ihrer räumlichen Beengtheit dank ihres Lehrers David Miller über einen ausgezeichneten Ruf. Als Vorbereitung auf das Universitätsstudium lag der Ausbildungsschwerpunkt der Burgh-Schule vor allem auf dem Erlernen der lateinischen Sprache, da der Vorlesungsbetrieb an den meisten Universitäten Großbritanniens auf Lateinisch stattfand. Doch Millers Unterricht ging über das Erlernen des Lateinischen hinaus. Er nutzte das Beispiel der römischen Geschichte, um den Einfluss von Reichtum und Luxus auf den Verfall der Sitten zu schildern und seinen Schülern als mahnendes Exempel mit auf den Weg zu geben.[27]

Im Januar 1736 kommt es in der Grafschaft Fife zu einem denkwürdigen Prozess. Der Schmuggler Andrew Wilson, der einen gierigen, durch das Aufbringen von Schmugglerware reich gewordenen Steuereinnehmer im benachbarten Pittenweem beraubt hatte, um seine Verluste beim Schmuggel »auszugleichen«, wird zum Tode verurteilt. Wilson galt bei seinen Mitbürgern offensichtlich als »braver Mann« und hatte angeblich mehreren seiner Mitangeklagten durch Selbstaufopferung die Flucht ermöglicht. Bei seiner Hinrichtung in Edinburgh kam es zu Ausschreitungen, als einer der Zuschauer den Galgen erklomm, um die Leiche des Hingerichteten abzuschneiden. Porteous, der Hauptmann der Edinburgher Stadtwache, erschoss den Mann und befahl seinen Soldaten, in die Menge zu feuern. Es gab mehrere Tote. Porteous, in Edinburgh aufgrund seiner Strenge und Rücksichtslosigkeit ohnehin unbeliebt, wird wegen dieser maßlosen Tat zum Tode verurteilt, jedoch auf Anweisung Londons begnadigt. In derselben Nacht entwaffnet die aufgebrachte Menge die Stadtwache, dringt in das Gefängnis ein und knüpft den verhassten Hauptmann am selben Galgen wie Wilson auf.[28]

Später schreibt Adam Smith nicht ohne Anteilnahme für das Schicksal der Schmuggler: »Zweifellos verdient ein Schmuggler eine Strafe, weil er Gesetze eines Landes verletzt, doch ist er häufig auch unfähig, gegen das Naturrecht zu verstoßen, so dass er in jeder Hinsicht ein tadelloser, ja vorbildlicher Bürger gewesen wäre, hätten ihn nicht die Landesgesetze zu einer Handlung veranlasst, die von Natur aus niemals als Delikt aufzufassen wäre. [...] Nur wenige scheuen den Schmuggel, sobald sie eine leichte und sichere Gelegenheit dazu finden, ohne meineidig zu werden. [...] Häufig ermutigt diese Nachsicht der Öffentlichkeit den Schmuggler, einen Erwerb fortzusetzen, der offensichtlich weithin für untadelig gehalten wird.« (WN 773) Zudem beurteilt Smith den Schmuggel auch aus ökonomischer Sicht durchaus als sinnvoll: »Mit Hilfe des Kapitals eines Schmugglers werden produktive Arbeitskräfte beschäftigt, das, wird er gefasst, dem Staate oder dem Finanzbeamten zufällt, wodurch es für unproduktive Zwecke verwandt wird, ganz zum Schaden des Vermögens eines Landes und nutzbringender Gewerbe.« (WN 773)

2.3 Studium in Glasgow und Oxford

1737 wechselt Smith im Alter von vierzehn Jahren an die Universität Glasgow. Er war zu diesem Zeitpunkt etwas älter, als dies zu seiner Zeit für einen Studienanfänger üblich war. Das gewöhnliche Alter für den Studienbeginn lag damals bei durchschnittlich zwölf Jahren.[29] Warum die Wahl seines Studienorts auf Glasgow und nicht auf das näher gelegene St. Andrews oder Edinburgh fiel, ist nicht bekannt. Vermutlich waren es zwei Gründe, die für Glasgow sprachen: Zum einen lebte eine Tante von Smith in Glasgow. Zum anderen bot die dortige Universität die Möglichkeit, mit einem Snell-Stipendium nach Oxford zu wechseln.[30]

Glasgow war zu diesem Zeitpunkt noch weitgehend ländlich geprägt. Zwar waren der wirtschaftliche Aufschwung Schottlands und die beginnende Industrialisierung auch in Glasgow bereits spürbar, dennoch beherrschten die hinter den Häusern gelegenen Pferdekoppeln und Weiden am Stadtrand weiterhin das Stadtbild. Neben London galt Glasgow als eine der schönsten Städte des Königreichs und war beeinflusst vom Geist der »Commercial Society« der Händler und Kaufleute. Neben dem Zollhaus verfügte Glasgow über überdachte Markthallen, eigens für den Durchgangsverkehr gebaute Straßenzüge und einen neu angelegten Hafen, der auch auf die Bedürfnisse des Atlantik-Handels zugeschnitten war. Im Vergleich zu Kirkcaldy muss das mehr als zehnmal größere Glasgow auf den jungen Smith wie eine Weltstadt gewirkt haben.[31]

In Glasgow begann Smith sein Studium am Old College und studierte Altphilologie bei Alexander Dunlop[32], Mathematik bei Robert Simson und Moralphilosophie bei Francis Hutcheson. Obwohl sich Smith bei Simson profunde Kenntnisse in Mathematik und in Naturphilosophie aneignen konnte, die später in seine *Geschichte der Astronomie* mit einflossen, war es der Moralphilosoph Francis Hutcheson, der den nachhaltigsten Einfluss auf Adam Smith ausübte.[33]

Francis Hutcheson lehrte Ethik, Jurisprudenz und Ökonomie. Entgegen der üblichen Lehrtradition war er einer der Ersten, die ihren Unterricht nicht auf Latein, sondern auf Englisch hielten. In seinen Vorlesungen trat Hutcheson für eine Gesellschaft ein, die auf ein System der natürlichen Freiheit und Vernunft gegründet sein sollte. Als Kriterium seiner Ethik formulierte er – und nicht Jeremy Bentham – den berühmten Satz vom »größten Glück der größten Zahl«. Gut und Böse ließen sich in seinen Augen auch jenseits theologischer »Wahrheiten« unterscheiden und waren nicht abhängig von einer Kenntnis Gottes. Dies brachte Hutcheson auf direkten Konfrontationskurs mit den Kirchenoberen seiner Zeit. Hutcheson wurde der Häresie angeklagt. Als seine Studenten vor dem Presbyterium für Hutcheson demonstrierten, beließen es die Kirchenoberen bei einer Verwarnung. Für viele Studierende – nicht nur für Adam Smith – galt Hutcheson als Revolutionär im akademischen Lehrbetrieb.[34]

Jahre später, anlässlich seiner Berufung zum Lord Rector der Universität Glasgow erinnert sich Smith in einem Brief an Archibald Davidson, datiert auf den 16. November 1787, an seine Zeit in Glasgow und beschreibt seinen akademischen Lehrer in den wärmsten Worten: »No man can owe greater obligations to a Society than I do to the University of Glasgow. They educated me, they sent me to Oxford, soon after my return to Scotland they elected me one of their own members, and afterwards preferred me to another office, to which the abilities and Virtues of the never to be forgotten Dr Hutcheson had given a superior degree of illustration. The period of thirteen years which I spent as a member of the society I remember as by far the most useful, and, therefore, as by far the happiest and most honourable period of my life [...].« (CO 308 f.)

Im Frühjahr 1740 beendet Adam Smith seine Studien an der Universität Glasgow.[35] Ausgestattet mit einem Snell-Stipendium, das ursprünglich für Studierende vergeben wurde, die ein geistliches Amt anstrebten, aber bereits zur Zeit von Adam Smith besonders begabten Studierenden für ein Studium ihrer Wahl offenstand, begibt sich Smith nach Oxford. Am 7. Juli 1740 schreibt er sich als »Adamus Smith« an der Universität für das Studium am Balliol College ein.[36]

Das extrem konservative Oxford enttäuscht den von seinem Lehrer Hutcheson und den fortschrittlichen Lehrmethoden Glasgows geprägten Smith. Die Universität ist für Smith ein Ort der geistigen Stagnation.[37] In einem Brief an seinen Vormund William Smith, datiert auf den 24. August 1740, beklagt er: »[...] it will be his own fault if anyone should endanger his health at Oxford by excessive Study, our only business here being to go to prayers twice a day, and to lecture twice a week.« (CO 1)

Smith nutzt seine Zeit am Balliol College vor allem zum Selbststudium und um seine englischen Sprachkenntnisse zu verbessern. Er hatte freien Zugang zur Bibliothek und beschäftigte sich dort vor allem mit der Lektüre der griechischen und lateinischen Klassiker und der französischen Literatur. Als er eines Tages von seinen Lehrern beim Studium von Humes *Traktat über die menschliche Natur* ertappt wird, der in den Augen der Oxforder Professoren als atheistisch und unmoralisch galt, wird das Buch umgehend konfisziert, und Smith erhält einen strengen Verweis.[38]

Das »feindliche« intellektuelle Klima Oxfords ist Smiths Gesundheit nicht sonderlich zuträglich. Mitunter leidet er an Depressionen und Lethargie. An seine Mutter schreibt er am 29. November 1743: »I am just recovered of a violent fit of laziness, which has confined me to my elbow-chair these three months.« (CO 3) Auch körperlich leidet Smith in Oxford. Am 2. Juli 1744 berichtet er seiner Mutter, mit Hilfe von Teerwasser soeben von Skorbut und einem »Kopfzittern« genesen zu sein, und bedauert, nicht öfter geschrieben zu haben, da ihn seine Lethargie davon abgehalten habe (CO 3).

1744 erwirbt Smith seinen Bachelor of Arts am Balliol College. Aufgrund seiner Leistungen wird sein Stipendium verlängert. Insgesamt bleibt er sechs Jahre in Oxford. Rückblickend auf seine Studienzeit am Balliol College hat Smith nur Hohn und Spott für seine ehemaligen Professoren übrig. Im *Wealth of Nations* schreibt er verächtlich: »An der Universität Oxford haben es die meisten Professoren schon seit Jahren aufgegeben, auch nur den Schein zu wahren, dass sie ihren Lehrverpflichtungen nachkommen.« (WN 647) Und weiter: »Disziplin und Zucht an Colleges und Universitäten sind in der Regel nicht zu Gunsten der Studenten, sondern im Interesse oder, besser gesagt, zur Bequemlichkeit der Dozenten erdacht und eingeführt worden und stets darauf abgestellt, die Autorität des Lehrers zu wahren und die Studenten zu zwingen, ganz gleich, ob er seinen Pflichten nachkommt oder nicht, sich ihm gegenüber in jedem Falle so zu verhalten, als ob er seine Kollegs mit größter Sorgfalt und größtem Können hielte.« (WN 649). Dies alles ist weit von dem entfernt, was man als Smiths eigenes Lehrideal bezeichnen könnte, welches er ebenfalls im *Wealth of Nations* beschreibt: »Das Ansehen in seinem Beruf ist für den Dozenten ebenfalls sehr wichtig; zudem ist er in gewisser Weise abhängig von einem guten Ruf und von der Sympathie und Dankbarkeit seiner Hörer. Und zu dieser Wertschätzung gelangt er offensichtlich am ehesten, wenn er sie durch den ganzen Einsatz seiner Fähigkeiten, seiner Sorgfalt und seines Fleißes auch wirklich verdient.« (WN 646)

Smith verlässt Oxford im August 1746 vor Ablauf seines Stipendiums und kehrt nie wieder dorthin zurück. Als er am 28. April 1749 in Glasgow den endgültigen Verzicht auf sein Snell-Stipendium erklärt, besitzt er den Titel eines Magister Artium.[39] Trotz der Kritik am Ausbildungsniveau Oxfords verfügt Smith dank seines beharrlichen Selbststudiums über eine profunde Literaturkenntnis und hat vor allem während seines umfangreichen Literaturstudiums seine englischen Sprachkenntnisse erheblich verbessert.[40]

2.4 Professor für Moralphilosophie

Nach seiner Rückkehr nach Kirkcaldy bewirbt sich Smith als Hauslehrer. Jedoch dürfte er wohl aufgrund seiner offensichtlichen Zerstreutheit seinen potenziellen Auftraggebern als eher ungeeignet für dieses Amt erschienen sein, so dass seine Bewerbung erfolglos bleibt. Daher widmet sich Smith die folgenden beiden Jahre vor allem wissenschaftlichen Studien. Aus dieser Zeit stammen vermutlich seine 1795 posthum veröffentlichten Essays zur Astronomie, zur Geschichte der antiken Physik und zur Logik und Metaphysik.[41] 1748 erhält er auf Betreiben einiger Freunde, unter ihnen James Oswald und Henry Home, Gelegenheit, öffentliche Vorträge über Rhetorik und »Schöne Literatur« in Edinburgh zu halten. Er übersiedelt nach Edinburgh und widmet sich seinen Vorlesungen. Diese werden vor allem von Studenten der Jurisprudenz und der Theologie besucht und sind so erfolgreich, dass sie, obwohl nicht zum eigentlichen Lehrprogramm der Universität gehörend, für weitere zwei Jahre fortgesetzt werden, was Smith ein jährliches Gehalt von über einhundert Pfund beschert und seine finanzielle Unabhängigkeit sichert. Im letzten Jahr erweitert Smith sein Vorlesungsprogramm in Edinburgh um juristische Themen.[42] Seine Vorträge scheinen so beeindruckend gewesen zu sein[43], dass er, obwohl bis dahin ohne bedeutende Publikationen, Anfang 1751 auf den Ende 1750 vakant gewordenen Lehrstuhl für Logik an die Universität Glasgow berufen wird. Smith erweitert sein Pflichtprogramm zur Logik und Metaphysik um Vorlesungen zur Rhetorik und der »Schönen Literatur«, wie er sie bereits in Edinburgh gehalten hat und die er für seine Studenten als interessanter und nützlicher einschätzt als seine obligatorischen Logikveranstaltungen.[44] Bereits im Sommer 1751 übernimmt Smith zusätzlich Teile der Lehrverpflichtungen seines erkrankten Kollegen Thomas Craigie, Nachfolger des von Smith so geschätzten Hutcheson auf dem Lehrstuhl für Moralphilosophie. Als Craigie im November desselben Jahres stirbt, wechselt Smith im April des folgenden Jahres auf den frei gewordenen Lehrstuhl für Moralphilosophie.[45]

In diese Zeit fällt auch der Beginn der innigen Freundschaft mit David Hume. Offenbar erkannte Hume den jüngeren Smith bereits zu Beginn der 1750er Jahre als intellektuell ebenbürtigen Kollegen an. In einem Brief vom 24. September 1752 bittet Hume Smith um Anregungen und Kommentare für eine Neuauflage seiner Essays über Politik und Moral (CO 8).

Als Smiths eigene Berufung auf den Lehrstuhl für Moralphilosophie ansteht, setzt er sich auch für eine Berufung seines Freundes auf eine der freien Stellen in Glasgow ein. Allerdings fürchtet er, dass der als Ketzer verschriene Hume sich weigern könnte, bei seinem Amtsantritt das obligatorische Glaubensbekenntnis im Presbyterium abzulegen. Wegen seiner religionskritischen Haltung war Hume zuvor schon mit einer Bewerbung um den Lehrstuhl für Moralphilosophie in Edinburgh gescheitert. Letztlich bleibt ihm aus dem gleichen Grund auch die Professur in Glasgow verwehrt. Hume wird 1752 zum Verwalter der Advocat's Library in Edinburgh bestellt, mit 300 000 Bänden eine der besten Bibliotheken ganz Großbritanniens, und widmet sich fortan der Schriftstellerei.[46] Umgekehrt versucht nun Hume Smith nach Edinburgh zu locken. In einem Brief vom 8. Juni 1758 schlägt Hume vor, Smith solle sich um den Lehrstuhl für Natur- und Völkerrecht in Edinburgh bemühen (CO 24 f.). Smith zieht es jedoch vor, in Glasgow zu bleiben.

Die Hauptvorlesung in Moralphilosophie, die Smith in Glasgow gab, bestand aus vier Teilen: natürliche Religion, Ethik im engeren Sinne, Rechtslehre und Ökonomie.[47] Smith galt als gewissenhafter Lehrer, der sein Amt sehr ernst nahm. Seine Vorlesungen begannen werktags um 7.30 Uhr und endeten gegen 8.30 Uhr. Um 11.00 Uhr folgten Kolloquien und Prüfungsstunden. Von 12.00 Uhr bis 13.00 Uhr unterrichtete er montags, mittwochs und freitags fortgeschrittene Studenten in Rhetorik oder Philosophiegeschichte in seinem Privatissimum. Smith referierte frei, wobei er jeweils Thesen in den Raum stellte, die er nach und nach anhand von Beispielen erläuterte und ausführte. Zwar galt Smith nicht als exzellenter Rhetoriker, doch gelang es ihm, seine Zuhörer durch die klare Gliederung seines Vortrags und die glücklich gewählten Beispiele, die seine Thesen belegen sollten, zu fesseln. Er machte es sich zur Angewohnheit, sich auf jeweils einen Studenten zu konzentrieren, an dessen Reaktionen er die Zustimmung zu seinem Vortrag oder dessen Ablehnung ablas, um seine weiteren Ausführungen entsprechend an das Verständnis des Auditoriums anzupassen.[48]

Neben seinen Vorlesungsverpflichtungen arbeitet Smith sechs Jahre lang als Schatzmeister der Universität und fungiert in seinen letzten Glasgower Jahren von 1760 bis 1763 als Fakultätsdekan und zusätzlich von 1761-1763 als Prorektor der Universität.[49] Trotz seiner häufigen Geistesabwesenheit erwies sich Smith bei der Wahrnehmung seiner Ämter als ausgesprochen geschickt und wurde häufig von seinen Kollegen mit Aufgaben betraut, die diplomatisches Fingerspitzengefühl erforderten.[50] Für seine allgemeine Wertschätzung spricht auch die Verleihung des Bürgerrechts der Stadt Glasgow am 3. Mai 1762. In Anerkennung seiner Verdienste wird Smith zudem am 21. Oktober desselben Jahres von der Universität der Titel eines Doktors der Rechte verliehen.[51]

Smith lebte zusammen mit seiner Mutter und seiner Cousine Janet Douglas, die ihm den Haushalt führten, im Wohntrakt der Professoren auf dem Professors' Court der Universität.[52] Den Wünschen seiner Familie entsprechend wechselt Smith in den dreizehn Jahren seiner Glasgower Lehrtätigkeit dreimal die Wohnung. Wie zu dieser Zeit üblich, beherbergt auch Smith zahlungskräftige Studenten in seinem Haus, wobei er sich außerordentlich um das körperliche Wohlergehen und die persönliche Entwicklung seiner privaten Kostgänger gesorgt haben soll.[53] Nach dem Ausscheiden Smiths aus dem Glasgower Professorenkollegium im Januar 1764 wird es seiner Familie gestattet, noch bis Juni 1765 auf dem Professors' Court zu wohnen, wohl in der Hoffnung auf seine Rückkehr in den Lehrbetrieb.[54]

Die Veröffentlichung seiner *Theory of Moral Sentiments* im März 1759, die seine Vorlesung zur Ethik in wesentlichen Teilen zusammenfasst und ausbaut, macht Adam Smith über Nacht berühmt. David Hume ulkt in einem Brief an Smith vom 12. April 1759, in dem er ihm über die Aufnahme seines Werks in London berichtet, dass das Buch bereits von drei Bischöfen bestellt worden sei und vom »literarischen Mob« allgemein so begeistert gefeiert werde, dass er fürchte, es könne unter wahren Philosophen nun keine gute Aufnahme mehr finden (CO 35).

Noch im selben Jahr bemüht sich Charles Townshend, Smith als Erzieher seines Stiefsohns Henry Scott, des dritten Herzogs von Buccleuch, zu gewinnen. Als der junge Duke of Buccleuch Ende 1763 Eaton verlässt, unterrichtet Smith sein Kollegium darüber, dass er beabsichtige, noch im selben Winter mit dem Duke nach Europa zu reisen. Um einen Skandal zu vermeiden, bietet Smith der Universität an, seinen Studenten das bereits vorab an ihn entrichtete Hörergeld zurückzuerstatten. Zudem erklärt er sich bereit, die Kosten für seine Vertretung zu übernehmen. Die Universität nimmt beide Vorschläge an und gewährt Smith einen dreimonatigen Urlaub. Als Smith sich von seinen Studenten verabschiedet und ihnen das zu viel bezahlte Hörergeld zurückerstatten will, kommt es zu bewegenden Szenen: Seine Studenten weigern sich, ihr Hörergeld zurückzunehmen, da sie der Meinung sind, in der kurzen Zeit bei Smith mehr gelernt zu haben, als sie mit ihrem Geld bezahlt hätten. Smith besteht jedoch darauf, die Gelder zurückzuerstatten und steckt sie seinen Studenten kurzerhand in die Taschen. Er verlässt die Universität für immer. Am 14. Februar 1764 teilt er der Universität von Paris aus seinen endgültigen Abschied mit.[55]

2.5 Grand Tour

Smiths Zusage, als Erzieher des jungen Duke of Buccleuch in die Dienste Charles Townshends zu treten, verband sich durchaus mit materiellen Vorteilen. Townshend bot Smith 500 Pfund Jahresgehalt für die Zeit der Betreuung seines Stiefsohns und darüber hinaus eine jährliche Leibrente von 300 Pfund. Ein ähnliches Angebot des Earl of Hopetoun zur Betreuung seines Erben, Lord Hope, bestehend aus 400 Pfund für die Betreuung und 200 Pfund Leibrente, hatte Smith zuvor abgelehnt.[56] Für die Annahme des Angebots sprachen wohl die in Aussicht gestellte finanzielle Unabhängigkeit, die Fürsprache David Humes, der zum Zeitpunkt der Reise als Sekretär der britischen Botschaft in Paris weilte, und das Interesse Smiths an Frankreich, insbesondere seine Hoffnung, die von ihm bewunderten Enzyklopädisten persönlich kennen zu lernen.[57]

Zu Beginn ihrer Reise treffen sich der junge Duke of Buccleuch und Adam Smith im Februar 1764 mit David Hume in Paris. Nach nur knapp zwei Wochen verlassen Smith und sein Schüler Paris, um nach Toulouse zu reisen, wo sie die nächsten achtzehn Monate verbringen. In Toulouse werden sie von Generalvikar Abbé Colbert empfangen, einem Cousin David Humes und Verwandten des berühmten ehemaligen französischen Finanzministers Jean Baptiste Colbert (1619-1683).[58] Während sich der Abbé Colbert in einem Brief an Hume wohlwollend über die Bekanntschaft mit Smith und dessen Schützling äußert[59], ist Smith zunächst wenig angetan von seinem neuen Aufenthaltsort. Der Abbé verfügt in Toulouse nicht über die Beziehungen, die sich Smith erhofft hatte. Smith ist enttäuscht, zumal es ihm seine eher rudimentären Französischkenntnisse erschweren, selbst Bekanntschaften zu schließen. In einem Brief an Hume in Paris vom 5. Juli 1764 beklagt er, dass sein Schützling noch keinerlei französische Bekanntschaften geschlossen habe und es ihm selbst unmöglich sei, seine wenigen Bekannten zu sich nach Hause einzuladen. Das Leben, das er in Glasgow geführt habe, sei vergleichsweise reich an Vergnügungen und Zerstreuungen gewesen. Um die Zeit totzuschlagen, habe er damit begonnen, ein Buch zu schreiben (CO 102).

Von Toulouse aus unternehmen Smith und der Duke of Buccleuch Ausflüge nach Bordeaux, wo sie dank der Vermittlung Humes von Marschall Richelieu, einem Großneffen des berühmten Kardinals, empfangen werden, und in die Pyrenäen. Im Herbst 1764 gesellt sich Hew Campbell Scott, der jüngere Bruder des Herzogs, zur Reisegesellschaft. Gemeinsam besuchen sie Montpellier. Im August 1765 verlassen Smith und seine beiden Schüler Toulouse Richtung Genf. Unterwegs besuchen sie Marseille, wo sie eine Fayencen-Fabrik besichtigen, und erreichen Genf im Oktober.[60] Über Théodore Tronchin, den Vater eines ehemaligen Studenten, erhält Smith Zugang zur Genfer Gesellschaft. Hier trifft er auch Voltaire (1694-1778), der ihn nachhaltig beeindruckt. Vor allem soll Smith Voltaire als Publizisten und Kämpfer für die Gerechtigkeit geschätzt haben.[61]

Voltaire hatte im Jahre 1762 in der Affäre Calas in Toulouse Partei für den unschuldig zum Tode verurteilten Jean Calas ergriffen[62] und betrieb, wenn auch posthum, dessen Rehabilitierung. Jean Calas war angeklagt worden, seinen erhängt aufgefundenen Sohn ermordet zu haben, da dieser beabsichtigte, zum Katholizismus überzutreten, um eine Advokatur zu erhalten. Wahrscheinlich hatte der wegen seines Glaubenswechsels von Gewissensbissen getriebene junge Marc-Antoine Selbstmord begangen. Dennoch machte man seinen Vater für den Tod verantwortlich und klagte ihn 1762 des Mordes an seinem Sohn an. Jean Calas, obwohl unschuldig, wurde zum Tode verurteilt und am 10. März 1762 öffentlich gerädert, stranguliert und anschließend auf dem Scheiterhaufen verbrannt. Durch königliches Edikt, genau während Smiths Frankreichaufenthalt, wurde er rehabilitiert.[63]

Die Affäre Calas und das Eintreten Voltaires für den Unschuldigen scheinen bei Smith einen bleibenden Eindruck hinterlassen zu haben. In der Ausgabe letzter Hand seiner *Theory of Moral Sentiments* nimmt Smith das Beispiel Jean Calas in das Kapitel »Von dem Verlangen nach Lob und dem Verlangen nach Lobenswürdigkeit und von der Furcht vor Tadel und der Furcht vor Tadelnswürdigkeit« auf. Dort heißt es: »Den unschuldigen Menschen quält außer der Unruhe, die diese Furcht [des Todes, Anm. d. Verf.] auch bei ihm auslösen mag, und noch weit mehr als sie, seine Empörung über das Unrecht, das ihm angetan worden ist. [...] Der unglückliche Calas [...] schien noch mit seinem letzten Atemzug nicht so sehr um Abwendung der grausamen Strafe zu bitten als vielmehr um die Befreiung von der Schmach, die die Beschuldigung über sein Andenken bringen musste.« (TM 182)

Ende Dezember reist Smith mit seinen beiden Zöglingen nach Paris, wo er im Januar 1766 ankommt. David Hume war am 4. Januar in Begleitung Jean-Jacques Rousseaus (1712-1778), dessen Verfolgungswahn immer groteskere Züge annahm und mit dem sich Hume noch im Sommer desselben Jahres unsäglich zerstritt[64], zurück nach England gefahren. Smiths Bekanntheitsgrad – seine *Theory* war bereits 1764 in französischer Übersetzung erschienen – und der Rang des Duke of Buccleuch öffnen Smith und seinen Begleitern die Tore zur besten Pariser Gesellschaft. Smith verkehrt in den Pariser Salons und bei Hofe, lernt die Enzyklopädisten und die führenden Vertreter der Französischen Aufklärung kennen und macht Bekanntschaft mit den wichtigsten Köpfen der Physiokraten, darunter François Quesnay und Anne Robert Turgot (1727-1781).[65] Insbesondere über François Quesnay hegt Smith eine sehr hohe Meinung und beabsichtigt sogar, ihm seinen *Wohlstand der Nationen* zu widmen. Als das Buch jedoch schließlich im März 1776 erscheint, ist Quesnay bereits verstorben.[66] Smith verkehrt regelmäßig mit Paul Henri Thiry Baron d'Holbach (1723-1789), der die Edition der französischen Übersetzung der *Theory* beaufsichtigt hatte, und Jean le Ronde d'Alembert (1717-1783) und lernt neben anderen führenden Aufklärern auch Claude-Adrien Hélvetius (1715-1771) kennen. Trotz der freundlichen Aufnahme in der Pariser Gesellschaft bleibt Smith in seinem Urteil über die Franzosen zurückhaltend. An Hume, der ihn in einem Brief vom 5. September 1765 um Rat gebeten hatte, ob er nach Frankreich ziehen solle, schreibt er: »I think however you are wrong in thinking of settling in Paris. [...] Do not imagine that the great Princes and Ladies who want you to live with them make this proposal from real and sincere affection to you. They mean nothing but to gratify their own vanity by having an illustrious man in their house [...].« (CO 107f.) Trotz seinen vielen Bekanntschaften in Paris hält Smith die Franzosen für oberflächlich und selbstverliebt.

Es ist nicht überliefert, wie lange Smith in Paris zu bleiben gedachte. Jedoch überstürzen sich ab August 1766 die Ereignisse. Zunächst erkrankt Henry Scott an einem heftigen Fieber. Quesnay persönlich übernimmt gemeinsam mit De La Saone, dem Leibarzt der Königin, die Behandlung des jungen Herzogs. Zwar gelingt es den Ärzten, seine Gesundheit binnen weniger Wochen wiederherzustellen, doch bereits im Oktober erkrankt der Bruder des Herzogs. Hew Campbell Scott stirbt zwanzigjährig am 19. Oktober 1766 gegen sieben Uhr abends. Adam Smith ist erschüttert. Er selbst war nicht zugegen, als Hew Campbell Scott starb, da er den Herzog in der englischen Botschaft aufgesucht hatte, um ihm mitzuteilen, dass sein Bruder den nächsten Morgen nicht erleben werde. An die Schwester des Verstorbenen berichtet er, dass es ihm noch nicht einmal vergönnt gewesen sei, seinem besten Freund mit eigenen Händen die Augen zu schließen (CO 121). Smith beschließt, umgehend mit dem Herzog abzureisen. Beide verlassen in Begleitung Lord George Lennox', Humes Nachfolger als Botschaftssekretär, Paris noch im Oktober und kehren am 1. November mit den sterblichen

Überresten Hew Campbell Scotts nach England zurück.[67] Im *Wealth of Nations* äußert sich Smith später skeptisch über den Nutzen derartiger Bildungsreisen: »Wenn jemand in so jungen Jahren reist und die kostbarsten Jahre seines Lebens, der Obhut der Eltern und Verwandten entzogen, in höchst liederlichem Müßiggang zubringt, so kann sich jeder gute Ansatz einer früheren Erziehung weder festigen noch entwickeln, ja, er wird fast notgedrungen geschwächt oder im Keime erstickt.« (WN 656)

2.6 Smith als Ökonom

Dank der Leibrente Charles Townshends ist Smith finanziell unabhängig. Nach seiner Rückkehr aus Frankreich bleibt er zunächst für sechs Monate in London. Charles Townshend war zwischenzeitlich zum Schatzkanzler aufgestiegen, und Smith wurde nun zu einem seiner Berater. Dies bot ihm, der sich zuvor in Frankreich durch eigene Beobachtungen und die Diskussionen mit Quesnay und Colbert gründliche Kenntnisse über das französische Finanzwesen angeeignet hatte, nun die Gelegenheit, sich auch mit dem britischen Finanzsystem aus nächster Nähe vertraut zu machen. Charles Townshend war zu dieser Zeit bemüht, die Verwaltung der Kolonien, insbesondere in Amerika, neu zu organisieren. Hierzu zählten vor allem eine striktere, von London aus geführte Jurisdiktion, die strengere Überwachung der Handelsgesetze, eigene Zollämter und die zusätzliche Belastung der Siedler durch Sondersteuern, darunter die berüchtigte »Teesteuer«, die letztlich den Ausschlag für die »Bostoner Tea-Party« am 16. Dezember 1773 geben sollte und in den Amerikanischen Unabhängigkeitskrieg mündete.[68]

Neben seinen Tätigkeiten für Townshend bereitete Smith die nunmehr dritte, überarbeitete Auflage der *Theory of Moral Senti-*

ments vor.[69] Das Buch verkauft sich sehr gut und findet überall in Europa zunehmend Beachtung. Smith verbringt viel Zeit im Lesesaal des British Museum und arbeitet am *Wealth of Nations*, den er vermutlich schon in Toulouse begonnen hatte.[70] Als sein ehemaliger Schützling Lord Buccleuch am 3. Mai 1767 heiratet, ist dies für Smith ein Signal zum Aufbruch. Vermutlich Ende Mai verlässt er die Londoner Gesellschaft und zieht sich in seine Heimat nach Kirkcaldy zurück. Trotz des Todes von Charles Townshend am 4. September 1767 bleibt Smith der Familie des Duke of Buccleuch auch weiterhin verbunden. Zu Gast beim Herzog, berichtet er Hume am 13. September in wärmsten Worten über das junge Paar und die bevorstehenden Festlichkeiten anlässlich der Volljährigkeit des Herzogs (CO 132), die jedoch nach Eintreffen der Nachricht vom Tode Charles Townhends abgesagt wurden.

Zurück in Kirkcaldy widmet sich Smith vornehmlich seinem neuen Werk, dem *Wealth of Nations*. Die Arbeit geht jedoch nur schleppend voran. Smith unternimmt allabendlich lange Spaziergänge, badet, um sich gegen Krankheiten abzuhärten, im Meer und diktiert, da er selbst zu ungelenk und zu langsam schreibt, das Werk Alexander Gilles, einem bezahlten Schreiber.[71] Auf seinen Spaziergängen begleitet ihn mitunter Henry Moyes, ein hochbegabter blinder jüdischer Junge aus der Nachbarschaft, den Smith unterrichtet. Smith schickt diesen Jungen später zu Hume, der ihm ein Stipendium in Edinburgh besorgt und ihm so die Laufbahn als gefragter Dozent für Chemie und Geschichte der Naturphilosophie ebnet.[72]

Die Fertigstellung seines Werkes verschiebt sich Jahr um Jahr. Smiths Gesundheitszustand wird zunehmend labiler; insbesondere seine Geistesabwesenheit nimmt zeitweilig beängstigende Züge an. Die Fertigstellung seines Werkes nimmt Smith völlig gefangen und bereitet ihm schlaflose Nächte, in denen er fast wie ein Schlafwandler durch seinen Garten läuft. Smith schottet sich nahezu vollständig von der Außenwelt ab. Eines Nachts wandert er völlig geistesabwesend in seinem Schlafrock bis in das fünfzehn Meilen entfernte Dunfermline, wo ihn erst die Kirchenglocken, die zur Morgenandacht rufen, aus seiner Versunkenheit reißen.[73] Sein Gesundheitszustand wird so bedenklich, dass er am 16. April 1773 David Hume im Falle seines Todes zum literarischen Nachlassverwalter bestimmt (CO 168). Erst im Mai 1773 glaubt Smith sich am Ziel und reist nach London, um sein Werk zu veröffentlichen. Doch dauert es noch volle drei Jahre, die Smith in London mit der erneuten Überarbeitung des *Wealth* zubringt, bis das Werk am 9. März 1776 endgültig erscheint.[74]

Hume war 1769 nach Edinburgh zurückgekehrt und versuchte nun, seinen Freund von seinem Schreibtisch in Kirkcaldy wegzulocken. In einem Brief an Smith vom 20. August 1769 schreibt Hume, er sei froh, von seinem Fenster aus Kirkcaldy sehen zu können. Er sei müde vom Reisen, ebenso wie Smith doch müde vom Zuhausebleiben sein müsse. Er solle ihn für ein paar Tage besuchen kommen (CO 155). Mehrfach erneuert Hume seine Einladungen. Am 23. November 1772 schließlich drängt Hume auf die Fertigstellung des Werks. Er schreibt, er stimme Smiths Plänen zu, Smith solle die Weihnachtsfeiertage mit ihm verbringen, dann nach Kirkcaldy zurückkehren, sein Werk bis November vollenden, nach London fahren, um es zu veröffentlichen, und sich dann in Edinburgh zur Ruhe setzen (CO 166).

Smiths Abreise nach London im Mai 1773 war jedoch nicht allein der Herausgabe des *Wealth* geschuldet. Er hoffte, als Reisebegleiter des Herzogs von Hamilton erneut nach Europa reisen zu können. Allerdings scheint ihm der Duke of Buccleuch diese Pläne wieder ausgeredet zu haben, wie Smith Jahre später in einem ausführlichen Brief an Andreas Holt eingesteht (CO 252). Während seiner Londoner Zeit spitzt sich die Krise der amerikanischen Kolonien zu. Smith trifft sich häufig mit Benjamin Franklin (1706-1790), den er vermutlich 1759 während seiner Universitätszeit in Glasgow kennen gelernt hatte, um mit ihm die Frage der amerikanischen Kolonien zu erörtern, und sammelt so Material aus erster Hand, das er in seinem *Wealth* mit verarbeitet. Franklin arbeitete seit 1757 in London als Kolonialbevollmächtigter und kehrte, nachdem die Bemühungen um eine friedliche Beilegung des amerikanischen Konflikts gescheitert waren, 1775 nach Philadelphia zurück, von wo aus er in den Continental Congress gewählt wurde, die amerikanische Unabhängigkeitserklärung mit ausarbeitete und als amerikanischer Botschafter in Frankreich wesentlich für die Unterstützung Frankreichs im amerikanischen Unabhängigkeitskrieg mit verantwortlich zeichnete. Vermutlich kannte Franklin wesentliche Teile des *Wealth* die Frage der amerikanischen Kolonien betreffend. Smith erhofft sich durch seine detaillierte Erörterung der Kolonialfrage eine friedliche Beilegung des Konflikts, doch hierfür ist es, als seine *Inquiry into the Nature and Causes of the Wealth of Nations* im März 1776, nur mehr wenige Monate vor der amerikanischen Unabhängigkeitserklärung vom 4. Juli 1776, endlich erscheint, bereits zu spät. Die Idee einer »politischen Union« zwischen Großbritannien und Amerika war gescheitert.[75]

Smiths Veröffentlichung des *Wealth of Nations* wird ein ungeahnter Erfolg. Die erste Auflage seines ökonomischen Hauptwerks war binnen weniger Monate vergriffen. Obwohl weder Smith noch seine engsten Freunde davon ausgegangen waren, dass ein derart schwieriges Thema das breite Interesse der Öffentlichkeit finden würde, verkauft sich das Buch über alle Maßen gut.[76]

Hume, der an einer tödlichen Darmerkrankung litt und zwischenzeitlich, wie er in einem Bericht an Smith schreibt, 35 Kilo abgenommen hatte (CO 186), befürchtete, die Vollendung des *Wealth* nicht mehr zu erleben.[77] Nun zeigt er sich überaus beeindruckt von dem neu erschienenen Buch seines Freundes. In einem Brief vom 1. April 1776 preist er den *Wealth* in den wärmsten Worten und zeigt sich sehr angetan von den Verbesserungen, die das Werk während Smiths Aufenthalt in London erfahren habe. Gern, so Hume, würde er mit Smith Einzelheiten seiner Schrift in Edinburgh diskutieren (CO 186). Auf Empfehlung seiner Ärzte reist Hume mit seinem Diener zur Behandlung seiner Leiden nach England. Smith und John Home, Humes Bruder, hatten sich zeitgleich nach Edinburgh aufgemacht, um den todkranken Hume noch einmal zu sehen. Zufällig treffen die beiden Reisegesellschaften im Gasthof von Morpeth aufeinander. Während Smith weiter nach Kirkcaldy zu seiner Mutter reist, kehrt Home mit Hume nach London zurück. Die Ärzte raten Hume eine Kur in Bath an, doch dort verschlechtert sich sein Zustand, so dass er nach Edinburgh zurückkehrt. Smith empfängt den Freund am 3. Juli in Edinburgh, Humes Zustand ist entsetzlich. Am 4. Juli gibt Hume ein Abschiedsessen für seine Freunde. Mehrfach bittet er Smith, die posthume Ausgabe seiner *Dialogues Concerning Natural Religion* zu betreuen. Smith fürchtet um seine Reputation und lehnt dieses Ansinnen mehrfach ab. Zugleich bittet er Hume, über die letzten Tage seines Lebens berichten zu dürfen. In einem Brief vom 23. August gibt Hume Smith freie Hand; der Brief wird von Humes Neffen geschrieben, da er selbst bereits zu schwach zum Schreiben ist (CO 208). Hume stirbt am 25. August 1776.[78]

Smith veröffentlicht die Beschreibung der letzten Tage Humes im Januar 1777 im *Scots Magazine* und beschreibt darin seinen Freund als ehrenwerten und tugendhaften Mann, der mit reinem Gewissen eines ruhigen Todes starb.[79] Smith selbst befand sich zu diesem Zeitpunkt in London, wo er die Neuausgabe der Werke Humes überwachte und selbst an der zweiten Auflage des *Wealth of Nations* arbeitete. Der Nachruf auf Hume entpuppt sich als Stich in ein Hornissennest. Smith, der sich aufgrund seiner eigenen deistischen Einstellung und wohl auch aus Furcht vor dem eigenen Reputationsverlust geweigert hatte, Humes *Dialogues* zu veröffentlichen, sah sich plötzlich für seine unverbrüchliche Freundschaft mit dem Atheisten Hume diskreditiert und öffentlichen Schmähungen ausgesetzt.[80] Noch Jahre später beklagt er sich über einen offenen Brief Georg Hornes, Präsident des Magdalen Colleges in Oxford, der Hume der Gottlosigkeit bezichtigte und damit zugleich in Abrede stellte, dieser könne je ein tugendhaftes Leben geführt haben. Dieses einzige Blatt Papier, das er über den Tod seines Freundes Hume verfasst hat, habe ihm mehr Unbill beschert als die heftigsten Angriffe gegen das Wirtschaftssystem Großbritanniens im *Wealth of Nations* (CO 251).

2.7 Smith als Zollrevisor

Smith verlässt London im Oktober 1777 und reist nach Kirkcaldy zurück, um sich unter anderem seiner Schrift über »die nachahmenden Künste« zu widmen. Trotz dieses schriftstellerischen Vorhabens bewirbt er sich um das Amt eines Zollkommissars in Schottland (CO 226). Seine Beziehungen zu Herzog Buccleuch, sein familiärer Hintergrund und natürlich sein Ruf als Nationalökonom bringen den gewünschten Erfolg. Smith wird am 24. Januar 1778 zu einem der fünf königlichen Zollkommissare Schottlands ernannt[81], keine leichte Aufgabe, wenn man bedenkt, dass Edinburgh zu diesem Zeitpunkt acht lizenzierte Whiskeybrennereien und etwa vierhundert Schwarzbrennereien beherbergte.[82]

Smith zieht mit seiner Mutter und seiner Cousine sowie David Douglas, einem Neffen Janet Douglas', den Smith schließlich zu seinem Erben macht, nach Edinburgh. Smiths Mutter ist zu diesem Zeitpunktweit über achtzig Jahre alt. Entsprechend führt Janet Douglas den Haushalt und übernimmt die Pflege von Smiths Mutter. Der zerstreute Smith steht dabei unter einem strengen Regime, wie Theodor Fontane in einer liebenswerten Anekdote berichtet:

»Der Verfasser des ›Reichtums der Nationen‹, der, beiläufig bemerkt, wie fast alle Nationalökonomen in der Verwaltung seiner eigenen Angelegenheiten hinter den bescheidensten Anforderungen zurückblieb, war unverheiratet, stand aber statt dessen unter der strengen Herrschaft einer Anverwandten, die ihm die Wirtschaft führte. Er hatte wenig Neigungen und Bedürfnisse, nur ein Stückchen Zucker liebte er dann und wann aus der Schale zu naschen. Diese Neigung zu befriedigen war aber nicht immer leicht, da die Zuckerschale unter der besonderen Aufsicht der Dame des Hauses stand. Er pflegte zu diesem Zwecke im Zimmer auf und ab zu gehen, die Anverwandte in ein Gespräch zu verwickeln und dabei abzuwarten, bis sie endlich der Schale den Rücken zukehrte; diesen Moment benutzte er dann, um seinen Überfall mit Mut und Geschicklichkeit auszuführen.«[83]

Neben seiner Leibrente von 300 Pfund erhielt Smith nun ein Gehalt von 600 Pfund, das sich aus 500 Pfund für das Zollkommissariat und weiteren 100 Pfund aus Salzabgaben zusammensetzte. Sein Anerbieten gegenüber dem Herzog von Buccleuch, fortan auf seine Leibrente verzichten zu wollen, lehnte der Herzog ab.[84] Smith nutzt seinen Reichtum, um heimlich Bedürftige zu unterstützen. Wie sich später bei seiner Testamentseröffnung herausstellt, verschenkt Smith auf diese Weise nahezu sein gesamtes Vermögen.

Die Arbeit im Zollamt ist nicht kompliziert, aber zeitaufwändig, und lässt Smith kaum Zeit zum Schreiben. In einem Brief an Andreas Holt, Kommissar der Dänischen Handelskammer, beklagt er, er sei vier Tage in der Zollbehörde tätig und auch die restlichen drei Tage der Woche so mit Amtspflichten und gesellschaftlichen Verpflichtungen beschäftigt, dass er zu nichts anderem mehr komme (CO 249 f.).

Smith, obwohl er Schmuggel nicht aus moralischen Gründen verurteilt, sondern als ein durch Verwaltungswillkür entstandenes Verbrechen betrachtet, nimmt sein Amt sehr ernst. Mit Dienstantritt beginnt er die »Liste der verbotenen Güter« zu studieren, die ihm als Zollkommissar ausgehändigt wurde. Zu seinem großen Erstaunen stellt er fest, dass es in seiner eigenen Garderobe fast nichts gibt, was in Großbritannien zu tragen oder zu besitzen nicht verboten gewesen wäre. Kurzerhand verbrennt er die fraglichen Stücke seiner Garderobe, wie er in einem Brief an William Eden vom 3. Januar 1780 berichtet, hält aber vorsorglich fest, dass er diesem und seiner Gemahlin keinesfalls anrate, nun ebenfalls die eigene Garderobe zu sichten (CO 245 f.).

Neben einigen Besuchen in London, die Smith dazu nutzt, die Neuauflage seiner Werke vorzubereiten, bleiben die Jahre in Edinburgh, mindestens was seine schriftstellerischen Leistungen angeht, weitgehend ereignislos. Smith wird 1781 zum Honorary Captain der bewaffneten Bürgerwehr Edinburghs ernannt.[85] Er verkehrt in zahlreichen gelehrten Zirkeln und trifft sich regelmäßig mit seinen Freunden Joseph Black und James Hutton. Sonntags hält Smith eine offene Tafel für seine Freunde und am Freitagabend trifft er sich mit Black und Hutton im Austernklub. Allerdings bleiben die kulinarischen Eskapaden der drei Herren im Austernklub eher bescheiden: Black war Vegetarier und pflegte Brot und Pflaumen zu speisen sowie eine genau abgemessene Menge an mit Wasser verdünnter Milch zu trinken, Hutton war Abstinenzler und aß fast überhaupt nichts und Smith widmete sich seiner Vorliebe für Zuckerstückchen.[86]

Dennoch scheint Smith seine geplante Schrift über die »nachahmenden Künste« sehr beschäftigt zu haben. Zu den Gepflogenheiten der Zollbehörde gehörte es, dass an den Versammlungstagen der Pförtner Adam Matheson, ausgestattet mit roter Livree und einem sieben Fuß langen Stock, den eintreffenden Kommissionsmitgliedern salutierte und diese dann in den in den oberen Stockwerken gelegenen Sitzungssaal geleitete. Eines Tages erregen die Bewegungen des Pförtners offensichtlich Smiths Aufmerksamkeit. Anstatt einzutreten, beginnt Smith mit seinem Spazierstock in der Hand, die Bewegungen des Pförtners mit feierlicher Miene exakt nachzuahmen. Dieser weiß sich nicht anders zu helfen, als in die oberen Stockwerke zu entfliehen, verfolgt von Adam Smith, der auch hier noch versucht, Haltung und Schritt des armen Pförtners nachzuahmen.[87] Einer anderen Anekdote zufolge brauchte Smith eines Tages ungewöhnlich lange, um ein Zolldokument zu unterzeichnen. Wie sich später herausstellte, war er emsig damit beschäftigt, die Unterschrift des vor ihm unterzeichnenden Kollegen nachzuahmen.[88]

Als sein alter Freund Edmund Burke zum Lord Rector der Universität Glasgow ernannt wird, reist Smith im April 1784 mit ihm zur Amtseinführung an seine alte Universität. Gemeinsam nutzen sie die Gelegenheit, einige Tage durch Schottland zu reisen und besuchen Loch Lomond und eine Stahlfabrik in Carron, in der Schiffsgeschütze und Kanonen hergestellt werden.[89] Wenige Tage nach seiner Rückkehr stirbt seine Mutter am 23. Mai 1784. Smith ist gerade dabei, die dritte Auflage des *Wealth* vorzubereiten. In tiefer Trauer schreibt er am 10. Juni einen Brief an seinen Verleger, in dem er seine Gefühle für seine verstorbene Mutter zum Ausdruck bringt: Zwar sei der Tod im neunzigsten Lebensjahr eine Gnade der Natur, dennoch habe er jenen Menschen verloren, der ihn wie kein anderer geliebt habe und den er selbst mehr liebte und achtete, als er jemals einen anderen lieben oder achten werde. Seine Freunde in der Welt, schließt Smith, seien allmählich dünner gesät und seine neuen Freunde kaum jemals in der Lage, die alten zu ersetzen (CO 275). Die meisten seiner Freunde aus früheren Tagen waren verstorben: Hélvetius, Turgot, d'Alembert aus seiner Zeit in Frankreich, Townshend, der »unvergessene Hutcheson« und natürlich sein geschätzter Freund Hume in England.

Im April 1787 verschlechtert sich Smiths Gesundheitszustand. Er reist nach London, um sich untersuchen zu lassen. Die Ärzte diagnostizieren eine Blasenentzündung und Darmgeschwüre. Nach einer Operation verbessert sich Smiths Gesundheit. Er bleibt bis Ende Juli in London, um dann nach Edinburgh zurückzukehren. Dort wird ihm am 15. November 1787 eine neue Ehre zuteil. Er wird als Nachfolger Edmund Burkes zum Lord Rector der Universität Glasgow gewählt; Smith legt seinen Amtseid am 19. Dezember ab.[90] In einem Dankesschreiben an Direktor Archibald Davidson vom 16. November verleiht er seiner überschwänglichen Freude Ausdruck und betont, dass keine andere Auszeichnung ihn hätte mehr befriedigen können (CO 308 f.).

Zurück in Edinburgh kümmert er sich um die zwischenzeitlich an einem Darmleiden lebensgefährlich erkrankte Janet Douglas. In einem Brief an Lord Porchester vom 23. September 1788 schildert er den bedauerlichen Zustand seiner Cousine. Sie habe, so Smith, ihren Gesundheitszustand offensichtlich bereits über Jahre verheimlicht, sei nun nur mehr ein Schatten ihrer selbst und habe nur noch wenige Tage, allenfalls wenige Wochen zu leben. Allerdings betont Smith, dass Janet trotz ihrer Bettlägerigkeit nach wie vor ein strenges Regime im Hause führe. Sie wisse, dass es nun zu Ende gehe, und erwarte den »großen Übergang« ohne Ungeduld und Furcht (CO 432). Janet Douglas stirbt im Herbst desselben Jahres.

Im Laufe des Jahres 1789 verschlechtert sich Smiths eigener Gesundheitszustand erneut. Wenn er nicht im Zollamt ist, verbringt er seine Zeit in der Bibliothek und mit der Überarbeitung der sechsten Auflage der *Theory of Moral Sentiments*. Mit Beginn des Winters wird Smith selbst bettlägerig, erholt sich jedoch im Frühjahr 1790 etwas von seiner Krankheit. In einem Brief an seinen Großneffen und Erben David Douglas vom 21. Januar 1790 entschuldigt sich Smith, dass er so lange nicht schreiben konnte, und beklagt ein zunehmendes Zittern in seiner Hand, das ihm das Schreiben immer schwerer werden lässt (CO 322). Am 6. Februar 1790 macht Smith sein Testament. Im Frühjahr wird die sechste Ausgabe der *Theory* vollendet. Mitte des Jahres ist Smith dem Tode nahe. Am Sonntag, dem 11. Juli, bittet er Joseph Black und James Hutton, seine Manuskripte vor seinen Augen zu vernichten, er selbst war bereits zu schwach, um diese selbst zu verbrennen. Als seine Freunde wie jeden Sonntag zum Essen kommen, verabschiedet sich Smith gegen 21.30 Uhr von der Tafelrunde mit den Worten, er müsse sie nun verlassen, um in eine andere Welt zu gehen. Es war das letzte Sonntagstreffen der Freunde, Smith stirbt am 17. Juli 1790 gegen Mitternacht im Beisein von Black und Hutton im Alter von 67 Jahren.[91]

Am Donnerstag, dem 22. Juli, wird Smith auf dem Canongate-Friedhof in Edinburgh begraben. Sein Tod wird in England kaum zur Kenntnis genommen. Die Ereignisse in Frankreich beherrschen die Tagespresse, und nur in wenigen Zeitungen wird seines Todes gedacht. Ein besonders übelwollender Nachruf erscheint am 24. Juli in der *Times*, in dem Smith als linkisch und unbeholfen sowie körperlich wie geistig benachteiligt dargestellt wird, als jemand, der, um den reichen Krämern Glasgows zu gefallen, gar seinen Lehrstuhl für Moralphilosophie in ein Kolleg für Handel und Finanzen umfunktioniert habe; der Wert seines *Wealth of Nations* bestehe allenfalls darin, bereits bekannte Gedanken zusammengefasst und populär gemacht zu haben, seine *Theory of Moral Sentiments* sei zwar geistreich, aber bizarr.[92]

Als Smiths Testament verlesen wird, zeigt sich insbesondere David Douglas, der Alleinerbe, enttäuscht. Trotz seines stattlichen Gehalts als Zollkommissar und der Leibrente des Duke of Buccleuch hatte Smith, der stets einen sehr bescheidenen Haushalt führte, mit Ausnahme seiner wertvollen Bibliothek kein allzu großes Vermögen hinterlassen. Was seine engsten Freunde stets vermutet hatten, war nun Gewissheit: Smith hatte noch zu Lebzeiten sein Geld heimlich an Bedürftige verschenkt.[93]

3. Die Theorie der ethischen Gefühle

Dugald Steward, einer der ersten Biographen Adam Smiths, beschreibt die Aufgabe der Moralphilosophie in der smithschen Sichtweise als eine zweifache: Zum einen soll sie klären, vermittels welcher Eigenschaften wir in die Lage versetzt werden, überhaupt eine Vorstellung von Moral und Unmoral auszubilden. Zum Zweiten ist es die Aufgabe der Moralphilosophie, ihre Untersuchungsgegenstände zu analysieren, d.h. nach den gemeinsamen Eigenschaften dessen zu forschen, was wir als tugendhaft, richtig, gut etc. bezeichnen und was uns letztlich zum Handeln bewegt.[94] Die klassische Frage der schottischen Moralphilosophie, die Smith mit seinen Lehrern Hume und Hutcheson teilt, lautet also: »Wie kommt es, dass wir gewisse Handlungen und Zustände missbilligen, und worauf begründen sich unsere Urteile über Recht und Unrecht? Die Methode, deren man sich bei diesen Untersuchungen bedient, ist die [...] der Beobachtung und Erfahrung.«[95]

Smiths Hauptwerk gliedert sich in sieben Teile: Teil eins beschäftigt sich ausführlich mit den Gründen, warum wir die Affekte unserer Mitmenschen als angemessen oder unangemessen betrachten, und der Unterscheidung verschiedener Affekte, die dieses Urteil in unterschiedlichem Maße beeinflussen. Der zweite Teil ist der Frage nach Verdienst und Schuld gewidmet und erörtert dabei auch das Problem der Gerechtigkeit am Beispiel des allgemeinen Rechtsgefühls sowie den Einfluss des Zufalls auf unser Handeln. Der dritte Teil widmet sich unserem Urteil bezogen auf unser eigenes Verhalten. Hieran anschließend diskutiert Smith in einem vierten Teil den Einfluss der Nützlichkeit auf die Billigung oder Missbilligung einer Handlung. Teil fünf beschäftigt sich mit dem Einfluss von Brauchtum und Mode auf unser Gefühl der Billigung. In Teil sechs erörtert Smith das Wesen der Tugenden, wobei er insbesondere das Problem eines universellen Wohlwollens und das Thema Selbstbeherrschung zur Sprache bringt. Teil sieben schließlich ist der Abgrenzung seines eigenen philosophischen Systems von anderen Systemen gewidmet.

3.1 Zur Bedeutung der Sympathie

3.1.1 Das Wesen der Sympathie

Für Adam Smith ist es eines der wesentlichsten Bestimmungsmerkmale des Menschen, Gefühle für seine Mitmenschen entwickeln zu können. »Man mag den Menschen für noch so egoistisch halten, es liegen doch offenbar gewisse Prinzipien in seiner Natur, die ihn dazu bestimmen, an dem Schicksal anderer Anteil zu nehmen, und die ihm selbst die Glückseligkeit dieser anderen zum Bedürfnis machen, obgleich er keinen anderen Vorteil daraus zieht, als das Vergnügen, Zeuge davon zu sein.« (TM 1) Dabei meint der Begriff der Sympathie die generelle Fähigkeit des »Mitfühlen-Könnens«[96], d.h., sich in die Lage des anderen zu versetzen und dessen Gefühle in der gegebenen Situation nachvollziehen zu können.[97] Da wir keine unmittelbare Erfahrung von den Gefühlen anderer Menschen besitzen, ist die Vorstellung dessen, was wir selbst in der gegebenen Situation empfinden würden, der einzige Weg, um uns eine Vorstellung von den Gefühlen unseres Gegenübers zu machen. »Mag auch unser eigener Bruder auf der Folterbank liegen – solange wir selbst uns wohl befinden, werden uns unsere Sinne niemals sagen, was er leidet. Sie konnten und können uns niemals über die Schranken unserer eigenen Person hinaustragen, und nur in der Phantasie können wir uns einen Begriff von der Art seiner Empfindungen machen.« (TM 2) Erst wenn wir in der Phantasie den Platz mit dem Leidenden tauschen, sind wir in der Lage, mit ihm mitzufühlen.

Dabei beschränkt sich die Fähigkeit des »Mitfühlen-Könnens« nicht allein auf das Leid unserer Mitmenschen, sondern schließt alle Arten von Affekten, deren das menschliche Gemüt fähig ist, ein. Der einzelne Beobachter ist in der Lage, Gefühle wie Freude oder Dankbarkeit, aber auch den Wunsch nach Vergeltung erlittenen Unrechts oder das Gefühl von Enttäuschung bei seinen Mitmenschen nachzuvollziehen (TM 4). Dennoch ist die eigene Sympathie nicht zwangsläufig identisch mit den Affekten, die der tatsächlich Betroffene in einer konkreten Situation entwickelt. Das Mitgefühl, das wir für die andere Person empfinden, entspringt vielmehr den Gefühlen, die wir in der gleichen Situation entwickelt hätten, wären wir an der Stelle des Betroffenen gewesen. Daher folgert Smith: »Sympathie entspringt also nicht so sehr aus dem Anblick des Affektes als vielmehr aus dem Anblick der Situation, die den Affekt auslöst.« (TM 6) Dies mag erklären, warum wir uns beispielsweise für einen anderen schämen können, obgleich dieser andere in der gegebenen Situation, sei es aus mangelndem Taktgefühl, sei es aufgrund seiner Erziehung, keinerlei Scham empfindet.

Sympathie entfaltet dabei zunächst eine zweifache Wirkung: Zum einen empfindet es der Betroffene als befriedigend, Mitmenschen in seiner Nähe zu wissen, die seine Gefühle teilen und nachvollziehen können. Zum anderen ist es dem Nicht-Betroffenen offensichtlich ein Bedürfnis, den Betroffenen seines

Mitgefühls zu versichern. Es scheint uns unangenehm, von Menschen umgeben zu sein, die unsere Gefühle nicht teilen können, wie es uns umgekehrt unangenehm erscheint, wenn wir mit dem Betroffenen, aus welchen Gründen auch immer, nicht sympathisieren können (TM 9-14). Letztlich beurteilen wir die Affekte der anderen anhand der von uns selbst in vergleichbaren Situationen empfundenen Gefühle. Zeigt unser Gegenüber ein in unseren Augen übertriebenes Maß an Freude oder ein zu großes Maß an Trauer, erscheint uns dies als übertrieben und entzieht sich damit unserer Billigung und Zustimmung.

Diese Übereinstimmung der eigenen mit den fremden Gefühlen bildet für Smith die Grundlage der Billigung oder Nichtbilligung dieser Gefühlsäußerungen. »Derjenige, dessen Sympathie ebenso groß ist wie mein Kummer, wird nicht umhin können zuzugeben, dass mein Gram begründet und vernunftgemäß ist. Derjenige, der das gleiche Gedicht oder das gleiche Bild bewundert wie ich, und zwar es genau so bewundert wie ich, wird sicherlich einräumen müssen, dass meine Bewunderung berechtigt ist. [...] Umgekehrt wird derjenige, der bei diesen verschiedenen Gelegenheiten keine derartige Gemütsbewegung empfindet wie ich oder doch keine, die in irgendeinem Verhältnis zu meinen Gefühlen stände, nicht umhin können, meine Empfindungen zu missbilligen, und zwar eben wegen ihrer Nichtübereinstimmung mit seinen eigenen.« (TM 15) Damit werden die eigenen Empfindungen zur Richtschnur für das Urteil über die Empfindungen der anderen. Das einzige Mittel, das der Mensch besitzt, die Fähigkeiten und Gefühlsregungen anderer Menschen zu beurteilen, ist der Vergleich mit seinen eigenen Fähigkeiten und Empfindungen (TM 19).

Je nach dem Gegenstand, auf den sich die Gefühle unseres Mitmenschen richten, lassen sich dabei für Smith zwei Arten von Beurteilungen unterscheiden.

(1) Im einen Falle beurteilen wir die Angemessenheit oder Unangemessenheit der Gefühle und Affekte unseres Gegenübers in Bezug auf einen neutralen Gegenstand und vergleichen dies mit den Gefühlen und Regungen, die derselbe Gegenstand in uns hervorruft. Die dabei beurteilten Gegenstände und Erscheinungen stehen in keinerlei Beziehung zu ihm oder zu uns. Stimmen unsere eigenen Gefühle bei der Betrachtung desselben Gegenstands mit den seinen überein, so sprechen wir unserem Gegenüber Geschmack oder Urteilsfähigkeit zu. Die Bewunderung dieser Eigenschaften resultiert dabei nicht aus dem Nutzen, den eine gute Urteilsfähigkeit oder ein feiner Geschmackssinn für denjenigen, der sie besitzt, bedeuten, sondern ergibt sich nach Smith allein aus der Tatsache, dass dieses Urteil oder dieses Geschmacksurteil sich mit unseren Vorstellungen in Einklang befindet (TM 19-22).

(2) Davon zu unterscheiden sind Urteile, die wir über die Gefühle anderer in Bezug auf uns fällen. Hier fällt es uns naturgegeben schwerer, neutral zu urteilen, da sich Zuschauer und Betroffener in einer unterschiedlichen Ausgangssituation befinden. Das Unglück oder der Schmerz, der den einen trifft, betrifft diesen stets direkt, während der andere sich nur bemühen kann, dieses Unglück oder diesen Schmerz nachzuempfinden. Der Zuschauer muss sich bemühen, sich in die Lage des Betroffenen zu versetzen, um dessen Schmerz nachzufühlen; umgekehrt muss sich der Betroffene in die Lage des Zuschauers versetzen, um zu ermessen, was dieser noch nachvollziehen kann und was nicht, und seine Affekte auf eben jenes Maß herabstimmen, das der Zuschauer noch zu fassen in der Lage ist (TM 22-25). »Um diese Harmonie zustandezubringen, hat die Natur die Zuschauer gelehrt, sich in Gedanken in die Lage des zunächst Betroffenen zu versetzen, und ebenso hat sie diesen Letzteren gelehrt, sich wenigstens bis zu einem gewissen Grade in jene der Zuschauer

hineinzudenken.« (TM 25) Je nach Vertrautheit und Art der Beziehung erwarten wir ein größeres oder geringeres Maß an Sympathie für unser Unglück und regulieren umgekehrt im Falle der eigenen Betroffenheit unsere eigenen Affekte entsprechend auf ein von unseren Zuschauern nachvollziehbares Maß herab (TM 26).

Die Fähigkeit, Sympathie empfinden zu können, entfaltet somit eine dreifache Wirkung:[98] (1) Sie versetzt uns in die Lage, die Gefühle unserer Mitmenschen anhand der eigenen Gefühlsreaktionen auf bestimmte Ereignisse vergleichen und nachempfinden zu können. In diesem Sinne sind wir in der Lage, uns mit dem anderen zu freuen oder mit ihm zu trauern. (2) Sie erlaubt es uns, die Angemessenheit der emotionalen Reaktion unserer Mitmenschen auf bestimmte Ereignisse kritisch zu beurteilen. Hierzu vergleichen wir die eigene Reaktion mit der geäußerten oder nicht geäußerten Reaktion des Betroffenen. In diesem Sinne beurteilen wir den, der allzu gefühlsbetont eine Freude äußert, als »überschwänglich«, denjenigen, der keinerlei Anzeichen von Trauer zeigt, als »roh« und »abgestumpft« etc. (3) Schließlich erlaubt es die Sympathie, die eigene Gefühlsreaktion anhand der Antizipation der Reaktionen unserer Umwelt auf ihre Angemessenheit hin zu prüfen. An der Reaktion unserer Mitmenschen erkennen wir, ob diese unsere Gefühle nachvollziehen und billigen können. Im Zweifel gilt es, die eigenen Gefühlsregungen auf ein schickliches Maß herunterzuregulieren.

3.1.2 Verschiedene Arten von Tugenden

Letztlich sind es zwei Richtungen, in die die Sympathie unsere Gefühle lenkt. Zum einen bestimmt sie uns als Zuschauer, die Empfindungen der Betroffenen nachzuempfinden; zum anderen bestimmt sie uns als Betroffene, unsere Gefühle auf ein für die Zuschauer verständliches Maß herabzustimmen.

Je nach Richtung unserer Gefühle lassen sich zwei Arten von Tugenden unterscheiden. (1) Aus unserer Fähigkeit, die Gefühle unserer Mitmenschen nachempfinden zu können, resultieren die liebenswürdigen Tugenden, d.h. die Tugenden der nachsichtigen Menschlichkeit und der unvoreingenommenen Leutseligkeit. (2) Aus unserer Fähigkeit, unsere Affekte auf ein für den Zuschauer verständliches Maß zu regulieren, resultieren die ehrwürdigen Tugenden, d.h. die Tugenden der Selbstbeherrschung und der Beherrschung der eigenen Affekte (TM 27). Der vollkommen Tugendhafte fühlt wenig für sich und viel für andere, er ist in der Lage, seine egoistischen Neigungen im Zaum zu halten und sich stets vom Wohlwollen gegenüber seinem Nächsten leiten zu lassen. »Wie es das erhabene Gesetz des Christentums ist, unseren Nächsten zu lieben, wie wir uns selbst lieben, so ist es das erhabene Gebot der Natur, uns selbst nur so zu lieben [...], wie unser Nächster fähig ist, uns zu lieben.« (TM 29)

Um das Maß an Tugendhaftigkeit eines konkreten Verhaltens zu beurteilen, bedienen wir uns zweier Maßstäbe: Zum einen haben wir eine Vorstellung der absoluten Vollkommenheit und der absoluten Tugendhaftigkeit, die jedoch zu erreichen dem Einzelnen unter gewöhnlichen Lebensumständen niemals möglich ist. Zum anderen können wir abschätzen, welches Maß an Tugendhaftigkeit und Vollkommenheit der »normale« Mensch in der gegebenen Situation zu erreichen vermag. Was diesen Durchschnitt übersteigt, wird desto mehr gelobt, je mehr es den Durchschnitt überragt und sich der Vollkommenheit annähert (TM 31).

3.1.3 Billigung und Missbilligung von Affekten

Die Billigung oder Missbilligung der Affekte, die ein bestimmter Gegenstand beim Betroffenen auslöst, hängt ab von der Fähigkeit des Betrachters, diese Affekte nachzuvollziehen. Sind die Affekte zu stark oder zu schwach, können sie vom Zuschauer nicht nachempfunden werden. Dabei bestimmt sich das Maß des »Schicklichen« in Abhängigkeit von den jeweiligen Affekten. Je nach Art der Affekte tolerieren wir ein höheres Maß an Gefühlsregungen oder erwarten ein höheres Maß an Selbstbeherrschung. Smith unterscheidet dabei fünf Gruppen von Affekten, die ein je unterschiedliches Maß an Gefühlsregung gestatten: (1) körperliche Affekte, (2) psychische Affekte, (3) unsoziale Affekte, (4) soziale Affekte und (5) egoistische Affekte.

(1) Affekte, die den Zustand unseres Körpers betreffen, können von unseren Mitmenschen nur schwer nachvollzogen werden, wenn sie sich nicht in derselben körperlichen Verfassung befinden. Zwar ist es dem Zuschauer möglich, bis zu einem gewissen Grade mit den Begierden des Betroffenen zu sympathisieren – so etwa mögen wir uns über den gesunden Appetit freuen, mit dem unser Gegenüber isst –, dennoch gelten die meisten körperlichen Begierden als unschicklich, wenn sie allzu heftig geäußert werden. Der wahre Grund unserer Verurteilung ist jedoch nicht, wie Smith betont, die Verletzung bestimmter gesellschaftlicher Verhaltensregeln, sondern vielmehr die Tatsache, dass wir die körperlichen Begierden des anderen nicht nachvollziehen können. Letztlich ist es hier die Tugend der Mäßigkeit, die uns vorschreibt, unsere körperlichen Begierden im Zaum zu halten. Während es die Klugheit gebietet, unsere körperlichen Begierden auf jenes Maß zu regulieren, das mit unserer Gesundheit und unseren finanziellen Möglichkeiten vereinbar ist, bestimmt die Mäßigkeit die Grenzen unserer Begierden nach Maßgabe der Bescheidenheit und der Schicklichkeit (TM 33 ff.). In ähnlicher Weise können auch allzu heftige Gefühlsregungen, die ihre Ursache in körperlichen Schmerzen haben, nur bedingt nachvollzogen werden. Lediglich das Wissen des Zuschauers um die

mögliche Gefährdung des Betroffenen erweckt sein Mitleid. So empfinden wir Mitgefühl für den lebensgefährlich Erkrankten nicht deshalb, weil seine Erkrankung schmerzhaft, sondern eben weil sie lebensbedrohlich ist (TM 35 ff.).

(2) Psychische Affekte resultieren aus unserer Einbildungskraft. Derartige Leiden, verursacht etwa durch einen Streit mit dem Freund oder den Verlust der Geliebten, können durch den Zuschauer einfacher nachvollzogen werden als physischer Schmerz. Dennoch gibt es auch hier Emotionen, für die es dem Zuschauer schwer fällt, sympathetische Gefühle zu entwickeln. Dies ist insbesondere dann der Fall, wenn sich diese Emotionen auf einen bestimmten Gegenstand oder eine bestimmte Person richten, für die wir nichts Ähnliches empfinden. So empfinden wir Sympathie mit dem Liebenden allein deshalb, weil wir die damit zusammenhängenden sekundären Affekte wie Hoffnung und Sehnsucht nachvollziehen können (TM 39-42). In ähnlicher Weise ist Zurückhaltung geboten, wenn es um die eigenen persönlichen Freuden geht. Diese sind für die Mitmenschen häufig nur in geringem Maße nachvollziehbar. Die Freude des Philatelisten über den Erwerb einer seltenen Briefmarke ist möglicherweise für andere Philatelisten nachvollziehbar. Für diejenigen aber, die keinerlei Sammelleidenschaft besitzen, erscheint die Freude übertrieben. Daher »ist eine gewisse Zurückhaltung notwendig, wenn wir von unseren eigenen Freuden, unseren eigenen Studien, unseren eigenen Beschäftigungen sprechen. All dies sind Dinge, von denen wir nicht erwarten können, dass sie unsere Umgebung ebenso interessieren werden wie uns selbst. Und von dem Mangel an derartiger Zurückhaltung kommt es, dass die Hälfte aller Menschen der anderen eine schlechte Gesellschaft abgibt.« (TM 43)

(3) Eine besondere Klasse der psychischen Affekte stellen die unsozialen Affekte dar. Sie resultieren ebenfalls aus der Einbil-

dungskraft, müssen aber in weit höherem Maße herunterreguliert werden, damit sie vom Betrachter als schicklich empfunden werden können. Der Wunsch nach Vergeltung erlittenen Unrechts, der Hass, den wir dem Verursacher unseres Leidens entgegenbringen, sind Gefühle, die zwar nachvollziehbar sind, aber in der Heftigkeit, in der sie der Einzelne empfinden mag, im Allgemeinen nicht toleriert werden. Während der Betrachter mit dem ehrlichen Zorn des Betroffenen sympathisiert, empfindet er zugleich Mitleid mit demjenigen, gegen den dieser Zorn sich richtet. »Deshalb bleibt unsere Sympathie für denjenigen, gegen den die Herausforderung gerichtet war, notwendigerweise an Stärke hinter dem Affekt zurück, der ihn selbst naturgemäß beseelt; nicht nur aus jenem allgemeinen Grund, dass alle Sympathiegefühle schwächer sind als die ursprünglichen, sondern auch aus dem besonderen Grunde, der diesem Fall eigentümlich ist, nämlich dass wir ein entgegenstehendes Sympathiegefühl gegenüber einem Dritten empfinden.« (TM 44) Den Grund für diese Wirkung der unsozialen Affekte sieht Smith in der Sympathie selbst begründet; diese richtet sich stets auf die mit den Affekten zusammenhängende unmittelbare Wirkung. Mag das Rachegefühl daher durchaus berechtigt sein, scheint es uns doch in der unmittelbaren Wirkung als verwerflich, obwohl es im Großen und Ganzen doch Ausdruck eines natürlichen Rechtsempfindens ist, das danach trachtet, erlittenes Unrecht zu sühnen. Lediglich in groben Fällen der Ehrverletzung wird daher der Beobachter diese Gefühle nach Vergeltung gutheißen (TM 45-51).

(4) Soziale Affekte sind das genaue Gegenstück zu den unsozialen Affekten und haben daher die Tendenz, unser Mitgefühl für den Betroffenen zu verdoppeln. Zu diesen Affekten zählt Smith u.a. Edelmut, Menschlichkeit, Güte, Mitleid, Achtung und Freundschaft. In diesen Fällen ergänzen sich die Sympathie,

die der Betrachter mit den Empfindungen des Betroffenen hegt, und das Mitgefühl, das er für denjenigen empfindet, auf den die Gefühle des Betroffenen gerichtet sind. So etwa billigen wir die Menschlichkeit des einen und freuen uns zugleich über den anderen, dem diese Menschlichkeit zuteil wird (TM 52 f.). Daher besteht selbst dann ein Hang, mit derartigen wohlwollenden Neigungen zu sympathisieren, wenn sie uns letztlich als übertrieben erscheinen. »Es liegt eine gewisse Hilflosigkeit in einem Charakter von allzu großer Menschenfreundlichkeit, die unser Mitleid mehr als etwas anderes erweckt. Es ist nichts an ihm, was ihn unschön oder unangenehm machen würde. Wir bedauern nur, dass er ungeeignet für die Welt ist, weil die Welt seiner nicht wert ist [...].« (TM 54)

(5) Zwischen den sozialen und unsozialen Affekten existieren als eine dritte Gattung die egoistischen Affekte, die weder so lobenswert wie die sozialen noch so tadelnswert wie die unsozialen sind. Zu diesen Affekten zählt Smith Freude und Kummer, die wir um unseres persönlichen Glücks oder Unglücks willen empfinden. Diesen Gefühlen steht weder eine andere Sympathie entgegen, wie bei den unsozialen Affekten, noch verdoppelt sich unsere Sympathie angesichts des Mitgefühls, das wir mit demjenigen empfinden, dem diese Gefühle entgegengebracht werden. Dabei besitzt der Mensch die Tendenz, am ehesten mit kleinen Freuden und mit großem Leiden zu sympathisieren (TM 55 ff.). Während allzu großes unverdientes Glück stets auch Gefühle des Neids hervorruft, sind es die kleinen Freuden, die wir gern mit dem Betroffenen teilen. »Nichts ist anmutiger als jene zur Gewohnheit gewordene Heiterkeit, die stets auf einer besonderen Empfänglichkeit für all die kleinen Vergnügungen beruht, welche die Begebenheiten des täglichen Lebens darbieten. Es fällt uns leicht, mit ihr Sympathie zu empfinden.« (TM 57) Umgekehrt wird die Verstimmung über kleine Unannehm-

lichkeiten von uns als Bagatelle abgetan und ruft bei uns für gewöhnlich kein echtes Bedauern hervor; im Gegenteil, wer sich über Nichtigkeiten echauffiert, riskiert, zum Gespött der Zuschauer zu werden. Mit großem Leid und Kummer empfindet der Mensch jedoch in der Regel ein echtes und starkes Mitgefühl (TM 58 f.). Im Allgemeinen fällt es uns dabei jedoch leichter, die Freuden unserer Mitmenschen zu teilen als ihre Sorgen. »Es scheint, dass die Natur, als sie uns mit unseren eigenen Sorgen belud, der Meinung war, diese seien für uns schwer genug, und dass sie uns deshalb nicht auftrug, irgendeinen weiteren Anteil an den Sorgen der anderen zu nehmen, als soweit es notwendig war, um uns zur Linderung dieser Sorge anzuspornen.« (TM 66)

3.1.4 Der Einfluss des gesellschaftlichen Ranges auf die Sympathie

Da es unseren Mitmenschen in der Regel leichter fällt, mit unserer Freude zu sympathisieren als mit unserem Leiden, neigen wir dazu, mit unserem Reichtum zu prunken und unsere Armut zu verstecken (TM 70). Smith folgert hieraus, dass der Wunsch nach Anerkennung durch unsere Mitmenschen in Form der Sympathie für unser Glück den Ansporn bildet, stetig nach der »Verbesserung der eigenen Lebensumstände« zu streben. Zweck der Eitelkeit ist es, Aufmerksamkeit zu erregen und die Sympathie der Mitmenschen zu gewinnen. Das Streben nach Reichtum dient nicht der Befriedigung der eigenen Bedürfnisse oder dem eigenen Wohlergehen, sondern dem Streben nach Anerkennung. »Es ist die Eitelkeit, nicht das Wohlbefinden oder das Vergnügen, was uns daran anzieht. Eitelkeit aber beruht immer auf der Überzeugung, dass wir der Gegenstand der Aufmerksamkeit und Billigung sind.« (TM 71) Während der Reiche sich seines Reichtums rühmt und sich damit der Aufmerksamkeit seiner Mitmenschen gewiss sein kann, die mit den Gefühlen des Reichen gern bereit sind mitzuempfinden, schämt sich der Arme seiner Armut, da er weiß, dass seine Mitmenschen seiner Not und seinem Elend nur wenig Mitgefühl und Achtung entgegenbringen (TM 71 f.). »Auf dieser Neigung der Menschen, für alle Affekte der Reichen und Mächtigen Teilnahme zu hegen, beruht jedoch die Unterscheidung der Stände und die Ordnung der Gesellschaft. Unsere Unterwürfigkeit gegen diejenigen, die über uns stehen, entspringt häufiger aus unserer Bewunderung für die Annehmlichkeiten ihrer Situation als aus unserer Hoffnung auf Wohltaten, die wir von ihrem Wohlwollen erwarten dürfen.« (TM 75) Nicht die Abhängigkeit der Armen von den Reichen ist es also, die die Autorität der Reichen innerhalb der Gesellschaft begründet, sondern allein die Bewunderung durch die Armen verleiht dem Reichtum seine Autorität (LJB 41 f.).

Die Sympathie und die Achtung der Mitmenschen sind es also, die dem Reichen und Mächtigen seinen Glanz verleihen. Der Mensch wünscht, achtungswürdig zu sein und geachtet zu werden, und fürchtet das Gegenteil. Merkwürdig scheint es jedoch, dass nicht allein Tugend und Weisheit Bewunderung hervorrufen und Laster und Dummheit verachtet werden. Viel mehr als Weisheit und Tugend scheinen Reichtum und Vornehmheit bewundert zu werden; dem Reichen und Mächtigen werden daher Torheit und Untugend leichter verziehen als dem Armen und Schwachen (TM 87). Offensichtlich scheinen lediglich die Weisen und Tugendhaften ihresgleichen zu achten, während der gemeine Mann dazu neigt, den Reichtum zu bewundern. »Es gibt kaum einen Menschen, der nicht den Reichen und Vornehmen bei gleichem Grade des persönlichen Verdienstes mehr achten würde als den Armen und Niedrigen. Von den meisten Menschen wird sogar die Anmaßung und Eitelkeit der Ersteren weit mehr bewundert als das wirkliche und echte Verdienst der Letzteren.« (TM 88)

Wenngleich es also den Anschein hat, dass der Vornehme nicht nur in höherem Maße das Mitgefühl seiner Mitmenschen besitzt, sondern auch in weit höherem Maße auf deren Vergebung bei Missachtung seiner Tugendpflichten hoffen darf, so betont Smith doch, dass es sich hierbei um Ausnahmeerscheinungen handelt. Der Großteil der Menschen gehört den mittleren und unteren Schichten an, und hier gelten Tugend und Fleiß als Weg zu irdischem Glück. »Auch hängt der Erfolg solcher Leute beinahe immer von der Gunst und der guten Meinung ihrer Nachbarn und Standesgenossen ab, und dieser können sie selten teilhaftig werden, sofern sie sich nicht einer wenigstens halbwegs geordneten Lebensführung befleißigen.« (TM 89)

3.2 Billigung und Missbilligung

3.2.1 Direkte und indirekte Sympathie

Zu den besonderen Affekten, die es im Zusammenhang mit der Billigung und der Missbilligung der Verhaltensweisen Dritter zu beachten gilt, zählen für Smith die Dankbarkeit und das Vergeltungsgefühl. Erstere treibt uns, empfangene Wohltaten zu vergelten, und lässt uns erst ruhen, wenn wir unsere »Schuld« beglichen haben. Letzteres weckt in uns den Wunsch nach Bestrafung; Ziel ist es, den zu Bestrafenden zur Reue für die von ihm begangene Tat und das uns zugefügte Leid zu veranlassen (TM 96-99).

Wie alle übrigen Affekte unterliegen auch Dankbarkeit und Vergeltungsgefühl dem Urteil des Beobachters. Wir sympathisieren mit der Freude und dem Leid unserer Mitmenschen, und naturgemäß teilen wir ihre Gefühle für die Verursacher dieser Freuden und dieser Leiden. Damit jedoch erweitert sich das Urteil: Zum einen beurteilen wir die Affekte unseres Gegenübers, zum Zweiten beurteilen wir die vorausgegangene Tat, um so ermessen zu können, ob die von unserem Gegenüber geäußerten Affekte angemessen erscheinen oder nicht. Wird eine Wohltat nicht aus hehren Motiven erwiesen, empfinden wir auch wenig Sympathie mit der Dankbarkeit dessen, dem die Wohltat erwiesen wurde; umgekehrt empfinden wir auch wenig Sympathie mit den Vergeltungswünschen unseres Gegenübers, wenn uns die Handlung, die diesen schädigte, als angemessen und nachvollziehbar erscheint. So mögen wir Mitleid mit dem zum Tode verurteilten Mörder empfinden, aber wir sympathisieren nicht mit seinen Vergeltungsgefühlen gegenüber dem Henker (TM 103 ff.). Entscheidend dafür, dass wir dem Gefühl der Dankbarkeit oder der Vergeltung unseres Gegenübers zustimmen, ist also der jeweilige Beweggrund, der den einen zum Erweis der Wohltat, den anderen zur Schädigung veranlasst hat. Nur wenn Ersteren Motive zur Wohltat veranlasst haben, die wir nachvollziehen, und Letzteren Motive zur Schädigung gedrängt haben, die wir nicht gutheißen können, dann sympathisieren wir mit den Gefühlen der Dankbarkeit oder dem Wunsch nach Vergeltung unseres Gegenübers (TM 106 f.).

Aus systematischen Gründen unterscheidet Smith daher zwischen direkter und indirekter Sympathie: Direkte Sympathie empfinden wir mit den Neigungen und Motiven der handelnden Person, eine indirekte Sympathie empfinden wir mit der Person, auf die sich dieses Handeln richtet. Bezogen auf Gefühle wie Dankbarkeit oder den Wunsch nach Vergeltung bedeutet dies, dass wir für die Beweggründe desjenigen, der Wohltaten erweist oder Schaden zufügt, eine direkte Sympathie empfinden, für die Gefühle desjenigen, dem diese Wohltaten erwiesen werden oder dem der Schaden zugefügt wird, eine indirekte Sympathie entwickeln (TM 108). Damit setzt sich unsere Billigung der Dankbarkeit aus zwei unterschiedlichen Regungen zusammen: Wir billigen die Motive des Wohltäters und sympathisieren mit der Dankbarkeit desjenigen, dem die Wohltat erwiesen wurde. Gleiches gilt für das Vergeltungsgefühl: Wir missbilligen die Motive desjenigen, der schädigt, und sympathisieren mit dem Gefühl des Geschädigten. Die sympathetischen Gefühle des Zuschauers berücksichtigen also sowohl die Gefühle des Handelnden wie die des Betroffenen, um zu einem Urteil der Billigung oder Missbilligung zu gelangen.

3.2.2 Das Gerechtigkeitsgefühl

Zwischen beiden Gefühlen besteht, obwohl sie aus Sicht des Betroffenen gleichen Ursprungs sind, jedoch hinsichtlich des allgemeinen Urteils ein erheblicher Unterschied. Aus Sicht des Betroffenen gilt, dass ihm Gutes oder Schlechtes getan wird und er entsprechende Gefühle gegen seinen Wohltäter oder den ihn Schädigenden entwickelt. Analog entwickelt der Beobachter sympathetische Gefühle mit dem Betroffenen, da er dessen Reaktion nachfühlen kann. Wir billigen gerechtfertigte Dankbarkeit und missbilligen die Undankbarkeit. Allerdings können wir niemanden zwingen, dankbar zu sein. Niemand kann zu Wohltaten oder zur Vergeltung von Wohltaten aus Dankbarkeit genötigt werden. Er mag in seinem Fühlen, Denken und Handeln ein Egoist sein, aber er fügt niemandem objektives Unrecht zu. Das Vergeltungsgefühl hingegen, wenn gerechtfertigt, entspringt einer Verletzung der Gebote der Gerechtigkeit; dem Betroffenen wurde Unrecht zugefügt. Unsere Missbilligung der Motive des Schädigenden entspringt unserem Wissen um das Unrecht, das dem Geschädigten zugefügt werden soll. Das Vergeltungsgefühl entspringt mithin dem Gefühl, Unrecht erlitten zu haben. Im Gegensatz zur Wohltat, zu der niemand genötigt werden kann, ist daher das Unrecht etwas, zu dessen Unterlassung man den Einzelnen im Interesse der Gemeinschaft sehr wohl zwingen kann (TM 115-118). Während alle übrigen Tugenden in unser eigenes Belieben gestellt sind, ist die Befolgung der Gerechtigkeitsnormen ein striktes Gebot. Smith ist der Meinung, dass man mit vollstem Recht und mit der Zustimmung aller Menschen Gewalt anwenden dürfe, um den Einzelnen dazu zu zwingen, die Gesetze der Gerechtigkeit zu befolgen, nicht aber auch, um ihn zu zwingen, die übrigen Tugendvorschriften einzuhalten (TM 118). Während die Beachtung der Tugend der Wohltätigkeit jedoch unsere höchste Zustimmung findet, scheint die Beachtung der Tugend der Gerechtigkeit kaum lobenswert zu sein. »Der Mann, der sich bloß enthält, das Vermögen oder den guten Ruf seines Nächsten zu verletzen, der erwirbt damit sicherlich sehr wenig positives Verdienst.« (TM 121)

Obwohl also an sich wenig lobenswert, ist die Beachtung der Tugenden der Gerechtigkeit in Smiths Augen konstitutiv für jede Form von Gemeinschaft. Der Sinn für Gerechtigkeit, d.h. die gerechtfertigten Ansprüche aller anderen Gesellschaftsmitglieder, ist jenes Regulativ, das das egoistische Verhalten Einzelner zu zügeln in der Lage ist: »Mag es darum auch wahr sein, dass jedes Individuum in seinem Herzen naturgemäß sich selbst der ganzen Menschheit vorzieht, so wird es doch nicht wagen, den anderen Menschen in die Augen zu blicken und dabei zu gestehen, dass es diesem Grundsatz gemäß handelt. Jeder fühlt vielmehr, dass die anderen diesen seinen Hang, sich selbst den Vorzug zu geben, niemals werden nachfühlen können [...].« (TM 123) Um die Billigung der Zuschauer zu erlangen, ist der Einzelne gezwungen, seine Selbstliebe auf jenes Maß zu dämpfen, das von ihnen nachempfunden und gebilligt werden kann. Das Gefühl für die gerechtfertigten Interessen aller anderen gebietet es, den eigenen Egoismus zu zähmen. Wer gegen die gerechtfertigten Interessen der anderen auf unlautere Weise verstößt, handelt unrecht und setzt sich dem Vergeltungsgefühl der Gemeinschaft aus. Auch das individuelle Glücksstreben, obwohl von Natur aus jedem Menschen gegeben, ist somit gebunden an die Spielregeln eines »fairen Wettbewerbs«, die allen anderen die gleichen Chancen, ihr Glück zu verwirklichen, einräumen. Dies gilt Smith zufolge für alle Formen gesellschaftlichen Wettbewerbs: »In dem Wettlauf nach Reichtum, Ehre und Avancement, da mag er rennen, so schnell er kann, und jeden Nerv und jeden Muskel anspannen, um all seine Mitbewerber zu überholen. Sollte er aber einen von ihnen niederrennen oder zu Boden werfen, dann wäre es mit der Nachsicht der Zuschauer ganz und gar zu Ende. Das wäre eine Verletzung der ehrlichen Spielregeln, die sie nicht zulassen können. Der andere ist für sie in jeder Hinsicht so gut wie dieser; sie stimmen jener Selbstliebe nicht zu, in der er sich selbst zu hoch über den anderen stellt, und sie können die Motive nicht nachfühlen, die ihn bewogen, den anderen zu Schaden zu bringen.« (TM 124) Dass es sich hierbei um ein natürliches Gefühl der Gerechtigkeit handelt, belegt Smith daran, dass auch derjenige, der gegen die Grundsätze der Gerechtigkeit verstößt und seinen eigenen egoistischen Begierden zu Lasten der anderen freien Lauf lässt, sobald seine egoistischen Interessen befriedigt sind, sich seines vorherigen Verhaltens schämen wird. Er empfindet Gewissensbisse über sein unrechtes Verhalten: Nun selbst in der Rolle des Zuschauers, wird er seine Motive missbilligen und mit den Vergeltungsgefühlen der Geschädigten sympathisieren (TM 125). Lediglich das begründete Vergeltungsgefühl wegen eines erlittenen Unrechts bildet eine Ausnahme, die es gestattet, die Glückseligkeit unserer Mitmenschen zu beeinträchtigen. Ansonsten ist jeder Eingriff in die Glückseligkeit anderer ein Verstoß gegen den Grundsatz der Gerechtigkeit (TM 370).

Das Gefühl für Gerechtigkeit und die Fähigkeit, Vergeltungsgefühle und Gewissensbisse zu empfinden, bilden die Grundlage der Gemeinschaft. Der Mensch ist stets auf den Beistand und die Hilfe anderer angewiesen. Zwar ist es möglich, dass eine Gesellschaft nicht auf Wohlwollen, sondern – wie etwa bei einer Gemeinschaft von Kaufleuten – lediglich auf Nutzenerwägungen gegründet ist. Doch selbst dann ist diese Gesellschaft auf die Beachtung der Gebote der Gerechtigkeit angewiesen. Gerechtigkeit ist somit das Fundament jeder Gesellschaft: »Wenn es eine Gesellschaft zwischen Räubern und Mördern gibt, dann müssen sie, einem ganz alltäglichen Gemeinplatz zufolge, sich wenigstens des Raubens und Mordens untereinander enthalten.« (TM 128) Eine Gesellschaft kann mithin ohne Wohlwollen existieren, wenngleich, wie Smith betont, in keinem sonderlich erfreulichen Zustand, nicht aber ohne Gerechtigkeit und Regeln des fairen Miteinanders. »Obgleich es jedoch im Allgemeinen keinen großen Scharfblick erfordert, um zu sehen, dass alle ungezügelten und mutwilligen Handlungsweisen die Tendenz haben, die Wohlfahrt der Gesellschaft zu zerstören, so ist es doch selten diese Erwägung, die uns zuerst gegen jene Handlungsweisen aufbringt. Alle Menschen, selbst die dümmsten und gedankenlosesten, verabscheuen Trug, Untreue und Ungerechtigkeit und freuen sich, sie bestraft zu sehen. Aber nur wenige Menschen haben über die Notwendigkeit der Gerechtigkeit für den Bestand der Gesellschaft nachgedacht, so augenfällig auch diese Notwendigkeit uns erscheinen mag.« (TM 133f.)

3.2.3 Das Wesen der Billigung

Billigung und Missbilligung einer Handlung umfassen drei Aspekte menschlichen Handelns, die in unserem Urteil berücksichtigt werden: (1) die Absicht oder das Motiv des Handelnden,

(2) die Tat oder Körperbewegung, die aus diesem Motiv folgen, und (3) die Handlungsfolgen, die hieraus letztlich resultieren. »Diese drei verschiedenen Momente enthalten das ganze Wesen und alle bedeutungsvollen Umstände der Handlung, und in ihnen muss darum die Grundlage für jede gute oder schlechte Beschaffenheit liegen, die man der Handlung zuerkennen kann.« (TM 137 f.). Als problematisch erweist es sich für Smith an dieser Stelle jedoch, dass nicht alle der genannten Aspekte in die Hand des Handelnden gegeben sind. So gesteht Smith ein, dass streng genommen lediglich die Handlungsabsicht und die vom Handelnden intendierten Handlungsfolgen Gegenstand von Billigung und Missbilligung sein sollten, da nur sie in der Gewalt des Handelnden liegen. Ähnlich wie später Kant[99] argumentiert Smith, dass es allein die Handlungsintention ist, die über die moralische Qualität einer Handlung entscheidet, da das eigentliche Handeln mitunter exakt gleich sein kann, obwohl es im einen Falle in böser, das andere mal in guter Absicht erfolgt. Derjenige, der sich mit einer Schusswaffe gegen ein wildes Tier verteidigt, vollzieht die gleiche Bewegung wie derjenige, der aus reiner Mordlust einen Menschen tötet. Als ebenso problematisch erweist sich für Smith die direkte Zurechnung der Handlungsfolgen, da diese stets auch dem Einfluss des Zufalls unterliegen. »Auf die Absicht oder auf die Gesinnung, also auf die Schicklichkeit oder Unschicklichkeit, die Nützlichkeit oder Schädlichkeit des Vorhabens muss sich in letzter Linie alles Lob und aller Tadel, alle Billigung oder Missbilligung [...] richten, die mit Recht einer Handlung zuerkannt werden können.« (TM 138 f.)

Doch trotz der unmittelbaren Einsichtigkeit dieses Grundsatzes lehrt uns die Alltagserfahrung, dass die Handlungsfolgen, ob beabsichtigt oder unbeabsichtigt, gleichwohl großen Einfluss auf unser Urteil über die sittliche Qualität einer Handlung ausüben. Smith bezeichnet diesen Einfluss als »Regelwidrigkeit der

Empfindungen« (TM 139) und führt dies insbesondere an unserem Gefühl der Dankbarkeit und am Vergeltungsgefühl näher aus: Dankbarkeit und Vergeltung zielen nicht nur darauf, dem anderen die empfangene Wohltat oder die erlittene Schmach zurückzuerstatten, sondern auch darauf, ihn wissen zu lassen, dass seine vorausgegangene Handlung der Grund unseres Handelns ist, wir ihm also Gutes tun, da wir selbst eine Wohltat von ihm empfangen haben, oder ihm Übles tun, weil wir selbst von ihm geschädigt wurden. Um also Gegenstand von Dankbarkeit und Vergeltung zu werden, muss ein Ding drei Eigenschaften besitzen: Es muss Ursache von Freude oder Leid sein können, es muss in der Lage sein, diese selbst zu empfinden, und es muss Freud und Leid absichtsvoll bewirkt haben. Da jedoch die empfangene Lust und der erlittene Schmerz die eigentliche Ursache unseres Gefühls der Dankbarkeit oder des Wunsches nach Vergeltung sind, hängt der Grad unserer Dankbarkeit oder der Grad des Wunsches nach Vergeltung stets vom Grad der empfangenen Wohltat und vom Grad des uns zugefügten Leids ab (TM 140-145). Dies hat für unser Urteil zur Folge, »dass einem Menschen – mögen die Absichten auf der einen Seite auch noch so richtig und wohlwollend, auf der anderen Seite noch so unrecht und übelwollend sein – dennoch, wenn er das beabsichtigte Gut oder Übel nicht hervorzubringen vermochte, im einen Falle eine geringere Dankbarkeit, im anderen ein geringeres Vergeltungsgefühl zu gebühren scheint, da eben in beiden Fällen eine der Erregungsursachen mangelt.« (TM 144 f.) Umgekehrt neigen wir zu einem höheren Grad an Dankbarkeit und Vergeltung, wenn die uns erwiesenen Wohltaten und Leiden groß, wenngleich nicht in wohlwollender beziehungsweise übelwollender Absicht erfolgt sind. Im ersteren Falle fällt ein »Schatten von Verdienst«, in letzterem Fall ein »Schatten von Schuld« auf den so Handelnden (TM 145).

Obwohl also allein die Handlungsabsicht in der Verfügung des Handelnden steht, hat es doch den Anschein, als ob die Folgen, sollten sie hinter dieser Absicht zurückbleiben, das Verdienst des Handelnden schmälern oder es im anderen Falle erhöhen. »Wie also das Verdienst eines erfolglosen Versuches, Gutes zu tun, in den Augen der undankbaren Menschen eben durch das Misslingen anscheinend vermindert wird, so erscheint die Verwerflichkeit eines erfolglosen Versuches, Böses zu tun, in gleicher Weise geringer. Kaum jemals wird die Absicht, ein Verbrechen zu begehen, so klar sie auch immer erwiesen sein mag, mit derselben Strenge bestraft wie die tatsächliche Verübung des Verbrechens.« (TM 150) Die bloße Absicht scheint nicht im gleichen Maße unserer Billigung oder Missbilligung zu unterliegen wie die vollzogene Tat. Umgekehrt gilt, dass, wenn eine Handlung, die nichts Gutes oder Böses beabsichtigte, dennoch gute oder böse Folgen zeitigt, wir geneigt scheinen, diese unabhängig von der zugrunde liegenden Absicht dem Handelnden dennoch als Verdienst oder Schuld zuzurechnen. »Dass die Welt nach dem Erfolg urteilt und nicht nach der Absicht, das war zu allen Zeiten die Klage der Menschen, und das bildet die größte Entmutigung der Tugend. Jedermann stimmt dem allgemeinen Grundsatz zu, dass der Erfolg, da er nicht von dem Handelnden abhängt, auch keinen Einfluss auf die Gefühle haben sollte, die wir über die Verdienstlichkeit oder die Schicklichkeit seines Betragens hegen.« (TM 159) Wer sich jedoch allein mit der Absicht des Wohlwollens begnügt, aber nicht zur Tat schreitet, verdient, wenngleich er sich nichts hat zuschulden kommen lassen, nicht unsere Billigung. Vielmehr wäre es die Bestimmung seines Daseins gewesen, all seine Kräfte aufzubieten, seine Wünsche in die Tat umzusetzen. Der Mensch ist zum Handeln geschaffen und wird entsprechend von seiner Umwelt gemäß seinen Handlungen beurteilt.

Jedoch hat der Umstand, dass wir, obwohl theoretisch zu Unrecht, für die unbeabsichtigten schädlichen Folgen unseres Handelns getadelt werden, in den Augen Smiths von Natur aus etwas Gutes. Er wirkt als eine Art Vorsichtsprinzip und hält uns dazu an, darauf zu achten, nicht aus Unwissenheit oder Unachtsamkeit etwas zu tun, was unseren Mitmenschen schadet. »Dadurch wird der Mensch dazu angehalten, die Glückseligkeit seiner Brüder zu achten, davor zu zittern, dass er nicht einmal unbewusst etwas tue, was sie schädigen könnte, und jenes triebhafte Vergeltungsgefühl zu fürchten, das, wie er fühlt, sofort gegen ihn losbrechen kann, wenn er unabsichtlich zum unseligen Werkzeug ihres Elends werden sollte.« (TM 162)

3.3 Der unparteiische Zuschauer

3.3.1 Selbstbilligung und Selbstmissbilligung

Die Prinzipien, anhand deren wir das eigene Verhalten beurteilen, sind für Smith identisch mit den Prinzipien, die die Grundlage für unsere Billigung oder Missbilligung des Verhaltens anderer bilden. Dabei versetzen wir uns an die Stelle des Beobachters und betrachten unser Verhalten so, wie es einem Zuschauer erscheinen mag. Wir fragen uns also, ob ein Zuschauer unser Verhalten billigen oder missbilligen würde, und nehmen dies zur Grundlage unseres eigenen Urteils über unser Verhalten. Wir betrachten unser Verhalten somit gleichsam im Spiegel des Urteils der anderen (TM 166 ff.).

Ohne Gesellschaft wäre der Einzelne unfähig, die Angemessenheit oder Unangemessenheit seiner Gefühle und Handlungen richtig abzuschätzen.

»Wäre es möglich, dass ein menschliches Wesen an einem einsamen Ort bis zum Mannesalter heranwachsen könnte ohne jede Gemeinschaft und Verbindung mit Angehörigen seiner Gattung, dann könnte es sich ebenso wenig über seinen Charakter, über die Schicklichkeit oder Verwerflichkeit seiner Empfindungen und seines Verhaltens Gedanken machen als über die Schönheit oder Hässlichkeit seines eigenen Gesichts. All dies sind Gegenstände, die es nicht leicht erblicken kann, auf die es natürlicherweise nicht achtet und für die es doch auch nicht mit einem Spiegel ausgerüstet ist, der sie seinem Blicke darbieten könnte. Bringe jenen Menschen in Gesellschaft anderer, und er ist sogleich mit dem Spiegel ausgerüstet, dessen er vorher entbehrte.« (TM 167 f.)

Der Mensch lernt in Gesellschaft das Verhalten der anderen zu beurteilen und erfährt, dass auch die anderen seinen Charakter und seine Verhaltensweise überprüfen. Da der Mensch von Natur aus bestrebt ist, seinen Mitmenschen zu gefallen[100], beginnt er seine Affekte zu kontrollieren und zu beherrschen, um so im Urteil der anderen nicht allzu schlecht abzuschneiden. Er beginnt, sich bei allem was er tut, zu fragen, wie dies aus Sicht der anderen beurteilt werden müsste. »Dies ist der einzige Spiegel, der es uns ermöglicht, die Schicklichkeit unseres eigenen Verhaltens einigermaßen mit den Augen anderer Leute zu untersuchen. Wenn es uns bei dieser Untersuchung gefällt, dann sind wir leidlich zufrieden gestellt. Wir können dann dem Beifall gegenüber gleichgültiger sein und bis zu einem gewissen Grade auch den Tadel der Welt gering schätzen [...].« (TM 170)

Im Prozess dieser idealen Rollenübernahme[101] teilt sich der Mensch gleichsam in zwei unterschiedliche Personen. Als Prüfer und Richter schlüpft er in die Rolle des Zuschauers und versucht, dessen Empfinden und dessen Gefühle in Bezug auf unser eigenes Verhalten nachzuempfinden. Er versetzt sich gleichsam an die Stelle des Zuschauers und prüft, wie ihm das beobachtete Verhalten wohl erscheinen würde und ob er dies billigen könnte.

Die zweite Person bildet der Mensch als Handelnder, also derjenige, dessen Verhalten beurteilt werden soll (TM 170f.).

Letztendlich befähigt dieses Urteil den Einzelnen dazu, über die Lobenswürdigkeit oder Tadelnswürdigkeit des eigenen Verhaltens zu urteilen. Diese Form der Selbstbilligung oder Selbstmissbilligung erlaubt es uns, das eigene Urteil mit dem der Gemeinschaft zu vergleichen. Wir wünschen uns nicht nur, gelobt zu werden, sondern auch so zu sein, dass wir gerechtfertigterweise Lob verdienen. Ebenso fürchten wir nicht nur, getadelt zu werden, sondern wir fürchten, so zu sein, dass wir gerechtfertigterweise Gegenstand des Tadels anderer werden. Das Lob und der Tadel der anderen treffen uns dann, wenn sie mit dem eigenen Urteil übereinstimmen. Ungerechtfertigtes Lob hingegen bringt weniger Freude, ungerechtfertigter Tadel geringeres Leid über uns. »Wer uns seinen Beifall für solche Handlungen spendet, die wir nicht vollbracht haben, oder um solcher Beweggründe willen, die in Wahrheit keinerlei Einfluss auf unser Verhalten hatten, der erteilt nicht uns, sondern einer anderen Person seinen Beifall. Aus seinen Lobsprüchen können wir keinerlei Genugtuung schöpfen.« (TM 173) Nicht gelobt oder getadelt zu werden bewirkt im ersteren Falle, dass der Einzelne sich daran trösten kann, eigentlich Lob verdient zu haben, und im letzteren Falle Schmach darüber empfinden muss, dass er, obwohl unentdeckt, Tadelnswürdiges getan hat. »Wenn er auf sein Verhalten zurückblickt und es in dem Lichte betrachtet, in welchem es der unparteiische Zuschauer betrachten würde, dann findet er, dass er keinem der Beweggründe mehr zustimmen kann, die ihn dabei geleitet hatten. Er wird bei dem Gedanken an dieses Verhalten beschämt und bestürzt sein und wird notwendigerweise ein gut Teil jener Schande empfinden, der er preisgegeben wäre, wenn seine Taten jemals allgemein bekannt würden.« (TM 178)

Das Verlangen danach, sich dieses Lobs der Gemeinschaft würdig zu erweisen, scheint dem Menschen von Natur aus eingepflanzt (TM 176 f.). Gleiches gilt für den Tadel in umgekehrter Weise. Wird der Mensch getadelt für das, was er nicht getan hat, empfindet er nicht nur die Schmach des Tadels, sondern auch noch Empörung über das erlittene Unrecht (TM 180 ff.).

Letztlich sind es also zwei Urteile, die uns dazu anspornen, uns tugendhaft zu verhalten. Dies ist zum einen das Urteil der realen Zuschauer, die unser Handeln billigen oder missbilligen. Und dies ist zum Zweiten das eigene Urteil darüber, ob das Handeln lobens- oder tadelnswert erscheint, wenn es objektiv aus der Sicht der anderen beurteilt werden müsste, mithin die tatsächliche Billigung oder Missbilligung gerechtfertigt ist. »Lob und Tadel bringen zum Ausdruck, wie die Gefühle anderer Menschen in Bezug auf unseren Charakter und unser Verhalten tatsächlich sind, Lobenswürdigkeit und Tadelnswürdigkeit, wie sie eigentlich sein sollten. Das Verlangen nach Lob ist der Wunsch, der günstigen Gesinnung unserer Brüder teilhaftig zu werden. Das Verlangen nach Lobenswürdigkeit ist der Wunsch, uns zu solchen Menschen zu machen, die jene Gesinnung verdienen.« (TM 191)

3.3.2 Der innere, unparteiische Richter

Damit konstruiert Smith neben dem Richtspruch der tatsächlichen Zuschauer, die unser Verhalten billigen oder missbilligen, gleichsam eine zweite Instanz eines gedachten, unparteiischen Zuschauers in unserem Inneren. Wir richten uns nach seinem Urteil, da wir von Natur aus danach streben, nicht nur gelobt zu werden, sondern eben auch zu Recht gelobt zu werden. Allerdings tendiert der Mensch dazu, die Maßstäbe des eigenen Handelns zu verzerren. So scheint uns infolge unserer egoistischen Affekte das eigene Wohlergehen selbst in kleinen Dingen stets wichtiger als das Wohlergehen aller anderen (TM 200). Jedoch zwingt uns die Vernunft, sobald wir mit ihrer Hilfe unsere Sichtweise objektivieren, das Wohlergehen aller anderen ebenso zu berücksichtigen wie unser eigenes (TM 202 f.). »Sobald die Glückseligkeit oder das Unglück anderer in irgendeiner Beziehung von unserem Verhalten abhängt, wagen wir es nicht – wie die Selbstliebe es uns einflüstern möchte –, den Vorteil des einen dem Vorteil der vielen vorzuziehen. Der ›innere‹ Mensch ruft uns sofort zu, dass wir dabei uns selbst zu hoch und andere zu niedrig werten, und dass wir, wenn wir so vorgehen, die Verachtung und den Zorn unserer Brüder verdienen.« (TM 203 f.)

Der innere Richter, den Smith in Form des »unparteiischen Zuschauers« (impartial spectator) zur Prüfinstanz für die sittliche Richtigkeit unseres Verhaltens erhebt, urteilt objektiv, da er uns, von der Vernunft geleitet, in jenem Lichte sieht, in dem die anderen uns sehen würden, wenn sie alle Umstände unseres Handelns kennen würden (TM 238). Dieser unparteiische Zuschauer beurteilt unser Verhalten, wenn wir im Begriffe stehen zu handeln und nachdem wir gehandelt haben. Er richtet sein Urteil nach allgemeinen Regeln, welche wir durch Beobachtung der Zustimmung zu unserem Handeln oder der Ablehnung desselben durch die Gemeinschaft gelernt haben. Der unparteiische Zuschauer wird so zum »großen Richter und Schiedsherrn über unser Verhalten. Wenn wir uns völlig in seine Situation versetzen, wenn wir uns wirklich mit seinen Augen betrachten und so, wie er uns betrachtet, und wenn wir mit gespannter und ehrerbietiger Aufmerksamkeit auf alles horchen, was er uns einflüstert, dann wird uns seine Stimme niemals täuschen. Wir werden keine kasuistischen Regeln brauchen, um unser Verhalten danach zu bestimmen.« (TM 385)

So sind es denn auch nicht die allgemeinen Regeln des Sittlichen, die den Einzelnen zur Billigung oder Missbilligung unseres

Verhaltens veranlassen, sondern umgekehrt ist es die Billigung oder Missbilligung durch die Gemeinschaft, die es uns erlaubt, hieraus einzelne moralische Verhaltensregeln abzuleiten. Billigung und Missbilligung entspringen unserem natürlichen Gefühl für die Richtigkeit oder Unrichtigkeit einer Handlung. Wir lernen aus der Erfahrung, bei welchen Verhaltensweisen wir mit Zustimmung rechnen dürfen und bei welchen wir auf Ablehnung gefasst sein müssen, und bilden hieraus unsere Regeln (TM 239). Smith stützt sich an dieser Stelle auf sein eingangs vorgetragenes System der Sympathie und geht davon aus, dass bestimmte Handlungen dann, wenn wir ihrer gewahr werden, natürlicherweise bestimmte Gefühle wie Abscheu, Ehrfurcht etc. in uns erzeugen. Hierauf aufbauend leiten wir allgemeine Regeln darüber ab, was als verabscheuungswürdig und was als liebenswürdig, was als lobenswert und was als tadelnswert zu gelten habe (TM 240). Unter Ansehung aller Umstände kann der »unparteiische Zuschauer« in unserem Inneren nun anhand dieser Regeln darüber befinden, ob unsere beabsichtigte Handlung sittlich richtig ist; und er kann ex post darüber urteilen, ob sie sittlich richtig war.

3.3.3 Pflicht und Pflichtgefühl

Der Mensch empfindet Achtung vor diesen allgemeinen Regeln des Sittlichen und betrachtet es als seine Pflicht, entsprechend diesen Regeln zu handeln (TM 243). Wenngleich diese Achtung zum Großteil der inneren Einstellung des Einzelnen entspringt, trägt doch die Erziehung dazu bei, ihm ein Mindestmaß hiervon beizubringen. Fehlt dem Einzelnen diese Achtung vor den allgemeinen Regeln, kann man sich nicht auf sein Verhalten verlassen.

Smith entwirft einen Katalog von Tugendpflichten, deren Beachtung er als allgemeinverbindlich erachtet. Dazu zählen u.a. die Pflichten der Höflichkeit, der Gerechtigkeit, der Wahrhaftigkeit, der Keuschheit und der Treue. Ohne mindestens eine leidliche Befolgung dieser Pflichten würde jede Gesellschaft auseinanderbrechen (TM 246). Allerdings ist es im konkreten Einzelfall schwierig zu entscheiden, was im Sinne der jeweiligen Tugend konkret geboten scheint. Zudem bleibt in den meisten Fällen unklar, ob eine Handlung aus Pflichtgefühl, aus Rücksicht auf die allgemeinen Regeln oder aus anderen Beweggründen in einer bestimmten Weise erfolgt (TM 260). Da sich die äußeren Handlungen, die die je unterschiedlichen Tugendpflichten im Einzelfalle fordern, je nach Situation zum Teil erheblich unterscheiden, ist es für den Betrachter mitunter schwierig, die richtige Handlungsweise jederzeit konkret zu bestimmen. Einzig die Tugend der Gerechtigkeit erlaubt es, klare Verhaltensanweisungen zu geben und konkret festzulegen, was im Einzelfalle geboten scheint. »Die Regeln der Gerechtigkeit können mit den Regeln der Grammatik verglichen werden, die Regeln der anderen Tugenden dagegen mit jenen Regeln, wie sie die Ästhetiker für die Erlangung des Erhabenen und des Eleganten in Stil und Darstellung aufstellen. Die einen sind fest, bestimmt, genau und unerlässlich. Die anderen sind lax, vage und unbestimmt [...].« (TM 268)

Obwohl der Einzelne mitunter in dem Gefühl handeln mag, den sittlichen Pflichten, wie sie ihm die allgemeinen Tugenden zu gebieten scheinen, Genüge zu tun, kann dies für Smith nicht zum letztgültigen Maßstab des sittlich Richtigen erhoben werden. Denn trotz aller gesellschaftlichen Übereinstimmung im Urteil über die allgemeine Richtigkeit dieser Tugenden bleibt die Tugendpflicht im konkreten Fall ungenau und unbestimmt. Einziger Gradmesser für die sittliche Richtigkeit unseres Verhaltens kann daher ausschließlich das Gefühl der Selbstbilligung sein. »Keine Handlung kann schicklicherweise tugendhaft genannt werden, die nicht von dem Gefühl der Selbstbilligung begleitet ist.« (TM 272)

3.4 Harmonie als Ordnungsprinzip

3.4.1 Individuelles Handeln und das Glück der anderen

Eines der klassischen Ziele der Ethik und insbesondere der Tugendlehre ist es, eine Anweisung zum glücklichen Leben zu geben. Smith erweitert diese Individualperspektive im Sinne Hutchesons, indem er nicht allein das Glück des Einzelnen, sondern das Glück aller ins Zentrum seiner moralphilosophischen Betrachtungen rückt. Er formuliert dies jedoch nicht als Pflicht des Handelnden; vielmehr glaubt er, dass sowohl die natürliche Ordnung wie auch die natürlichen Fähigkeiten des Menschen per se auf dieses Ziel hin ausgerichtet sind. Die prästabilierte Harmonie der göttlichen Ordnung und die natürliche Fähigkeit des Menschen, sympathetische Gefühle für seine Mitmenschen empfinden zu können, bieten die Gewähr dafür, dass der Einzelne stets auch das Glück seiner Mitmenschen fördert. »Indem wir aber den Geboten unseres moralischen Vermögens gemäß handeln, gebrauchen wir gerade das wirksamste Mittel, um die Glückseligkeit der Menschen zu befördern, und man kann also in gewissem Sinne von uns sagen, dass wir Mitarbeiter der Gottheit sind und dass wir, soweit es in unserer Macht steht, die Pläne der Vorsehung ihrer Verwirklichung näher bringen.« (TM 251) Ausgehend von einem deistischen Grundverständnis sieht Smith die menschliche Glückseligkeit als Endzweck der Schöpfung, wobei es die Natur so eingerichtet hat, dass der Mensch hierzu über alle dafür nötigen Anlagen und Charaktereigenschaften a priori verfügt. Sowohl sein Eigennutz wie auch seine Fähigkeit zur Sympathie dienen letztlich nur diesem Zweck.

So strebt der Mensch von Natur aus nach Bequemlichkeit und danach, seine eigene Lebenssituation zu verbessern. Er glaubt, durch sein stetiges Bemühen jene Mittel zu gewinnen, die ihm das Leben angenehmer machen, tatsächlich auch zu einem bequemeren Leben zu gelangen. Daher ist er stetig darum bemüht, jene Mittel zu erlangen, die ihn seiner Vorstellung nach diesem Ziel näher bringen. »Dieses Prinzip bildet [...] die geheime Triebfeder der ernstesten und wichtigsten Bestrebungen sowohl des Privat- als des öffentlichen Lebens.« (TM 310)

Das Streben des Menschen nach den vermeintlich nützlichen Dingen als Mittel zur Erlangung eines glücklichen Lebens erweist sich für Smith jedoch als geschickte Täuschung der Natur. Während der Mensch nach Ansehen und Wohlstand und all jenen Dingen strebt, die er für sein zukünftiges Glück als nützlich erachtet, versäumt er es, bereits jetzt beschaulich und auskömmlich zu leben. Zu spät erkennt er, dass seine Anstrengungen überflüssig waren und er seine beste Zeit der Jagd nach dem Glück geopfert hat, anstatt in Ruhe und Sorglosigkeit zu leben (TM 310-314). Jedoch hat der Einzelne mit diesem vermessenen Streben, ohne es zu wollen, einen Beitrag zum Glück seiner Mitmenschen geleistet. »Denn diese Täuschung ist es, was den Fleiß der Menschen erweckt und in beständiger Bewegung erhält. Sie ist es, was sie zuerst antreibt, den Boden zu bearbeiten, Häuser zu bauen, Städte und staatliche Gemeinwesen zu gründen, alle die Wissenschaften und Künste zu erfinden und auszubilden, die das menschliche Leben veredeln und verschönern [...].« (TM 315) Letztlich leitet also die Täuschung, dass Reichtum und Ansehen zur Glückseligkeit führen, den Menschen dazu an, sich zum Wohle aller anzustrengen, und die der Welt innewohnende Harmonie führt aufgrund dieser Täuschung dazu, dass es zu einem gerechten Ausgleich der irdischen Güter kommt. Somit mündet das stetige Bestreben der Menschen, ihren eigenen Reichtum und ihr eigenes Ansehen zu mehren, in einen Zustand, in dem alle ihren gerechten Anteil am irdischen Glück erhalten. Prosaisch bringt Smith dies auf die Formel: »In dem Wohlbefinden des Körpers und in dem Frieden der Seele stehen alle Lebensstände einander nahezu gleich, und der Bettler, der sich neben der Landstraße sonnt, besitzt jene Sicherheit und Sorglosigkeit, für welche Könige kämpfen.« (TM 317)

Man mag Smith an dieser Stelle vorhalten, das Wirken der Harmonie innerhalb des Weltganzen etwas zu überschätzen, und würde man den Bettler und den König fragen, wäre Ersterer wohl bereit, mit dem König, Letzterer wohl kaum bereit, mit dem Bettler zu tauschen. Dennoch beschreibt Smith bereits an dieser Stelle ein Ordnungsprinzip, das im *Wealth of Nations* zu einer tragenden Säule seines ökonomischen Verständnisses werden wird. Die natürliche Ordnung führt über den Mechanismus der Selbsttäuschung dazu, dass (auch ohne Wohlwollen der Reichen und Begüterten) diese unbewusst ihren Beitrag für das Wohlergehen der weniger Begüterten leisten. Das Streben nach Anerkennung veranlasst den Einzelnen dazu, Dinge für die Gemeinschaft zu leisten, die er nicht aus Wohltätigkeit für das Gemeinwesen erbringt, sondern um zu höherem Ansehen in der Gemeinschaft zu gelangen. Der Patriot, der sich für eine Reform der Verwaltung einsetzt, und der Staatsmann, der auf die Verbesserung des Verkehrswesens drängt, sind in erster Linie nicht am Wohlergehen derjenigen interessiert, zu deren Gunsten diese Maßnahmen letztlich wirken, sondern sie streben nach Ansehen und Einfluss. Sie sind allenfalls daran interessiert, das Verwaltungssystem zu verbessern, weil sie an der Vervollkommnung des Staatsapparates selbst interessiert sein mögen; keinesfalls jedoch kommen ihnen diejenigen in den Sinn, deren Lebensumstände durch die Reform des Systems verbessert werden sollen (TM 317 ff.).

Dies bedeutet nun nicht, dass Smith dafür plädieren würde, sich gänzlich auf diesen Mechanismus der Selbsttäuschung zu verlassen und zu hoffen, dass sich die Moral von selbst in der Gesellschaft ausbreite. Individuelle Tugenden sind in seinen Augen unerlässlich, um eine moralische Ordnung zu gewährleisten. Selbst das beste staatliche System und die wohldurchdachteste Verfassung sind nicht in der Lage, individuelle Tugenden zu ersetzen. Umgekehrt kann auch die schlechteste staatliche Ordnung niemals so schädlich für eine Gemeinschaft sein wie ein allgemeiner Sittenverfall und das Vorherrschen von Laster und Bosheit (TM 321).

3.4.2 Der Einfluss der Nützlichkeit und des Brauchtums auf Billigung und Missbilligung

In Abgrenzung zu Hume bestreitet Smith die Nützlichkeit als oberstes Kriterium der Tugend. Zwar scheint es in der Tat der Fall zu sein, dass Tugenden dem Einzelnen oder auch der Gesellschaft nützen und deswegen allgemein als schön empfunden werden. Dennoch erscheint es Smith als problematisch, die Billigung der Tugenden mit der Billigung nützlicher Gegenstände, etwa eines gut geplanten Hauses, gleichzusetzen.[102] Zudem glaubt er, dass die Nützlichkeit erst den zweiten Grund für die Billigung tugendhaften Handelns bildet. Wichtiger als der persönliche oder gesellschaftliche Nutzen, der dem tugendhaften Handeln entspringt, scheint ihm die gesellschaftliche Anerkennung tugendhaften Verhaltens. Selbstbeherrschung, Genügsamkeit und Fleiß sind Tugenden, die dem Einzelnen möglicherweise zukünftigen Nutzen sichern; für den Beobachter ist dies jedoch nur mittelbar nachvollziehbar. Was der Beobachter in erster Linie bewundert, ist die Beherrschung der unmittelbaren Leidenschaften.[103] Es ist daher das Bewusstsein, sich des Beifalls und der Bewunderung durch die Gemeinschaft als würdig zu erweisen, was uns zu Selbstbeherrschung und ähnlichen Tugenden veranlasst (TM 322-326).

»Das Bewusstsein, diese Billigung und Achtung verdient zu haben, ist aber auch das Einzige, was imstande ist, den Handelnden zu einem derartigen Verhalten zu ermuntern. An dem Vergnügen, dessen wir uns in zehn Jahren erfreuen sollen, ist uns so wenig gelegen im Vergleiche mit jenem, welches wir heute genießen können, der Affekt, den das Erste erregt, ist naturgemäß so schwach im Vergleich mit jener heftigen Gemütsbewegung, die das Letztere zu verursachen pflegt, dass jenes niemals imstande wäre, diesem irgendwie das Gleichgewicht zu halten, wenn es nicht durch das Gefühl der sittlichen Richtigkeit unterstützt würde und durch das Bewusstsein, dass wir die Achtung und Billigung aller Menschen verdienen, weil wir auf diese Weise gehandelt haben [...].« (TM 325 f.)

Besonders deutlich wird dieser Zusammenhang zwischen menschlichem Verhalten und Billigung durch den unparteiischen Zuschauer bei der Analyse jener Tugenden, die ein Höchstmaß an Selbstüberwindung erfordern wie etwa Edelmut oder Gemeinsinn. Beide Tugenden sind dadurch gekennzeichnet, dass wir unsere eigenen Interessen den Interessen anderer oder der Gemeinschaft opfern. Wer seine eigene Bewerbung um ein Amt zurückstellt und seinem Mitbewerber den Vortritt lässt, weil er diesen für geeigneter hält als sich selbst, wer sein eigenes Leben für das Leben des Freundes, das ihm wichtiger scheint, opfert usw., handelt edelmütig. Wer die eigenen Wünsche zugunsten der Gemeinschaft zurückstellt, da deren Interessen ihm wichtiger erscheinen, wer sein Leben für die Verteidigung des Vaterlandes opfert usw., lässt sich in seinem Handeln vom Gemeinsinn leiten. In beiden Fällen bringt den Akteuren dieses Verhalten weder persönlichen Nutzen noch anderweitige Vorteile. Es kann schlichtweg zu niemandes Vorteil sein, die eigenen Wünsche und Interessen um vermeintlich höherer Ziele willen den anderen zu opfern. Das Einzige, was die so Handelnden in den Augen Smiths hierzu antreibt, ist der Wunsch nach der Zustimmung des unparteiischen Zuschauers. Sie versetzen sich in dessen Lage und urteilen aus der Sicht des unabhängigen Dritten darüber, wessen Interessen im Einzelfall der Vorzug zu geben ist (TM 326-329). »Jedem Zuschauer mag das Glück oder die Erhaltung des Lebens dieses andern mit Recht wichtiger sein als ihr Glück und ihr Leben, aber ihnen selbst kann es nicht wichtiger sein. Wenn sie also dem Interesse dieses andern ihr eigenes opfern, dann passen sie sich den Empfindungen des Zuschauers an und handeln in großmütiger Selbstüberwindung so, wie es eben jener Ansicht der Dinge entspricht, welche sich ihrem eigenen Gefühl nach jedem Dritten naturgemäß aufdrängen muss.« (TM 327)

Doch trotz dieses scheinbar »objektiven« Urteils des unparteiischen Dritten unterliegt auch sein Urteil gewissen Schwankungen. Der Grad der Billigung hängt ab von den allgemeinen Bräuchen einer Gesellschaft und schwankt im Zeitablauf und in Abhängigkeit von regionalen Besonderheiten. In Ahnlehnung an eine aristotelische Mesotes-Ethik gesteht Smith zu, dass das rechte Maß der jeweiligen Tugend daher nicht objektiv bestimmbar ist, sondern stets in Bezug auf den Einzelnen und in Ansehen seiner Herkunft festgelegt werden muss.

»Jener Grad von Höflichkeit, der in Russland auf das höchste geachtet, ja vielleicht für unmännliche Schmeichelei gehalten werden würde, würde am Hofe von Frankreich als Rohheit und Barbarei gelten. Jener Grad von Wirtschaftlichkeit und Einfachheit, der bei einem polnischen Edelmann als übergroße Sparsamkeit betrachtet werden würde, würde bei einem Bürger von Amsterdam als Verschwendung gelten. Jedes Zeitalter und jedes Land betrachtet jenes Maß einer Eigenschaft, dem man gemeinhin bei denjenigen begegnet, die unter ihnen geachtet sind, als die goldene Mitte eben jenes Talents oder jener Tugend.« (TM 349)

Allerdings sieht Smith die durch Sitte und Brauch der jeweiligen Gesellschaften bedingten Einflüsse auf die Tugenden und die Billigung des sittlich Richtigen in der Regel als nicht gravierend an.

Letztlich verursachen sie nur graduelle Unterschiede dessen, was in einer Gemeinschaft als schicklich oder nicht-schicklich betrachtet wird. Die Geltung der jeweiligen Tugendpflichten an sich wird davon im Allgemeinen nur wenig berührt. So sind Wahrheit und Gerechtigkeit Tugenden, die in allen Gesellschaften gleichermaßen gefordert werden. Und so kommt Smith zu dem Schluss: »Die ländliche Gastfreundschaft, die unter den Polen Mode ist, beeinträchtigt vielleicht ein wenig die Wirtschaftlichkeit und die häusliche Ordnung; und die Sparsamkeit, die in Holland so geschätzt wird, beeinträchtigt vielleicht die Freigebigkeit und die Geselligkeit.« (TM 356 f.) In der Regel handelt es sich dabei jedoch um unwesentliche Schwankungen bei der Auslegung dessen, was als rechtes Maß der Gastfreundschaft oder der Sparsamkeit gedeutet wird. Allenfalls in Ausnahmefällen mag es daher möglich sein, dass das allgemeine Brauchtum und die Gewohnheiten eines Landes die Tugenden negativ überformen.

3.5 Das Wesen der Tugenden

3.5.1 Tugend und Charakter

Im sechsten Teil greift Smith nochmals die Frage nach dem Wesen der Tugenden auf. Erneut beginnt er mit dem Einfluss von Rang und Ansehen, die demjenigen, der sie genießt, stets auch die Verpflichtung auferlegen, sich ihrer würdig zu erweisen. Die Tugend der Klugheit rät uns, uns um unseren Rang, unsere Gesundheit und unser Vermögen zu bemühen. Jedoch scheint die Sorge um das eigene Wohlbefinden nur ein Aspekt der Klugheit zu sein, der in den Augen Smiths zwar achtenswert und mitunter liebenswert erscheint und mithin vom unparteiischen Zuschauer gebilligt wird, der jedoch keinesfalls ein hohes Maß an

Bewunderung genießt. Den anderen Aspekt der Klugheit bezeichnet Smith als »höhere Klugheit«. Sie bezieht sich auf die Fähigkeit, jederzeit und unter allen Umständen »mit der vollendeten sittlichen Richtigkeit« zu handeln (TM 367). Dabei verbindet sich Klugheit mit anderen Tugenden und beeinflusst unser Urteil. Der Schurke, der sich durch Klugheit einer Verurteilung entzieht, erweckt in gewissem Maße unsere Bewunderung; der Edelmütige, der durch unkluge Verschwendung seines Vermögens in finanzielle Bedrängnis gerät, erregt unser Mitleid. Umgekehrt formt Klugheit, gepaart mit anderen Tugenden, den edelsten aller Charaktere, Unklugheit gepaart mit Laster hingegen den gemeinsten.

Dabei unterscheiden sich der edle und der schlechte Charakter vor allem durch die Sorge um das Wohlergehen und das Glück der Mitmenschen: »Eine heilige und strenge Scheu, die Glückseligkeit unseres Nächsten in irgendeiner Hinsicht zu verletzen oder zu stören, selbst in solchen Fällen nicht, in welchen kein Gesetz ihn endgültig zu schützen vermag, kennzeichnet die Denkungsart des vollkommen schuldlosen und gerechten Menschen [...].« (TM 370 f.) Obwohl also der edle Charakter von sich aus weit stärker um das Glück seiner Mitmenschen besorgt ist als der schlechte Charakter, wird doch auch Letzterer durch das Gesetz gezwungen, das Glück der anderen zu respektieren. Allerdings stellt sich für Smith im einen wie im anderen Falle die Frage, welches denn die zu schützenden Pflichten des Einzelnen gegenüber seinem Mitmenschen wie auch gegenüber der Gemeinschaft sind. Erneut geht Smith dabei von einem harmonischen Grundverständnis der natürlichen Ordnung aus, die von sich aus dem Menschen den rechten Weg weist. »Man wird finden, dass die gleiche, niemals irrende Weisheit, die das Verhalten der Natur in jeder anderen Richtung regelt, auch in dieser Beziehung die Rangordnung bestimmt, in der die Natur gewisse Personen unserer Obsorge empfiehlt, und zwar stärker oder schwächer empfiehlt, je nachdem, ob unsere Wohltätigkeit mehr oder weniger notwendig ist oder mehr oder weniger nützlich sein kann.« (TM 371)

3.5.2 Empathie und die Grenzen des Wohlwollens

Explizit bezieht sich Smith auf die Lehren der Stoiker, denen zufolge der Einzelne seine Empfindungen stets selbst am besten beurteilen kann und mithin wohl auch selbst am besten Sorge für seine eigenen Belange und sein eigenes Wohlergehen tragen könne. Neben dem Gefühl für das eigene Wohlergehen empfindet der Mensch für gewöhnlich Zuneigung gegenüber den Mitgliedern der eigenen Familie und den engen Freunden. Smith spricht hier von einer »eingewurzelten, gewohnheitsmäßigen Sympathie«, die wir in Form der Zuneigung erfahren. Dabei basiert die familiäre Zuneigung für Smith wesentlich stärker auf der Wirkung einer geistigen als auf einer physischen Verbindung. In ähnlicher Weise erwerben wir eine Zuneigung gegenüber Kollegen, Geschäftspartnern und Nachbarn, denen gegenüber wir eine Freundschaft empfinden, die den Gefühlen gegenüber der eigenen Familie nicht unähnlich ist (TM 371-381).

Der Umgang mit diesem engen Kreis gründet in der Regel auf »Bequemlichkeit« und »Anpassung«. Zwar empfinden wir auch für unseren engsten Familien- und Bekanntenkreis Sympathie, doch ist dieses Sympathieempfinden der Gewohnheit geschuldet und nicht das Resultat einer natürlicherweise empfundenen Sympathie, gegründet auf Achtung und Wertschätzung. Während wir im Familien-, Kollegen- und Bekanntenkreis dazu neigen, die Verhaltensweisen unseres Umfelds zu akzeptieren und sowohl im Falle hoher wie auch im Falle minderer moralischer Standards bereit sind, diese als gegeben hinzunehmen, ist die natürliche Sympathie Ausdruck echter Zuneigung, gegründet auf Bewunderung und Respekt. Diese Art der Freundschaft ist die beständigste und sicherste, da sie allein auf der Achtung vor der Tugendliebe des anderen beruht (TM 381 f.).

Am meisten sind wir jedoch denjenigen gegenüber verpflichtet, die uns selbst bereits Wohltaten erwiesen haben. Für Smith scheint es der natürliche Hang des Menschen zu sein, empfangene Wohltaten zu vergelten. »Die Natur, welche den Menschen jene Güte gegenüber seinesgleichen eingepflanzt hat, die für die Glückseligkeit der Menschen so notwendig ist, bewirkt es, dass jedermann von demjenigen, dem er selbst Güte erwiesen hat, wiederum Güte empfängt.« (TM 382 f.) Selbst in jenen seltenen Fällen, in denen der Einzelne die empfangenen Wohltaten nicht zurückerstattet, sei es, weil er dazu nicht imstande ist, sei es, dass er dies aus reiner Undankbarkeit nicht tut, kann sich der Wohltäter doch der sympathetischen Dankbarkeit seiner Zuschauer sicher sein.

Ähnlich wie in Bezug auf unsere Mitmenschen unterscheidet Smith auch unterschiedliche Grade der Pflichten gegenüber der Gemeinschaft. Auch hier sind wir zunächst dem innersten Kreise unserer Heimat, unseres Vaterlandes oder unserer Landsmannschaft verpflichtet. Dies allein schon deshalb, da hier in der Regel auch jene Mitmenschen mit eingeschlossen sind, denen wir freundschaftlich oder familiär verbunden sind. Diese Zuneigung scheint dem Menschen daher ebenfalls von Natur aus zu eigen (TM 386 ff.).

Problematisch wird es, die Pflichten zum Wohlwollen gegenüber anderen Nationen zu begründen. Hier scheinen die Konkurrenz im wirtschaftlichen und militärischen Wettlauf und der natürliche Patriotismus das Wohlwollen für den anderen förmlich zu verbieten. Unter Bezugnahme auf die Konkurrenz zwischen England und Frankreich schreibt Smith:

»[...] aber die innere Wohlfahrt und das Gedeihen des anderen, die Verbesserung seines Ackerbaus, den Fortschritt seiner Manufakturen, das Wachsen seines Handels, die Sicherheit und Zahl seiner Häfen, seine Fortschritte in allen seinen freien Künsten und Wissenschaften zu beneiden, das ist sicherlich unter der Würde zweier so großer Nationen. Denn das sind ja die wahrhaften Fortschritte der Welt, in der wir leben. Durch sie wird die Menschheit gefördert, die menschliche Natur veredelt. In solchen Fortschritten sollte nicht nur jede Nation sich auszuzeichnen trachten, sondern aus Liebe zur Menschheit sollte sie sich bemühen, hervorragende Leistungen ihrer Nachbarn auf diesem Gebiete zu fördern, anstatt ihnen entgegenzuarbeiten.« (TM 389)

Jedoch scheint sich törichter Nationalstolz in aller Regel allenfalls an den direkten Nachbarn zu entzünden. Je weiter entfernt eine Nation ist, desto weniger ist sie unserer kleinlichen Missgunst ausgesetzt; desto weniger aber auch Gegenstand unseres Wohlwollens. Letztlich richtet sich unsere eigene Zuneigung zuallererst gegen das eigene Land. Smith konstatiert zwei sich ergänzende Prinzipien, die diese Vaterlandsliebe zu bewirken scheinen: Dies ist zum einen ein gewisser Respekt gegenüber der eigenen Verfassung und der bestehenden Ordnung. Und dies ist zum anderen der Wunsch, die Lebensbedingungen unserer Landsleute und Mitbürger zu verbessern. »Derjenige ist kein Bürger, der nicht willens ist, die Gesetze zu achten und der bürgerlichen Obrigkeit Gehorsam zu leisten; und derjenige ist sicherlich kein guter Bürger, der nicht den Wunsch hegt, mit allen Mitteln, die ihm zu Gebote stehen, die Wohlfahrt der ganzen Gemeinschaft seiner Mitbürger zu fördern.« (TM 392)

Smith nutzt seine Betrachtungen über das Verhältnis des Bürgers gegenüber dem Gemeinwesen zu einem Exkurs über die Eigenschaften eines guten Staatsmannes. Dieser wird die Rechte der Einzelnen ebenso achten wie die Rechte der Stände und Gemeinschaften. Selbst wenn ihm manche der überkommenen Gewohnheiten als reformbedürftig erscheinen, wird er zur Durchführung der Reformen niemals Gewalt anwenden. Ist es ihm nicht möglich, Gerechtigkeit durchzusetzen, wird er sich bemühen, die Ungerechtigkeit zu mindern, und wenn es ihm nicht möglich ist, das beste Staatssystem durchzusetzen, wird er versuchen, das unter den gegebenen Umständen Realisierbare zu tun. Die Gemeinschaft und die in ihr gelebte Tradition betrachtet Smith als Gegenpol zu den oftmals allzu ambitionierten Reformbestrebungen engagierter Staatsmänner, die ihre eigenen Vorstellungen zum Maß aller Dinge erheben. »Das hieße, sich einbilden, dass man selbst der einzige weise und würdige Mann in dem Gemeinwesen sei, und dass sich die Mitbürger uns anpassen sollten und nicht wir ihnen. Das ist der Grund, warum von allen politischen Grüblern souveräne Fürsten bei weitem die gefährlichsten sind.« (TM 396)

Obwohl sich der Geltungsbereich unserer Wohltaten natürlicherweise also allenfalls auf die enge Gemeinschaft der Mitbürger bezieht, stellt Smith dennoch die (theoretische) Frage nach den Möglichkeiten universellen Wohlwollens. Da es sich hierbei um ein reines Vermögen des guten Willens handelt, sieht Smith diese Möglichkeit durchaus gegeben: »Unsere guten Dienste können sich zwar in wirksamer Weise nur selten auf einen größeren Kreis von Menschen erstrecken als auf diejenigen unseres eigenen Landes, unser guter Wille jedoch ist durch keine Grenze eingeschränkt, sondern kann die Unendlichkeit des Universums umfassen. Wir können uns nicht die Vorstellung von einem schuldlosen und fühlenden Wesen bilden, dessen Glückseligkeit wir nicht wünschen würden oder gegen dessen Unglück wir, wenn wir uns dasselbe ganz deutlich vorstellen, nicht einen gewissen Widerwillen empfinden würden.« (TM 397) Wenngleich also die Sympathie mit allen fühlenden Wesen des Universums wohl kaum jemals handlungsleitend werden kann, so ist sie für

Smith doch theoretisch vorstellbar. Ebenso wie der Weise und Tugendhafte jederzeit seine eigenen Interessen hinter diejenigen seiner Mitbürger und seines Standes zurückstellen würde und er gegebenenfalls bereit wäre, diese den größeren Interessen des Staates oder des ganzen Volkes zu opfern, so wäre er ebenso jederzeit bereit, die Interessen seines eigenen Volkes zugunsten der Interessen des »Universums« aufzugeben (TM 398).

3.5.3 Selbstbeherrschung als Voraussetzung des rechten Handelns

Selbstbeherrschung bildet für Smith jene zentrale Tugend, die den Einzelnen erst befähigt, sich richtig und angemessen gegenüber der Gemeinschaft zu verhalten. »Die vollkommenste Kenntnis dieser Regeln wird ihn nicht immer befähigen, seine Pflicht zu tun, wenn sie nicht von der vollkommensten Selbstbeherrschung unterstützt wird.« (TM 401) Selbstbeherrschung dient hierbei zunächst der Regulierung der Affekte, wobei sich die Angemessenheit oder Unangemessenheit der Affekte nach jenem Grad bestimmt, den der unparteiische Zuschauer noch mitzuempfinden in der Lage ist. Generell gilt, dass bei jenen Affekten, die beim Zuschauer angenehme Gefühle hervorrufen, das Maß der akzeptierten Affektäußerungen höher liegt als bei jenen Affekten, die im Zuschauer unangenehme Gefühle hervorrufen. Auch wird das Fehlen dieser Affekte vom Zuschauer im ersteren Falle eher als befremdlich eingestuft als im letzteren. So gibt es in der Regel bei allen Affekten ein Zuviel und ein Zuwenig. Von den zahlreichen Beispielen, die Smith als Beleg für diese These heranzieht, seien lediglich zwei zur Verdeutlichung genannt: So etwa wird ein »Zuviel« an Menschlichkeit oder Freundschaft in der Regel nicht getadelt, obwohl es als übertrieben angesehen werden mag. Ein Mangel an Freundschaft und Menschenliebe hingegen erscheint uns tadelnswert, da wir dem Betreffenden jede Form von Herzensgüte und Mitmenschlichkeit absprechen. Wer sich durch übermäßige Vergeltungsgefühle zur Rachsucht treiben lässt, erregt den Anstoß der Zuschauer, da derjenige, der so handelt, seine Gefühle offensichtlich rücksichtslos über die aller anderen zu stellen scheint. Das Fehlen von Rachsucht hingegen wird in der Regel nicht getadelt. Erst dann, wenn der Einzelne scheinbar völlig unempfänglich für Beleidigungen wird, wird dieses Verhalten missbilligt, da es der Einzelne so offensichtlich verabsäumt, sich, die Seinen und seine Freunde vor Unrecht zu schützen (TM 409-413).

Neben der Regulierung der Affekte hindert uns die Selbstbeherrschung, uns selbst für unsere Verdienste zu überschätzen, und schützt vor Eigendünkel. Je erfolgreicher der Einzelne und je verdienstvoller sein Handeln, desto größer ist die Gefahr der Überheblichkeit. »Es gilt ebenso von den weniger bedeutenden Projekten des Privatlebens wie von den ehrgeizigen und stolzen Bestrebungen von Personen, die sich in hohen Stellungen befinden, dass große geistige Anlagen und anfängliche Erfolge die Menschen häufig zu Unternehmungen ermutigt haben, die am Ende notwendig zu Bankrott und Untergang führen mussten.« (TM 425) Hier ist es die Aufgabe der Erziehung, Ehrgeiz und Eitelkeit auf die richtigen Ziele zu lenken und auf das rechte Maß zu bescheiden (TM 437).

Im Gegensatz zu den Tugenden der Klugheit, Gerechtigkeit und Wohltätigkeit, die der eigenen wie auch der Glückseligkeit der Gemeinschaft direkt förderlich scheinen, wird die Selbstbeherrschung allein um ihrer sittlichen Richtigkeit Willen gebilligt. Der Handelnde genießt aus der Selbstbeherrschung keinerlei weiteren Vorteil außer dem Bewusstsein, sich richtig verhalten zu haben (TM 442-446).

3.6 Abgrenzung zu anderen Systemen der Moralphilosophie

Smith glaubt nun, die beiden zentralen Fragen jeder Ethik mit seinem Entwurf beantwortet zu haben. Es sind dies erstens die Frage nach dem Wesen der Tugend – Smiths Antwort hierauf lautet, dass all das als tugendhaft gelten darf, was die Billigung des unparteiischen Zuschauers verdient – und zweitens die Frage nach den Beweggründen, die uns dazu veranlassen, tugendhaft zu handeln. Diese Frage beantwortet Smith mit dem Wunsch des Handelnden, nicht nur die Billigung des unparteiischen Zuschauers zu erringen, sondern auch mit dem Bedürfnis, sich dieser Billigung als würdig zu erweisen.

Um sein System der Moralphilosophie zu erhärten, vergleicht Smith abschließend seine beiden Antworten mit denen anderer moralphilosophischer Systeme und versucht so zugleich, sich von diesen abzugrenzen, da er deren Annahmen als falsch bzw. mindestens unhaltbar, seine hingegen als richtig und mit dem Wesen des Menschen und der natürlichen Ordnung der Dinge im Einklang befindlich ansieht.

3.6.1 Verschiedene Darstellungen des Wesens der Tugend

Im Allgemeinen, so Smith, existieren drei verschiedene Interpretationen, die das Wesen der Tugend beschreiben: (1) Jene Systeme, die das Wesen der Tugend auf die Schicklichkeit oder sittliche Richtigkeit zurückführen, wobei unsere Neigungen je nach Heftigkeit und Zielsetzung im einen Falle als tugendhaft, im anderen als lasterhaft angesehen werden. (2) Systeme, die das Wesen der Tugend vor allem in der klugen Verfolgung des Ziels der eigenen Glückseligkeit sehen; in diesem Sinne gilt es, die privaten Neigungen so zu kontrollieren, dass sie diesem langfristigen Ziel nicht zuwiderlaufen. (3) Schließlich jene Systeme, die

die wahre Tugend nur in jenen Neigungen erblicken, die auf das Wohlergehen und die Glückseligkeit der anderen gerichtet sind, mit der Folge, dass allein Handlungen auf Basis eines »uninteressierten«, d.h. objektiven Wohlwollens als tugendhaft gelten dürfen (TM 447-450). (4) Ergänzend hierzu gibt es jedoch Systeme, die den Unterschied zwischen Laster und Tugend vollständig aufzuheben scheinen. Ihnen wendet sich Smith in einem weiteren Kapitel zu.

(1) Unter jenen Systemen, die das Wesen der Tugend vor allem im schicklichen Verhalten sehen, subsumiert Smith neben Platon und Aristoteles insbesondere die Vertreter der griechischen und der römischen Stoa. Deutlich wird in seinen Ausführungen insbesondere die Bewunderung für die stoische Philosophie und sein Bemühen, den eigenen Ansatz in die Nähe der stoischen Ethik zu rücken. Bezugnehmend auf die stoische apatheia führt er aus: »Der tugendhafte Mensch kann sich immer noch des vollen Beifalls seines eigenen Herzens erfreuen und darf immer noch fühlen, dass, so widerwärtig die Dinge da draußen auch sein mögen, in seinem Inneren doch Ruhe, Friede und Eintracht herrschen. Er darf sich im Allgemeinen auch mit dem sicheren Bewusstsein trösten, dass er die Liebe und Achtung eines jeden verständigen und unparteiischen Zuschauers besitzt, der nicht umhinkommen wird, sein Verhalten zu bewundern und sein Unglück zu bedauern.« (TM 474) Zu den neueren Systemen, die diese Ansichten der Stoa über die Schicklichkeit der Handlungen rekapitulieren, zählt Smith unter anderem jene Samuel Clarkes und Lord Shaftesburys. Gemeinsam scheint Smith all diesen Systemen, dass sie keinen absoluten Maßstab für die Schicklichkeit einer Neigung vorgeben; vielmehr bleibt als einzige Richtschnur für das Urteil über die Angemessenheit einer Handlung das sympathetische Gefühl des wohlunterrichteten und unparteiischen Zuschauers (TM 489 f.).

(2) Zu den Systemen, die die Tugend vor allem in der klugen Verfolgung der eigenen Glückseligkeit sehen, zählt Smith insbesondere den Epikureismus. Klugheit wird in diesem System jedoch lediglich als einfache Klugheit und nicht als höhere Klugheit verstanden. Es geht nicht darum, in vollkommener sittlicher Richtigkeit zu handeln, sondern lediglich darum, die Folgewirkungen des eigenen Handelns zu kontrollieren, damit sie sich auf dem Weg zum eigenen Wohlergehen nicht als hinderlich erweisen. Entsprechend dienen die Tugenden der Mäßigung und der Selbstbeherrschung in der epikureischen Philosophie lediglich der vernünftigen Kontrolle zukünftiger Freuden und Leiden (TM 494f.). Letztlich werden in diesem System alle Tugenden ausschließlich einem Ziel, nämlich der Erlangung individueller Glückseligkeit – verstanden als vollkommene Seelenruhe – untergeordnet. Smith scheint es sonderbar, dass insbesondere Epikur niemals bemerkt haben soll, dass nicht die mittelbare Wirkung der Tugenden auf unser eigenes Wohlbefinden das entscheidende Kriterium für ihre sittliche Richtigkeit darstellt, sondern die unmittelbaren Empfindungen, die die jeweiligen Tugenden und Laster in den anderen zwangsläufig hervorrufen müssen, die Grundlage der Sittlichkeit bilden (TM 496 f.). Insofern scheint ihm dieses System dem eigenen Denken diametral entgegengesetzt, und er kommt zu dem Schluss: »Dieses System ist zweifellos ganz unvereinbar mit demjenigen, welches ich mich bemüht habe, hier aufzustellen.« (TM 497)

(3) In seiner Betrachtung der Systeme, die die Tugend vor allem im Wohlwollen gegenüber anderen sehen, wendet sich Smith den Platonikern und den Systemen Henry Mores und Francis Hutchesons zu. Handlungen erscheinen in diesem Sinne als sittlich wertvoll, wenn sie allein um des Wohls der anderen oder der Gemeinschaft willen vollzogen werden; jede Spur von Egoismus oder Eigennutz als Motiv für diese Handlung macht

ihren sittlichen Wert zunichte (TM 503). »Da also Wohlwollen die einzige Triebfeder sei, die einer Handlung den Stempel der Tugend aufprägen könne, so ist, je größer das Wohlwollen, welches durch eine Handlung an den Tag gelegt wird, um so größer auch das Lob, welches dieser Handlung zukommen muss.« (TM 504) Diesem System, das jede Form von Eigennutz als moralisch wertvolles Handlungsmotiv ablehnt, setzt Smith entgegen, dass das Interesse am eigenen Wohlergehen durchaus auch moralische Qualitäten besitzt; so werden Wirtschaftlichkeit, Fleiß usw. allgemein gelobt, obwohl sie egoistischen Motiven entspringen (TM 505-508).

(4) Im Kapitel »Über Systeme, welche jede sittliche Bindung aufheben« wendet sich Smith explizit gegen Bernard Mandeville. Dieser hatte mit seiner *Bienenfabel*, die den provokanten Untertitel »private Laster – öffentliche Vorteile« trägt, 1714 eine durchaus wohl nicht nur satirisch gemeinte Schrift vorgelegt, in der er den Egoismus als die eigentliche Triebfeder des gesamten sittlichen und kulturellen Gesellschaftslebens darstellt. Dabei erweisen sich Gier und Geltungssucht des Einzelnen letztlich gesamtgesellschaftlich gesehen als Vorteil, da sie die Quelle aller wirtschaftlichen Wohlfahrt bilden. Im Gegensatz zu allen bisher genannten Systemen verwischt in Mandevilles System, so Smith, der Unterschied zwischen Laster und Tugend. Trotz all ihrer Mängel »ist es die allgemeine Tendenz eines jeden dieser [vorgenannten] drei Systeme, die besten und lobenswertesten Charaktergewohnheiten der menschlichen Seele zu ermuntern, und es stünde gut um die Gesellschaft, wenn die Menschen [...] bereit wären, ihr Verhalten nach den Vorschriften eines dieser Systeme einzurichten« (TM 511 f.). Mandeville hingegen reduziere alle Tugendbemühungen des Menschen einzig auf seinen Egoismus. Gerade das, was im Privatleben als Laster angesehen wird, so Mandeville, bildet die zentralen Tugenden im Wirtschaftsverkehr. All

das, was dem Menschen im privaten Bereich als Tugend erscheint, z.B. Bescheidenheit, Friedfertigkeit, Wohlwollen gegenüber seinen Mitmenschen usw., sei hingegen zur Förderung von Macht, Ansehen und Reichtum einer Nation ungeeignet. Letztlich seien es die Laster, denen das Gemeinwesen seine Blüte verdanke und die ein Heer von Armen beschäftigten, das ansonsten dem Hungertode preisgegeben wäre:

»Der vergnügungssüchtige Höfling, dessen Luxus keine Grenzen kennt, die launenhafte Kurtisane, die sich jede Woche nach einer neuen Mode kleidet, und die hochmütige Gräfin, die in Einrichtung und Bewirtung und in ihrem ganzen Auftreten es einer Fürstin gleichtun möchte; der liederliche und ausschweifende Erbe, der sein Geld sinn- und zwecklos hinauswirft und alles, was er sieht, kauft, um es am nächsten Tag wieder zu vernichten oder wegzuschenken; endlich der habsüchtige und meineidige Schurke, der seine enormen Schätze den Tränen der Witwen und Waisen verdankt und sein Geld Verschwendern hinterlässt: diese sind die Leute, die [...] wir [...] nötig haben, damit all die mannigfaltigen Arbeiten zur Ausführung kommen, die der Menschengeist ersonnen hat, um einen anständigen Lebensunterhalt zu beschaffen für die große Masse der Armen, deren eine umfangreiche Gesellschaft nun einmal bedarf, wenn sie nicht bloß groß und reich, sondern gleichzeitig auch mächtig und hochkultiviert sein will.«[104]

Besonders diese von Mandeville propagierte Umwertung von Laster und Tugend in ihrer Bedeutung für das Wohlergehen des Gemeinwesens erregt Smiths Widerspruch. Schon während seiner Vorlesungen in Glasgow hatte Smith eine »ökonomische Kritik« an dieser Position vorgetragen. Hier kritisiert er vor allem, dass die Behauptung Mandevilles, Verschwendung rege die Luxusgüterproduktion im eigenen Lande an und sei damit der Motor der Wirtschaft, unsinnig sei und darauf hinauskäme, dass die »rechte die linke Hand bezahlen würde«. Zwar hätte in der

Tat das Geld den Besitzer gewechselt und es sei auch im Lande geblieben, aber es sei kein neuer Wert geschaffen worden, da die Luxusgüter verkonsumiert wurden; entsprechend sei das Land genauso reich oder arm wie zuvor. Nur dann, wenn das Geld zu produktiven Zwecken eingesetzt worden wäre, hätte eine Wohlstandsmehrung stattfinden können (LJA 393f.).

Doch auch aus moralischer Perspektive sieht Smith in der Position Mandevilles einen unhaltbaren Fehlschluss. Zwar gesteht er Mandeville die Existenz jener Affekte wie Eitelkeit oder Geltungssucht zu, aber gerade sie sind es, die durch die individuelle Selbstkontrolle qua ›impartial spectator‹ und durch die gesellschaftlichen Anstandsregeln im Zaum gehalten werden. Als besonders gefährlich erscheint es Smith daher, dass es Mandeville gelingt, mindestens vordergründige Beweise für seine Thesen anzuführen.

Jedes Bestreben des Menschen, das Richtige zu tun, reduziert Mandeville auf die Eitelkeit des Menschen. Der Mensch strebe danach, den Beifall seiner Umgebung zu erlangen. Und selbst dann, wenn er anderen Wohltaten erweist oder vermeintlich altruistisch handelt, können wir sicher sein, dass er uns betrügt, da allein seine Eitelkeit Antrieb für dieses Handeln ist. Smith setzt dem entgegen, dass Eitelkeit sich in der Regel auf Äußerlichkeiten bezieht. Der Eitle strebt nach Lob für Dinge, die des Lobes nicht würdig sind, oder für Verdienste, die nicht ihm, sondern anderen zukommen. Dadurch unterscheidet sich die Eitelkeit vom wahren Streben nach Ruhm (TM 513 ff.). Jedoch »besteht insofern eine Verwandtschaft zwischen der Eitelkeit und der Liebe zu wahrem Ruhm, als beide Affekte dahin zielen, Achtung und Billigung zu erwerben. Aber sie sind in dem Punkte voneinander verschieden, dass der eine ein berechtigter, vernünftiger und billiger Affekt ist, während der andere ein unberechtigter, sinnloser und lächerlicher ist.« (TM 516) Zwar ist auch der Tugendhafte darum bemüht, die Billigung seiner Mitmenschen zu erlangen, er tut dies aber aus gerechtfertigten Gründen. Wird ihm die Billigung in der öffentlichen Meinung versagt, wird er dennoch tugendhaft handeln, wissend, welche Meinung man von ihm hegen sollte, wenn man seine wahren Beweggründe kennen würde.

Tugend in der Konzeption Mandevilles stellt in Smiths Augen allenfalls eine Art Maske dar, hinter der wir unsere wahren Absichten verbergen. So entlarvt Mandeville Eleganz als scheinbare Prunksucht, Geschmack als Sinnlichkeit usw. Smith betrachtet dies als maßlose Übertreibungen: »Es ist der große Trugschluss in Mandevilles Buch, dass es jeden Affekt als durchaus lasterhaft hinstellt, der, wenn er in gewissem Grade und in einer gewissen Richtung auftritt, allerdings lasterhaft ist. So kommt es, dass er alles als Eitelkeit behandelt, was irgendeine Beziehung zu den Empfindungen anderer in sich enthält [...]; und mittels dieses Sophismas begründet er seinen Lieblingsschluss, dass die Laster des Einzelnen Wohltaten für die Allgemeinheit seien.« (TM 520 f.) Blanken Egoismus als Grundmotiv menschlichen Handelns lehnt Smith nicht zuletzt auf Basis seines eigenen Moralsystems als falsch ab.

3.6.2 Verschiedene Darstellungen des Wesens der Billigung

Ausgehend von der Frage, worauf unsere Billigung der Handlungsweisen anderer beruht, unterscheidet Smith erneut drei unterschiedliche philosophische Ansätze. (1) So glauben einige Autoren, das Gefühl der Billigung oder Missbilligung auf unsere Selbstliebe zurückführen zu können. Letztlich billigen wir jene Handlungen, die die Tendenz haben, unser Glück zu fördern, und missbilligen diejenigen, die das Gegenteil zur Folge haben. (2) Andere Ansätze wiederum stützen sich auf die Vernunft als

Gradmesser für die Billigung einer Handlung. So wie es die Vernunft erlaubt, zwischen wahr und falsch zu unterscheiden, erlaubt sie es uns auch, über die Angemessenheit oder Unangemessenheit einer Handlung zu urteilen. (3) Schließlich existieren jene Ansätze, die das moralische Gefühl selbst zum Ausgangspunkt ihrer Überlegungen nehmen. In diesem Sinne erscheint uns eine Handlung angemessen, wenn sie in uns das Gefühl der Zustimmung, als unangemessen, wenn sie in uns das Gefühl der Ablehnung erzeugt (TM 524).

(1) Unter jene Systeme, die das Prinzip der Billigung aus der Selbstliebe ableiten zu können glauben, rechnet Smith vor allem die Entwürfe »Thomas Hobbes' und seiner Anhänger«. Ausgangspunkt ihrer Überlegungen bildet die Annahme, dass der Mensch als Einzelwesen auf die Unterstützung seiner Mitmenschen angewiesen ist. Entsprechend akzeptiert er die Gesellschaft und ihre Regeln, da es ihm nur so möglich ist, in Gemeinschaft zu leben. Jedoch besitzen die Gemeinschaft und die von ihr geforderten Tugenden keinerlei Selbstzweck; sie dienen ausschließlich den egoistischen Bestrebungen des Einzelnen, der diese jedoch aus Klugheitserwägungen teilweise zurückstellt, damit er selbst Nutzen aus der Gemeinschaft mit anderen ziehen kann. Smith glaubt jedoch, diese Vorstellung auf seinen eigenen Entwurf der sympathetischen Gefühle zurückführen zu können. Letztlich ergibt sich unsere Billigung jener Tugenden, die dem Erhalt der Gemeinschaft dienen, aus unserer Bewunderung für das Gemeinwesen selbst, das es uns erst ermöglicht, uns als Mensch zu verwirklichen (TM 525 ff.). Und so gelangt Smith zu dem Schluss: »Jene ganze Erklärung der menschlichen Natur jedoch, welche alle Empfindungen und Neigungen aus der Selbstliebe ableitet [...], scheint mir aus einem verworrenen Missverständnis des Sympathiesystems entsprungen zu sein.« (TM 529)

(2) Jene Systeme, die die Vernunft zur Grundlage der Billigung erheben, gehen davon aus, dass der Mensch von Natur aus mit der Fähigkeit begabt ist, zwischen richtig und falsch, gut und böse zu unterscheiden. Qua Vernunft erschließt sich der Mensch die Regeln sittlich richtigen Handelns. Allerdings bemerkt Smith, dass wir diese Regeln zwar durch Vernunft erschließen, aber durch Induktion gewinnen. Letztlich ist es die Fülle unserer Erfahrungen dessen, was wir billigen und missbilligen, aus der wir allgemeine Regeln des sittlichen Verhaltens ableiten. Damit aber urteilt die Vernunft lediglich über unsere Erfahrungen und leitet hieraus allgemeine Grundsätze ab. Sie selbst ist jedoch nicht in der Lage, ein unmittelbares Empfinden über die Angemessenheit oder Unangemessenheit einer Handlung herbeizuführen (TM 531-534). »Wenn wir in einer großen Mannigfaltigkeit von Fällen finden, dass eine bestimmte Art des Verhaltens beständig in einer gewissen Weise unser Wohlgefallen erregt und eine andere beständig unser Missfallen, dann bilden wir aus diesen Erfahrungen die allgemeinen Regeln der Sittlichkeit. Die Vernunft aber kann nicht irgendeinen einzelnen Gegenstand um seiner selbst willen uns angenehm oder unangenehm machen.« (TM 533) Vernunft ist für Smith daher nur in der Lage, die allgemeinen Regeln der Billigung und Missbilligung zu abstrahieren, nicht aber Billigung oder Missbilligung selbst zu erzeugen.

(3) Jene Systeme, die die Billigung auf ein moralisches Gefühl zurückführen, lassen sich nach Smith in zwei Gruppen einteilen. Die erste Gruppe, vertreten etwa durch Francis Hutcheson, behauptet einen eigenen »moral sense«, der es uns erlaubt, das Tugendhafte vom Lasterhaften zu unterscheiden und Ersteres zu billigen, Letzteres zu missbilligen. Hutcheson trennt dabei zwischen primärer und sekundärer Wahrnehmung des »moral sense«. Während die primäre Wahrnehmung einzig auf die di-

rekte Wahrnehmung der Affekte gerichtet ist, erlaubt es die sekundäre Wahrnehmung, die Tugendhaftigkeit oder Lasterhaftigkeit dieser Affekte einzuschätzen. Dabei ergibt sich jedoch das Problem, dass ein offensichtlich fehlerhafter moralischer Sinn, der möglicherweise Mord und Diebstahl als Tugenden und Menschenliebe und Wahrheitsliebe als Laster »empfindet«, zwar als Defekt erscheinen mag, uns aber nicht berechtigen würde, diesen Menschen selbst als lasterhaft einzustufen (TM 535-538). Gegen die Annahme, Billigung oder Missbilligung als eigenständige »moralische Gefühle« beschreiben zu wollen, spricht zudem, dass die Gemütsregungen, die mit unserem Gefühl der Billigung oder Missbilligung einhergehen, je nach Sachverhalt sehr unterschiedlich sind. Während wir im einen Fall das Vergeltungsgefühl desjenigen, der zu Unrecht beleidigt wurde, billigen und im anderen Falle die Dankbarkeit desjenigen, der eine Wohltat empfangen hat, gutheißen, empfinden wir doch beide Male anders (TM 540 ff.).

Die zweite Gruppe, zu der sich wohl vor allem Smith selbst rechnen dürfte, bestreitet die Existenz eines »moralischen Sinnes« und führt die Billigung oder Missbilligung auf allgemeine Gefühle der Sympathie zurück. Dabei speist sich unsere Empfindung für richtig oder falsch nach Smith letztlich aus vier Quellen: (1) Wir sympathisieren mit den Beweggründen des Handelnden, (2) wir fühlen mit demjenigen, der durch das Handeln betroffen ist (z.B. Dankbarkeit), (3) wir empfinden den Grad der Übereinstimmung beider Gefühle mit demjenigen, was in dieser Situation gemeinhin als Gefühl angemessen erscheint (Schicklichkeit) und (4) wir bewundern in diesem Handeln den Beitrag zur natürlichen harmonischen Ordnung der Gemeinschaft. »Wenn wir in irgendeinem einzelnen Falle alles abziehen, wovon man anerkennen muss, dass es aus dem einen oder dem anderen dieser vier Prinzipien hervorgeht, so würde ich sehr gerne wissen, was dann noch übrig bleibt, und würde bereitwillig zustimmen, dass dieses ›Mehr‹ dem moralischen Sinn zugeschrieben wird [...].« (TM 544)

Letztlich bleiben für Smith somit die Fähigkeit zur Sympathie, die Fähigkeit mit dem anderen mitempfinden zu können, und die Möglichkeit, die eigenen Affekte im Spiegel des (gedachten) unparteiischen Zuschauers betrachten zu können, die einzige Quelle für Billigung und Missbilligung und zur Regulierung unserer Handlungen auf jenes Maß, das gemeinhin als tugendhaft bezeichnet wird. Tugendkataloge und Kasuistiken richtigen Verhaltens hält Smith für gefährliche Irrtümer, die versuchten, »strenge Exaktheit zu erheucheln«, ohne dem Gegenstand ihrer Betrachtung wirklich nahe zu kommen (TM 567).

4. Der Wohlstand der Nationen

Bereits mit der Wahl des Titels *An Inquiry into the Nature and Causes of the Wealth of Nations* umreißt Smith das Anliegen seines Buches und sein Verständnis von Ökonomie. Es geht ihm weder um die rein zweckfreie Erforschung ökonomischer Gesetzmäßigkeiten, wie diese beispielsweise in François Quesnays *Tableau Economique*[105] zum Ausdruck kommt, noch geht es ihm darum, Regeln für erfolgreiches Einzelwirtschaften aufzustellen, wie dies insbesondere Gegenstand der so genannten Hausväterliteratur war. Auch die Frage nach den Möglichkeiten zur Konsolidierung der landesherrlichen Finanzen – seit der Antike immer wieder Gegenstand des politischen Schrifttums[106] – bildet nicht das zentrale Thema seiner Untersuchungen. Ihm geht es um den Wohlstand der gesamten Nation, seine Entstehung, seine Vermehrung und seine Verteilung. Dabei steht für Smith stets auch die Verbesserung der ökonomischen Verhältnisse insbesondere der ärmeren Bevölkerungsschichten und nicht nur die der Krone im Vordergrund.[107] Dieses Anliegen verfolgt Smith in zwei Schritten: Historisch-kritisch analysiert er zunächst die Theorieentwürfe seiner Vorgänger und benutzt historische Erkenntnisse gleichsam als empirische Befunde, aus denen es auf die Wirksamkeit bestimmter, bereits getesteter Maßnahmen zu schließen gilt.[108] In einem zweiten Schritt entwickelt er seine eigenen Theorien auf Basis eines Systems der »natürlichen Freiheit« und auf der Folie eines harmonischen Weltganzen.

Der *Wohlstand der Nationen* gliedert sich in fünf Bücher, wobei sich Buch eins mit grundlegenden Fragen der Arbeitsteilung, des Tausches und des Geldes sowie Preisen, Arbeitslöhnen, Bodenrente und Kapitalgewinn beschäftigt. Buch zwei beinhaltet wesentliche Ausführungen zur Kapitalverwendung. Buch drei widmet Smith einer historischen Analyse jener Faktoren, die die Zunahme des Volkswohlstands beeinflussen. Buch vier handelt von verschiedenen Systemen der politischen Ökonomie, worunter Smith auch seine Kritik des Merkantilismus und seine Erörterungen zu Fragen der Kolonialpolitik fasst. Buch fünf ist schließlich den Finanzen des Staates gewidmet; hier gibt Smith Handlungsempfehlungen für eine erfolgreiche Wirtschafts- und Finanzpolitik. Wenngleich manche der von Smith erörterten Fragen und sicherlich auch einige seiner Lösungsvorschläge historisch überholt erscheinen mögen – etwa die Diskussion um den Goldstandard einer Währung, die Einführung des Papiergeldes oder seine Erörterungen zur Kolonialpolitik – und andere der von Smith erhobenen Forderungen längst erfüllt sind – z.B. die Aufhebung merkantilistischer Handelsbeschränkungen oder die Reform der englischen Armengesetzgebung –, so besitzen seine generellen Erörterungen zu den philosophischen Grundlagen eines freiheitlichen Wirtschaftssystems doch zeitlose Aktualität. Insbesondere diese sollen daher im Folgenden in den Vordergrund der Betrachtungen gestellt werden.

4.1 Arbeitsteilung als Schlüssel zum Wohlstand

Ausgangspunkt für Adam Smiths ökonomische Überlegungen ist die Arbeitsteilung. Smith ist davon überzeugt, dass der durch Arbeitsteilung ermöglichte Produktivitätsfortschritt den Schlüssel zum Wohlstand eines Landes darstellt. Entsprechend beginnt er seinen *Wealth of Nations* mit einer ausführlichen Analyse arbeitsteiliger Produktion. Er glaubt: »Die Arbeitsteilung dürfte die produktiven Kräfte der Arbeit mehr als alles andere fördern und verbessern.« (WN 9) Um dies zu belegen, untersucht Smith die Vorteile der arbeitsteiligen Produktionsweise und analysiert die Gründe für den hieraus resultierenden Produktivitätszuwachs. Anhand des berühmt gewordenen Beispiels der Stecknadelproduktion beschreibt er das Prinzip der Arbeitsteilung innerhalb zentralisierter Gewerbebetriebe:

»Wir wollen daher als Beispiel die Herstellung von Stecknadeln wählen, ein recht unscheinbares Gewerbe, das aber schon häufig zur Erklärung der Arbeitsteilung diente. Ein Arbeiter, der noch niemals Stecknadeln gemacht hat und auch nicht dazu angelernt ist (erst die Arbeitsteilung hat daraus ein selbständiges Gewerbe gemacht), so dass er auch mit den dazu eingesetzten Maschinen nicht vertraut ist (auch zu deren Erfindung hat die Arbeitsteilung vermutlich Anlass gegeben), könnte, selbst wenn er sehr fleißig ist, täglich höchstens eine, sicherlich aber keine zwanzig Stecknadeln herstellen. Aber so, wie die Herstellung von Stecknadeln heute betrieben wird, ist sie nicht nur als Ganzes ein selbständiges Gewerbe. Sie zerfällt vielmehr in eine Reihe getrennter Arbeitsgänge, die zumeist zur fachlichen Spezialisierung geführt haben. Der eine Arbeiter zieht den Draht, der andere steckt ihn, ein dritter schneidet ihn, ein vierter spitzt ihn zu, ein fünfter schleift das obere Ende, damit der Kopf aufgesetzt werden kann. Auch die Herstellung des Kopfes erfordert zwei oder drei getrennte Arbeitsgänge. Das Ansetzen des Kopfes ist eine eigene Tätigkeit, ebenso das Weißglühen der Nadel, ja selbst das Verpacken der Nadel ist eine Arbeit für sich. Um eine Stecknadel anzufertigen, sind somit etwa 18 verschiedene Arbeitsgänge notwendig, die in einigen Fabriken jeweils verschiedene Arbeiter besorgen, während in anderen ein Einzelner zwei oder drei davon ausführt. Ich selbst habe eine kleine Manufaktur dieser Art gesehen, in der nur 10 Leute beschäftigt waren, so dass einige von ihnen zwei oder drei solcher Arbeiten übernehmen mussten. Obwohl sie nun sehr arm und nur recht und schlecht mit dem nötigen Werkzeug ausgerüstet waren, konnten sie am Tage zusammen doch etwa

12 Pfund Stecknadeln anfertigen, wenn sie sich einigermaßen anstrengten. Rechnet man für ein Pfund etwa 4000 Stecknadeln mittlerer Größe, so waren die 10 Arbeiter imstande, täglich etwa 48000 Nadeln herzustellen, jeder also ungefähr 4800 Stück. Hätten sie indes alle einzeln und unabhängig voneinander gearbeitet, noch dazu ohne besondere Ausbildung, so hätte der Einzelne gewiss nicht einmal 20, vielleicht sogar keine einzige Nadel am Tag zustande gebracht. Mit anderen Worten, sie hätten mit Sicherheit nicht den zweihundertvierzigsten, vielleicht nicht einmal den vierhundertachtzigsten Teil von dem produziert, was sie nunmehr infolge einer sinnvollen Teilung und Verknüpfung der einzelnen Arbeitsgänge zu erzeugen imstande waren.« (WN 9 f.)[109]

Smith kommt zu dem Schluss: »Sobald [...] die Teilung der Arbeit in einem Gewerbe möglich ist, führt sie zu einer entsprechenden Steigerung der Produktivität. In diesem Vorteil dürfte der Grund zu suchen sein, dass es überhaupt zu verschiedenen Gewerben und Berufen kam.« (WN 10) Zwar unterscheidet Smith nicht explizit zwischen beruflicher Spezialisierung und innerbetrieblicher Arbeitsteilung, aber das Prinzip ist für ihn klar: Je arbeitsteiliger eine Produktion oder ein Gewerbe organisiert werden kann, desto produktiver wirkt die eingesetzte Arbeitskraft.

Smith nennt drei Gründe, die er als ursächlich für die Steigerung der Arbeitsleistung bei arbeitsteiliger Produktion ansieht (WN 12 ff.): (1) Dies ist zum einen die größere Geschicklichkeit, die der einzelne Arbeiter bei der Ausübung seiner Tätigkeit erlangt. Derjenige, der sich auf wenige Handgriffe oder ein geringes Spektrum an Verrichtungen konzentrieren kann, erwirbt zwangsläufig eine größere Fertigkeit bei der Verrichtung der einzelnen Arbeitsschritte. Dies steigert letztlich die Geschwindigkeit, mit der die einzelnen Handgriffe durchgeführt werden und trägt so zur Produktionssteigerung bei. (2) Zum Zweiten erlaubt arbeitsteilige Produktion die Einsparung von Rüst- und Verteilzeit, da der Wechsel zwischen verschiedenen Tätigkeiten für den

Arbeiter entfällt. So erspart sich der Arbeiter Wegezeiten, die er von einem zum anderen Arbeitsplatz für gewöhnlich auf sich nehmen muss, und auch die jeweilige Eingewöhnungszeit, deren es normalerweise bedarf, um sich an die neue Arbeit zu gewöhnen, entfällt. (3) Schließlich erlaubt es die Arbeitsteilung, spezifische Maschinen für die einzelnen Arbeitsschritte einzusetzen. Arbeitsteilung ist für Smith geradezu die Voraussetzung dafür, derartige Spezialmaschinen zu entwickeln, wobei er davon ausgeht, dass es wohl ursprünglich die spezialisierten Arbeiter selbst waren, die ein Interesse daran hatten, sich ihre Tätigkeiten durch den Einsatz von Spezialwerkzeug zu erleichtern und so als die eigentlichen Erfinder derartiger verbesserter Werkzeuge gelten dürfen. »Viele Maschinen, die in ausgesprochen arbeitsteiligen Gewerben verwendet werden, sind ursprünglich von einfachen Arbeitern erfunden worden. Da sie ständig die gleichen Handgriffe ausführen mussten, suchten sie ganz von selbst nach Methoden, wie sie ihre Tätigkeit vereinfachen und erleichtern könnten.« (WN 13)

Smith erweist sich hier als genauer Beobachter, der jede einzelne Verrichtung, die er in den von ihm besuchten Fabriken gesehen hat, detailgetreu wiedergibt. Bereits in seiner Glasgower Zeit hatte Smith die Ökonomie zum Gegenstand seiner Vorlesungen gemacht und auf den Einfluss der Arbeitsteilung auf die Gesamtproduktivität einer Nation hingewiesen, wobei ihn nicht nur die rein »technische Analyse« der Ursachen des Produktivitätszuwachses interessierte, sondern auch die möglichen Motive, die den Menschen dazu veranlassen, mittels Produktionsteilung nach höherer Produktivität zu streben (LJB 182-185). Arbeitsteilung, so Smith, entspringt dem natürlichen Hang des Menschen zum Tausch. Dieser ist spezifisch menschlich und bei keinem anderen Lebewesen beobachtbar: »Niemand hat je erlebt, dass ein Hund mit einem anderen einen Knochen redlich und mit

Bedacht gegen einen anderen Knochen ausgetauscht hätte, und niemand hat auch je beobachtet, dass ein Tier durch sein Verhalten einem anderen bedeutet hätte: Das gehört mir und das gehört dir, ich bin bereit, dieses für jenes zu geben.« (WN 16) Wer arbeitsteilig produziert, erzeugt mehr Waren, als er zum eigenen Bedarf benötigt, und er ist bereit, von seiner »Überproduktion« abzugeben, um von den anderen jene Erzeugnisse zu erhalten, die er nicht selbst verfertigt, die er aber zu seinem Unterhalt benötigt. Smith erläutert diese Vorstellung in seinen Vorlesungen: »Infolge dieser Veranlagung, Tauschhandel zu treiben und den Überschuss der eigenen Arbeit gegen denjenigen anderer Leute auszutauschen, wird in einem Jägervolk derjenige, der ein Geschick hat, die Bogen und Pfeile besser als seine Nachbarn anzufertigen, ihnen diese zunächst schenken und als Gegengabe Wildbret-Geschenke von ihnen erhalten. Indem er diese Tätigkeit ständig weiterführt, wird er besser als zuvor leben und wird keinen Anlass haben, es sich selbst zu beschaffen, weil es ja der Überschuss seiner eigenen Arbeit wirksamer tut.« (JLB 185 f.)

Das eigentliche Tauschmotiv bildet nicht das »Wohlwollen«, sondern Eigenliebe (selflove). Im Tausch nutzt der Mensch die Eigenliebe seiner Mitmenschen zum eigenen Vorteil, und so kommt Smith zu seinem berühmten Schluss: »Nicht vom Wohlwollen des Metzgers, Brauers und Bäckers erwarten wir das, was wir zum Essen brauchen, sondern davon, dass sie ihre eigenen Interessen wahrnehmen. Wir wenden uns nicht an ihre Menschen-, sondern an ihre Eigenliebe, und wir erwähnen nicht die eigenen Bedürfnisse, sondern sprechen von ihrem Vorteil.« (WN 17)[110]

Smith widerspricht dabei der in der Antike verbreiteten Vorstellung, dass sich die Arbeitsteilung als Folge der natürlichen Veranlagungen des Menschen und deren unterschiedlichen Talenten ergeben habe.[111] Vielmehr prägten sich die unterschiedlichen Talente infolge der Arbeitsteilung aus. So unterscheiden sich der Philosoph und der Lastenträger in ihren natürlichen Anlagen nur halb soviel wie die Bulldogge und der Windhund; was den Philosophen vom Lastenträger unterscheidet, sind nicht die unterschiedlichen natürlichen Veranlagungen, sondern seine unterschiedliche Erziehung und Lebensweise (WN 18).

Arbeitsteilung bildet für Smith die Grundlage des Wohlstands einer Nation, wobei er davon ausgeht, dass dieser Wohlstand natürlicherweise allen Schichten der Bevölkerung zugutekommt. Zwar glaubt er nicht, dass das Verhältnis der geleisteten Arbeit in zivilisierten Gesellschaften zwangsläufig auch in einem gerechten Verhältnis zur Beteiligung der Arbeitenden am Reichtum des Landes steht.[112] Dennoch scheint Smith eine zivilisierte Gesellschaft auch mit ungleicher Reichtumsverteilung einer unzivilisierten Gesellschaft vorzuziehen, da jene selbst ihren ärmsten Bewohner besser stellt als diese den reichsten. Trotz aller Standes- und Einkommensunterschiede, so versucht Smith zu belegen, verfügt in England auch der einfache Mann dank der arbeitsteiligen Produktion über zahlreiche materielle Güter, die Angehörigen einfacher Stammesgesellschaften versagt bleiben:

»Bei einem unzivilisierten Volke, wo keine Arbeitsteilung existiert, steht alles zur Verfügung, was die natürlichen Bedürfnisse der Menschheit erfordern; sobald ein Volk kultiviert ist und Arbeitsteilung besteht, wird ihnen eine reichlichere Versorgung zuteil, und aus diesem Grund hat ein Tagelöhner in Großbritannien mehr Wohlstand in seiner Lebensweise als ein indianischer Häuptling. [...] Wenn wir die Bedarfsgegenstände des Tagelöhners untersuchen, finden wir, dass er sogar in seiner einfachen Lebensweise nicht ohne die Mitwirkung einer großen Zahl versorgt werden kann, und doch ist dies nichts im Vergleich mit dem Luxus des Adels. Ein europäischer Fürst überragt aber den gemeinen Mann in dieser Beziehung nicht so sehr wie dieser den Häuptling eines wilden Volkes. [...] Bei einem wilden Volk genießt zwar ein jeder die ganzen Früchte seiner eigenen Arbeit, doch ist seine Dürftigkeit größer als irgendwo sonst. Es ist die Arbeitsteilung, die den Reichtum eines Landes vermehrt.« (LJB 179f.)[113]

Wenn Arbeitsteilung der Schlüssel zum gesamtgesellschaftlichen Wohlstand ist, scheint es wünschenswert, diese so weit als möglich auszudehnen. Damit stellt sich für Smith jedoch die Frage nach den natürlichen Grenzen der Arbeitsteilung. Diese sieht Smith durch die Größe des Tauschmarktes bestimmt, auf dem die arbeitsteilig produzierten Waren gehandelt werden. »So, wie die Fähigkeit zum Tauschen Anlass zur Arbeitsteilung ist, so muss das Ausmaß dieser Fähigkeit und damit die Marktgröße den Umfang der Arbeitsteilung begrenzen.« (WN 19)

Je größer also der Markt ist, desto mehr Anlass besteht dazu, sich auf die Erzeugung nur weniger oder gar nur einer Ware zu spezialisieren, da eine hinreichende Anzahl von Käufern vorhanden ist. So ist es auf dem Dorf eben üblich, dass der Schmied zugleich Hufschmied, Kunstschmied und Grobschmied ist und der Schreiner zugleich als Kunsttischler und als Zimmermann arbeitet, während sich in den Städten hierfür unterschiedliche Berufe herausgebildet haben. Gleiches gilt nach Smiths Ansicht für die arbeitsteilige Produktion, da der so erzeugte Überschuss auf entsprechenden Märkten abgesetzt werden muss. Weil es jedoch nicht ohne Weiteres möglich ist, die lokalen Märkte zu erweitern, wird für Smith der Handel zum entscheidenden Faktor für die Ausweitung von Märkten.

Dabei umfasst die Ausweitung des Handels für Smith zwei unterschiedliche Aspekte: Dies ist zum einen die Verbesserung der Verkehrswege, die es erlaubt, Waren zu den unterschiedlichsten Nachfrageorten zu transportieren, und somit den Markt ausweitet. Insbesondere die Anbindung an Wasserstraßen erlaubt den preiswerten Transport von Waren, und gerade dieser Umstand, so folgert Smith, habe dazu beigetragen, dass sich die ersten Kulturvölker entlang von Wasserstraßen ansiedelten (WN 19-22). Zum Zweiten ist die Größe des Marktes bestimmt durch nationale Grenzen. Wie Smith am Beispiel des Kolonialhandels ausführt, würde der Abbau nationaler Zollgrenzen ebenfalls zur Vergrößerung der Märkte beitragen und allgemeinen Wohlstand fördern (WN 499f.).

Smith unterscheidet zwischen produktiver und unproduktiver Arbeit. Als produktiv bezeichnet er dabei jede Arbeit, die den Wert eines Gegenstands, auf den sie angewendet wird, erhöht. Unproduktiv hingegen ist Arbeit dann, wenn sie diese Wirkung nicht erzielt. In diesem Sinne trennt Smith die Arbeit, die der Erstellung materieller Güter dient (Fabrikarbeit), von der Arbeit, die der Erstellung immaterieller Güter dient (Dienstboten). »Natürlich hat auch die Arbeit des Dienstboten ihren Wert und verdient gleichermaßen ihre Entlohnung. Doch manifestiert sich die Arbeit des Fabrikarbeiters in einem einzelnen Werkstück oder einer käuflichen Ware, so dass sie auch noch eine Zeitlang nach der Bearbeitung fortbesteht.« (WN 272) Für Smith scheint es daher unmittelbar einsichtig, dass erstere Form der Arbeit den Reichtum der Nation fördert, während letztere ihn zerstört.

Trotz all dieser positiven Auswirkungen der Arbeitsteilung sieht Smith durchaus auch die negativen Effekte einer arbeitsteiligen Produktionsweise, insbesondere auf den Arbeiter. So warnt er zum Ersten vor der Entfremdung und Abstumpfung des Arbeiters: »Wo die Arbeitsteilung zur Vollkommenheit gebracht ist, hat jeder Einzelne nur einen einzigen Handgriff auszuführen. Darauf ist seine ganze Aufmerksamkeit konzentriert, und es gehen ihm wenige Dinge durch den Kopf, die damit nicht in einem unmittelbaren Zusammenhang stehen.« (LJB 257) Führt der einzelne Arbeiter gar nur mehr eine einzige Operation aus, wie dies beispielsweise bei der Stecknadelherstellung der Fall ist, führt dies zur Verkümmerung seines Verstandes. »So ist es ganz natürlich, dass er verlernt, seinen Verstand zu gebrauchen, und so stumpfsinnig und einfältig wird, wie ein menschliches Wesen nur eben werden kann.« (WN 662) So sei allgemein zu beobachten, dass das einfache Volk der großen Handelsnationen auffällig dumm sei: »Die Holländer sind es ganz offensichtlich, und die Engländer sind es mehr als die Schotten.« (LJB 258)

Zum Zweiten sieht Smith die Gefahr, dass die Einfachheit der Arbeit dazu verleitet, die Ausbildung der Arbeiter zu vernachlässigen. Wenn die Arbeit keine größeren Kenntnisse erfordert und daher bereits von Kindern ausgeführt werden kann, neigen die Eltern dazu, ihre Kinder bereits sehr früh in die Manufakturen zu schicken und deren schulische Ausbildung zu vernachlässigen. »Ein Knabe von sechs oder sieben Jahren kann in Birmingham seine drei oder sechs Pence im Tag verdienen, und die Eltern sehen es als ihren Vorteil an, diese bald zur Arbeit zu schicken. So wird ihre Ausbildung vernachlässigt. Die Ausbildung, die Kinder niederen Standes erhalten, ist freilich keineswegs beachtlich; dennoch tut sie diesen einen sehr großen Dienst, und ihr Mangel ist sicher einer der größten Missstände.« (LJB 258) Smith plädiert daher für eine Verbesserung des Schulwesens und sieht es als Aufgabe des Staates an, für eine bessere Ausbildung insbesondere der unteren Bevölkerungsschichten zu sorgen.

Zum Dritten sieht Smith die Gefahr der Überanstrengung des Einzelnen. Er kritisiert die Neigung der Unternehmer, ihre Arbeiter zu übermäßigen Leistungen anzuhalten, da sie nicht auf die Arbeitskraft spezifischer Arbeitskräfte angewiesen sind, sondern Arbeitsleistung von beliebigen Arbeitskräften beziehen können und mithin überhaupt keinerlei Interesse am Erhalt der Gesundheit des einzelnen Arbeiters haben (WN 70 f.). Smith fordert einen maßvollen und humanen Umgang mit der Gesundheit der einzelnen Arbeitnehmer von den Unternehmern: »Würden die Unternehmer stets die Gesetze der Vernunft und der Menschlichkeit beachten, müssten sie oftmals den Einsatz ihrer Arbeiter eher mäßigen als animieren. Wie ich glaube, dürfte für jede Art Beschäftigung gelten, dass, wer so maßvoll arbeitet, dass er es regelmäßig tun kann, sich nicht nur seine Gesundheit am längsten bewahrt, sondern auch im Laufe des Jahres am meisten arbeitet.« (WN 71 f.) Smith widerspricht der landläufigen These, niedrige Löhne spornten den Arbeiter zu mehr Fleiß an, hohe Löhne ließen ihn dagegen faul werden, »denn die Menschen arbeiten im Allgemeinen nicht besser, wenn sie schlecht statt gut ernährt, wenn sie verzagt statt heiter oder wenn sie öfters krank statt durchweg gesund sind. Jahre der Teuerung bedeuten für einfache Leute, wie man beobachten kann, zumeist Jahre der Krankheit und hoher Sterblichkeit, was ganz zwangsläufig den Ertrag der Anstrengungen herabsetzt.« (WN 72) Ein niedriges Lohnniveau führt allgemein zu einer Verschlechterung der Lage weiter Bevölkerungskreise. Sollten Lohnsenkungen daher nicht durch eine allgemeine Notlage verursacht sein, sondern nur den Interessen der Fabrikbesitzer dienen, lehnt Smith eine solche Politik aus moralischen Gründen ab. Auch innerhalb seiner ökonomischen Untersuchungen bleibt er der Moralphilosoph Smith, der für das Los der Arbeiterklasse sympathetische Gefühle entwickelt, wenn er schreibt: »Und ganz sicher kann keine Nation blühen und gedeihen, deren Bevölkerung weithin in Armut und Elend lebt. Es ist zudem nicht mehr als recht und billig, wenn diejenigen, die alle ernähren, kleiden und mit Wohnung versorgen, so viel vom Ertrag der eigenen Arbeit bekommen sollen, dass sie sich selbst richtig ernähren, ordentlich kleiden und anständig wohnen können.« (WN 68)

Doch trotz aller Gefahren sieht Smith überwiegend die Vorteile der Arbeitsteilung und des damit verbundenen ökonomischen Fortschritts. So betont Gerhard Streminger insbesondere diese positive Sichtweise Smiths als wesentlichen Unterschied zur Sichtweise Karl Marx': »Smith und Marx stimmen darin überein, dass ökonomische Verhältnisse einen großen Einfluss auf die politisch-moralische Sphäre ausüben, und beide sehen die negativen Auswirkungen der Arbeitsteilung. Aber nach Marx entmenschlicht der Kapitalismus das Individuum, während er nach Smith das Individuum wohlhabend, zivilisiert und ehrlich macht – vorausgesetzt, dass tatsächlich Freiheit herrscht und eine gute Erziehung aller garantiert ist.«[114]

4.2 Zur Funktionsweise der Ökonomie

Smiths ökonomische Vorstellungen basieren ebenso wie seine moralphilosophischen Überlegungen auf der Annahme einer natürlichen Ordnung und eines harmonischen Weltganzen. In diesem Sinne führen auch die ökonomischen Kräfte letztendlich dazu, dass sich die einzelnen wirtschaftlichen Bestrebungen der verschiedenen Akteure prinzipiell zum Wohle aller entfalten.

Ausgehend vom Prinzip der Arbeitsteilung beschreibt Smith zunächst die Funktionsweise der Wirtschaft. So erfordert der Warentausch die Einführung des Geldes, das in zivilisierten Gesellschaften den Warentausch vermittelt und so den Handel erleichtert (WN 22-27). Dabei entgeht Smith nicht, dass der Geldwert einer Ware, d.h. ihr Tauschwert, durchaus vom Gebrauchswert der Ware abweichen kann. »Nichts ist nützlicher als Wasser, und doch lässt sich damit kaum etwas kaufen oder eintauschen. Dagegen besitzt ein Diamant kaum einen Gebrauchswert, doch kann man oft im Tausch dafür eine Menge anderer Güter bekommen.« (WN 27) In seiner Untersuchung des Tauschwerts einer Ware propagiert Smith die Menge an geleisteter Arbeit als Maßstab zur Bestimmung des gerechten Tauschwerts: »Was Dinge wirklich für jemanden wert sind, der sie erworben hat und der über sie verfügen oder sie gegen etwas anderes tauschen möchte, sind die Anstrengung und Mühe, die er sich damit ersparen und die er anderen aufbürden kann. [...] Arbeit war der erste Preis oder ursprünglich das Kaufgeld, womit alles andere bezahlt wurde.« (WN 28) Smith glaubt so, den natürlichen »Preis« einer Ware durch die zu ihrer Herstellung notwendige respektive die durch den Zukauf der Ware ersparte Arbeit bestimmen zu können – eine Annahme, in der ihm später David Ricardo und Karl Marx folgen werden.[115] Smith verdeutlicht dies am Beispiel eines Jägervolkes: Bedarf es hier in der Regel »doppelt so vieler Arbeit, einen Biber zu töten, als einen Hirsch zu erlegen, sollte natürlich im Tausch ein Biber zwei Hirsche wert sein« (WN 42).

Im Allgemeinen ist der Tauschwert einer Ware jedoch höher als das reine Arbeitsprodukt. Sobald sich nämlich Kapital in den Händen einiger weniger gebildet hat, wird dieses von ihnen verwendet, um Arbeiter anzustellen, denen sie Unterhalt und Material vorstrecken und die in ihrem Auftrage marktfähige Produkte erzeugen. Entsprechend muss der auf den Märkten erzielbare Preis nun sowohl die Materialkosten, den Arbeitslohn sowie einen zusätzlichen Gewinn beinhalten, da jene Unternehmer sonst nicht bereit wären, das Produktionsrisiko zu tragen. Der Mehrwert, den der Arbeiter dem Rohmaterial zufügt, zerfällt mithin in den Lohnanteil des Arbeiters und den Gewinnanteil des Unternehmers (WN 43 f.). Hinzu kommt schließlich noch die Bodenrente, denn sobald »aller Boden in Privateigentum ist, möchten auch die Grundbesitzer, wie alle Menschen, dort ernten, wo sie niemals gesät haben« (WN 44). Entsprechend setzt sich der Gesamtpreis einer Ware letztlich aus den Elementen Grundrente, Arbeitslohn und Kapitalgewinn zusammen.

Dieser natürliche Preis ist in einer Tauschwirtschaft nicht zwangsläufig identisch mit dem Marktwert einer Ware. Dieser kann unter oder über diesem natürlichen Preis liegen, je nach Angebot und Nachfrage.[116] Übersteigt die Nachfrage das Angebot, bewirkt die Konkurrenz der Nachfrager ein Ansteigen der Marktpreise; ist hingegen das Angebot größer als die Nachfrage, wird der Marktpreis sinken. Dabei entscheiden die Konkurrenz mit anderen Anbietern und die Dringlichkeit, mit der die Warenanbieter ihre Ware, z.B. verderbliches Obst, verkaufen müssen, wie weit die Marktpreise den natürlichen Preis unterschreiten (WN 48ff.).

Unterschreitet der Marktpreis den natürlichen Preis, können nicht alle Bestandteile des natürlichen Preises bezahlt werden. Kann die Bodenrente nicht befriedigt werden, werden die Grundbesitzer einen Teil ihres Bodens nicht mehr zur Verfügung stellen, betrifft es die Löhne, werden weniger Arbeiter ihre Arbeit anbieten und bleiben die Gewinne aus, werden die Kapitalbesitzer ihr Kapital zugunsten lukrativerer Anlagemöglichkeiten aus dem Geschäft ziehen. Dies hat zur Folge, dass das Angebot auf jene Menge sinken wird, die gerade noch die effektive Nachfrage deckt, mit der Folge, dass die Preise wieder auf die natürliche Höhe steigen. Übersteigt jedoch die Nachfrage das Angebot, werden die hohen Gewinnaussichten mehr Kapitalgeber anlocken, und die nun einsetzende Konkurrenz um Arbeit und Boden führt kurzfristig zur Erhöhung der Löhne und der Bodenrenten. Langfristig jedoch führt die so entstehende Anbieterkonkurrenz schließlich zum Ausgleich von Angebot und Nachfrage und zum Absinken der Preise auf das natürliche Niveau (WN 50f.). Smith glaubt, dass außer im Monopol der Marktpreis beständig auf den natürlichen Preis zustrebe. Dieser erlaubt es den Verkäufern, gerade noch auf ihre Kosten zu kommen. Im Monopol hingegen wird der Verkäufer niemals die effektive Nachfrage ganz befriedigen, um so einen höheren Preis verlangen zu können (WN 54).

Smith wendet sich im Folgenden allen drei Produktionsfaktoren – Boden, Arbeit und Kapital – zu, die er ausführlich bespricht. Dabei sind aus Sicht seiner Zeit insbesondere seine Gedanken über den Lohn bemerkenswert. Generell, so Smith, seien die Arbeiter im Kampf um ihren Lohn schlechter gestellt als die Kapitalbesitzer, da sie einer größeren Konkurrenz ausgesetzt sind. Um zu vermeiden, dass die Kapitaleigner diese Zwangslage ausnutzen, plädiert Smith für Schutzmaßnahmen (WN 70 ff.), die die Ausbeutung der Arbeiter verhindern und vermeiden sollen, dass sich das Lohnniveau auf das niedrigstmögliche Lohnniveau absenkt. Dieses definiert Smith anhand der Reproduktionsrate der Arbeiterklasse: Es muss einem Arbeiter möglich sein, sich, seine Frau und vier Kinder (diese Zahl ergibt sich für Smith aufgrund der hohen Kindersterblichkeit) zu ernähren, um so den Erhalt seiner Klasse zu garantieren (WN 59 f.). Je nach Lage von Angebot und Nachfrage ist auch der Preis für Arbeit bestimmten Schwankungen unterworfen. Lediglich stetiges Wirtschaftswachstum kann verhindern, dass der Preis für Arbeit auf seine natürliche Höhe, d.h. das Existenzminimum, herabsinkt (WN 70).

Jedoch lässt sich beobachten, dass für unterschiedliche Berufe unterschiedliche Löhne bezahlt werden. Offensichtlich scheint die natürliche Lohnhöhe je nach ausgeübtem Beruf zu variieren. Smith macht diese natürlichen Unterschiede in der Löhnhöhe an fünf Einflussfaktoren fest, die diese Differenz bestimmen (WN 86-92): (1) Die Entlohnung einer Beschäftigung variiert, je nachdem, ob diese Beschäftigung sauber oder schmutzig, leicht oder schwer, geachtet oder weniger geachtet ist. Auch die Gefahr, die mit der Ausübung der Tätigkeit verbunden ist, spielt bei der Entlohnung eine Rolle. (2) Wenn der Mensch große Anstrengungen auf sich nimmt, einen komplizierten und aufwändigen Beruf zu erlernen, der sehr viel Geschick und besondere Fähigkeiten erfordert, dann sind dies die Investitionskosten in seine Zukunft.

Hier muss man erwarten können, dass der Betreffende einen Lohn aus seinen Bemühungen ziehen kann, der ihn sowohl für seine Aufwendungen entschädigt als auch einen normalen Gewinn abwirft. Darauf beruht der Lohnunterschied zwischen gelernter und ungelernter Arbeit. (3) Je nach Gewerbe variiert die gewöhnliche Beschäftigungsdauer des einzelnen Arbeiters. Ist die Tätigkeit witterungsabhängig oder anderen jahreszeitlichen Schwankungen unterworfen, ist der Arbeiter auch starken Schwankungen bei der Nachfrage nach seiner Arbeit ausgesetzt. Dies muss sich in einer höheren Entlohnung in der regulären Zeit, in der er Beschäftigung finden kann, niederschlagen. (4) Der Arbeitslohn variiert weiterhin nach dem Maße des Vertrauens, das man dem einzelnen Handwerker oder Arbeiter entgegenbringen muss. Dies gilt im handwerklichen Bereich insbesondere für den Beruf des Gold- und Silberschmiedes und für den Juwelier. Im Bereich der freien Berufe gilt dies für den Arzt, den Rechtsbeistand und den Notar. (5) Schließlich spielen die Erfolgsaussichten auf eine zukünftige Anstellung eine Rolle. Hier ist insbesondere der Unterschied zwischen den handwerklichen und den freien Berufen außergewöhnlich groß. Während derjenige, der ein Handwerk erlernt, dieses mit an Sicherheit grenzender Wahrscheinlichkeit auch ausüben wird, stehen die Chancen in den freien Berufen schlechter. Wer beispielsweise studiert, um in den Staatsdienst aufgenommen zu werden, muss besser sein als seine Konkurrenten; wer versagt, erhält kein Amt. Dieses Risiko muss sich letztlich auch in der Entlohnung derjenigen niederschlagen, die ein Amt erhalten. Smith vergleicht dabei das Anreizsystem, das den Einzelnen um ein höheres Amt streben lässt, mit einem Lotteriespiel, in dem es keinesfalls gerecht zugehe. Jedoch sorgt ein gewisses Maß an Vertrauen in die eigenen Fähigkeiten und das eigene Glück dafür, dass stets hinreichend Kandidaten für ein Amt zur Verfügung stehen (WN 91 f.).

Zudem scheint auch das öffentliche Ansehen in gewisser Weise die Lohnhöhe zu beeinflussen, wie Smith bemerkt. So bildet die Bewunderung für den begnadeten Mediziner und den erfolgreichen Juristen einen wesentlichen Anteil ihres Entgeltes, »und für das Entgelt der Dichter und Philosophen ist er sogar ausschlaggebend« (WN 92).

Interessant ist, dass sich Lohnhöhe und die jeweiligen die Arbeit erschwerenden Bedingungen für Smith offensichtlich ebenfalls in einer Art Marktgleichgewicht befinden, wie er am Beispiel der Löhne für Bergarbeiter ausführt:[117] »Wie außergewöhnlich hoch solche Verdienste für Bergleute auch erscheinen mögen, wären sie mehr als ausreichend, um für alle Unannehmlichkeiten, die mit diesem Berufe verbunden sind, einen Ausgleich zu bieten, würde die Zahl der Konkurrenten in diesem Erwerb [...] bald so groß, dass der Lohn zudem rasch geringer würde.« (TM 90)

Damit sich jedoch die für ein Gewerbe übliche natürliche Lohnhöhe einpendeln kann, müssen drei Voraussetzungen erfüllt sein (TM 99-102): (1) Das Gewerbe muss alteingesessen und bekannt sein, da in neuen Berufszweigen für gewöhnlich unnatürlich höhere Löhne gezahlt werden, um neue Arbeiter anzulocken. (2) Es dürfen keine widernatürlichen Schwankungen vorliegen, die zu einer künstlichen Verknappung von Arbeitskräften führen wie z.B. der Wegfall von Arbeitskräften durch Kriegsdienst. (3) Die Beschäftigung muss dem normalen Lebensunterhalt des Arbeiters dienen; wer nur nebenher einer bestimmten Beschäftigung nachgeht, ohne davon leben zu müssen, ist oftmals bereit, einen geringeren als den üblichen Lohn zu akzeptieren.

Ähnlich wie es im Falle der Löhne einen »natürlichen« Lohn zu geben scheint, glaubt Smith, dass dies auch im Falle des Kapitalgewinns gegeben sei. Näherungsweise lässt sich dieser anhand der Zinsschwankungen auf dem Kapitalmarkt bestimmen, da bei höheren Gewinnchancen die Nachfrage nach Kapital steigt, im anderen Falle fällt (WN 76 f.). Allerdings ignoriert Smith dabei völlig, dass sich selbst bei vereinfachten Annahmen das Zinsniveau nicht nur nach Maßgabe der Nachfrage, sondern auch nach dem Geldangebot bestimmt. Fallende Zinsen sind für ihn ein Zeichen zunehmender Prosperität eines Landes, da offensichtlich nun in allen gesellschaftlichen Bereichen hinreichend investiert wurde, um den Bedarf zu decken. Idealerweise sollte Kapital stets so in produktive Arbeit investiert werden, dass der Jahresertrag aus Boden und Arbeit möglichst hoch ist. Dies sieht Smith verwirklicht, wenn zuerst in die Landwirtschaft, dann in gewerbliche Betriebe und als Letztes in den Außenhandel investiert wird, da er von je geringer werdenden Erträgen in diesen drei Wirtschaftsbereichen ausgeht. Die Grenze des Wachstums ist erreicht, wenn kein Kapital mehr sinnvoll in einen Wirtschaftszweig investiert werden kann (WN 300 f.).

Smith unterteilt den Kapitalgewinn in mehrere Komponenten: Zum einen beinhaltet er die Vergütung für die geleistete Arbeit, den Unternehmerlohn (WN 47 f.), zum anderen eine Risikoprämie für das durch den Kapitaleinsatz sich ergebende Geschäftsrisiko und schließlich den Reingewinn (WN 83).

Bei der Bodenrente unterscheidet Smith Bodenprodukte, die auf den so genutzten Flächen stets eine Bodenrente abwerfen, und Bodenprodukte, die es nur gelegentlich erlauben, dem Bodenbesitzer eine Rente zu zahlen. Erstere sind bestimmt durch ihre Eigenschaft als lebensnotwendige Güter, also Nahrung, Kleidung, Wohnung, Letztere dienen als Rohstoffe für weitere, nicht unbedingt lebensnotwendige Waren. Ausführlich vergleicht Smith hier das Preisgefälle in den verschiedensten Gegenden Englands und diskutiert ebenfalls die aus unterschiedlichen Bergwerken stammenden Renten (WN 125-213).

4.3 Freiheit als Grundlage der Ökonomie

Smith kritisiert die zu seiner Zeit übliche Wirtschaftspolitik der Merkantilisten. Der Reichtum eines Landes manifestiert sich für ihn nicht in der angehäuften Geldmenge, sondern in den produzierten Gütern. Die Ansammlung von Gold und Silber macht ein Land im Zweifel ärmer, wenn dieses Gold und Silber nicht zu Produktionszwecken eingesetzt wird (WN 356 f.). Die merkantile Politik der Exportförderung bei gleichzeitiger Einfuhrbeschränkung, die mittels positiver Außenhandelsbilanz möglichst viele Geldmittel ins Land fließen zu lassen beabsichtigt, hält Smith für unsinnig (WN 366 f.). Letztlich führt eine derartige Politik dazu, dass Produkte im Inland teurer hergestellt werden, als sie vom Ausland hätten bezogen werden können, und damit die Bevölkerung insgesamt schlechter versorgt wird. »Die Einfuhr von Gold und Silber ist nicht der wichtigste, noch viel weniger der einzige Nutzen, den ein Land aus seinem Außenhandel zieht. Zwischen welchen Plätzen er auch betrieben wird, allen bringt er zwei verschiedene Arten Gewinn. Der Außenhandel exportiert jenen überschüssigen Teil des Ertrags aus Boden und Arbeit, nach dem im Lande keine Nachfrage besteht, und führt wiederum dafür das ein, wonach im Inland ein Bedarf besteht. Durch ihn erhält sein Überschuss erst einen Wert, indem er ihn nämlich gegen irgendetwas eintauscht, was Teile des Bedarfs decken und zur erhöhten Lebensfreude beitragen kann. Auch hilft der Außenhandel mit, dass die Arbeitsteilung nirgendwo im Handwerk oder Gewerbe durch die Enge des Inlandsmarktes daran gehindert wird, sich im höchsten Grade zu vervollkommnen.« (WN 363)

Maßgeblich für Smiths Vorstellung einer »natürlichen Freiheit«, die auf der Folie eines harmonischen Weltganzen stets zum Ausgleich unterschiedlicher Interessen führt, sind wesentlich zwei Annahmen: (1) der Wunsch des Einzelnen, stets für die Verbesserung seiner materiellen Lage zu sorgen, wobei der Einzelne selbst am besten weiß, was für ihn von Vorteil ist, und (2) die Beobachtung, dass jede Beschränkung der Wirtschaft die Tendenz hat, mehr Schaden anzurichten, als Nutzen zu stiften.

(1) Für Adam Smith ist der Mensch niemals so uneingeschränkt mit seiner Lage zufrieden, als dass er sich nicht noch eine Verbesserung vorstellen könnte. Da die meisten Menschen ihr Lebensziel zumeist mindestens in einem bescheidenen materiellen Wohlstand sehen, bildet die Anhäufung von Vermögen also ein immerwährendes Motiv der Menschen, um ihre materielle Lage zu verbessern (WN 282). Dies ist für Smith die eigentliche Kraft der Ökonomie, eine Kraft, die so mächtig ist, dass sie sich in seinen Augen selbst gegen eine unsinnige Wirtschaftspolitik durchsetzen wird: »Das gleichmäßige fortwährende und ununterbrochene Streben der Menschen nach besseren Lebensbedingungen, Ursache und Quelle des öffentlichen und nationalen wie des privaten Wohlstands, ist durchweg mächtig genug, trotz Unmäßigkeit der Regierung und größter Fehlentscheidungen in der Verwaltung den natürlichen Fortschritt zum Besseren hin aufrechtzuerhalten. Es wirkt ähnlich wie die Abwehrkräfte im menschlichen Organismus, die den Körper immer wieder gesunden lassen, trotz unsinniger Anweisungen des Arztes.« (WN 283) Dabei weiß der Einzelne stets am besten, was für ihn von Vorteil und seinem eigenen Wohlbefinden zuträglich ist. Es ist daher in aller Regel schädlich, wenn sich der Staat hier in die individuellen Belange seiner Bürger einmischt. Das Recht jedes Einzelnen, nach seinen eigenen Vorstellungen zu leben und zu handeln, bildet für Smith die Grundlage von Gerechtigkeit und darf nur in extremen Ausnahmefällen verletzt werden. »Einen Landwirt daran zu hindern, seine Erzeugnisse jederzeit auf den günstigsten Markt zu bringen, heißt

augenscheinlich außerdem, das allgemein gültige Gesetz der Gerechtigkeit einer Idee der Gemeinnützigkeit, einer Art Staatsräson zu opfern. Es handelt sich um einen Akt gesetzgebender Gewalt, die nur in äußersten Notfällen ausgeübt werden sollte und auch nur dann entschuldbar ist.« (WN 451) Smith geht so weit, das Recht auf freie ökonomische Betätigung mit dem Recht auf freie Religionsausübung zu vergleichen: »Alles, was die Existenz in diesem Leben und die Glückseligkeit im Jenseits angeht, liegt im ureigensten Interesse des Menschen, so dass eine Regierung seinen Wunschzielen [...] Rechnung tragen [...] muss [...].« (WN 451)

(2) Zum Zweiten geht Smith davon aus, dass jede Form ökonomischer Beschränkungen prinzipiell die Schaffung von Wohlstand behindert. Dies gilt insbesondere für die Beschränkung des freien Handels. »Können nämlich die einheimischen Produkte genauso billig auf dem Markt angeboten werden wie die ausländischen, so hat die Maßnahme ganz offenkundig keinen Sinn. Ist das nicht der Fall, muss sie in der Regel schädlich sein.« (WN 371) Smith stützt diese Annahme, wie wir bereits gesehen haben, auf die Tatsache, dass freier Handel zu größeren Märkten führt, die ein höheres Maß an Arbeitsteilung ermöglichen und damit die Produktivität eines Landes steigern. Letztlich kommt diese Produktivitätssteigerung allen zugute. Wie der Einzelne niemals etwas selbst herzustellen versucht, was er auf dem Markt billiger zukaufen kann, sollte sich auch der Staat im Großen nach dieser Maxime verhalten. Dies ermöglicht es, jene Waren zu exportieren, die man aufgrund klimatischer oder technischer Vorteile selbst billiger herzustellen in der Lage ist, und jene Waren zuzukaufen, die in anderen Ländern vergleichsweise preiswerter erzeugt werden können. In diesem Falle muss der durch den Import gedeckte Bedarf an Gütern durch weniger Kapitalaufwand bei der heimischen Exportproduktion erkauft

werden. Unterbindet der Staat den freien Handel, lenkt er Kapital von ertragreichen Wirtschaftszweigen in weniger ertragreiche und behindert so den Anstieg des Volkswohlstands. Spöttisch bemerkt Smith: »In Treibhäusern, Mistbeeten und mit erwärmtem Mauerwerk lassen sich auch in Schottland recht gute Trauben ziehen und daraus auch sehr guter Weine keltern, nur würden sie etwa dreißig mal soviel kosten wie ein zumindest gleich guter aus dem Ausland. Wäre es also sinnvoll, jegliche Einfuhr von ausländischem Wein durch Gesetz zu verbieten, nur um den Anbau von Klarett und Burgunder in Schottland anzuregen?« (WN 373)

Darüber hinaus ermöglicht es der freie Handel, Lebensmittelverknappungen und Teuerungen vorzubeugen, da der Mangel des einen Landes durch den Überfluss des anderen ausgeglichen werden kann (WN 450 f.). Zudem steigert der allgemeine Welthandel die Abhängigkeit der Nationen untereinander und leistet so einen Beitrag zum Frieden. Der Reichtum einer Nation muss nicht, wie dies die merkantilistische Doktrin nahe legt, durch die Armut der übrigen Nationen erkauft werden. Für Smith können alle Nationen von einem freiheitlichen Wirtschaftsgefüge in gleicher Weise profitieren. Bezug nehmend auf die merkantilistische Politik bemerkt er: »Mit Grundsätzen wie diesen wurde jedoch den Völkern eingeredet, ihr Interesse bestünde darin, alle ihre Nachbarn zu Bettlern zu machen, und jede Nation wurde so weit gebracht, dass sie mit Neid auf den Wohlstand der anderen zu blicken habe, mit denen sie Handel treibt, und deren Gewinn als eigenen Verlust zu betrachten. Der Handel, der seiner Natur nach unter Völkern wie unter einzelnen Menschen eigentlich ein Band der Eintracht und Freundschaft knüpfen sollte, wurde so zu einer höchst starken Quelle für Uneinigkeit und Feindschaft.« (WN 406)

Smith sieht somit in der Deregulierung merkantilistischer Verordnungen den Schlüssel für ökonomischen Fortschritt. Der Einzelne ist selbst weit besser in der Lage, seine ökonomischen Erfolgsaussichten abzuschätzen und zu entscheiden, wofür er sein Kapital oder seine Arbeitskraft einsetzen möchte, als dies der Staat vermittels einer ökonomischen Ordnungspolitik zu bestimmen in der Lage wäre. Freihandel, der Abbau des Zunftwesens, die Gewährung von Freizügigkeit und freier Berufswahl sowie Ermöglichung freier Preisbildung sind für ihn die Voraussetzungen einer funktionsfähigen Wirtschaft. Die zahlreichen Eingriffe der merkantilen Politik führen dazu, dass in einzelnen Gewerben die Konkurrenz nahezu aufgehoben wird, in anderen Bereichen künstliche Konkurrenz geschaffen wird und durch die Beschränkung der Berufswahl und der Freizügigkeit künstliche Arbeitslosigkeit erzeugt wird (WN 103-125). Smith findet hier sowohl für die Freiheitsrechte der Arbeiter wie auch für die Freiheitsrechte der Unternehmer deutliche Worte. Bezug nehmend auf die Freizügigkeit der Berufswahl schreibt er:

> »Das Eigentum, das jeder Mensch an seiner Arbeit besitzt, ist in höchstem Maße heilig und unverletzlich, weil es im Ursprung alles andere Eigentum begründet. Das Erbe eines armen Mannes liegt in der Kraft und in dem Geschick seiner Hände, und ihn daran zu hindern, beides so einzusetzen, wie er es für richtig hält, ohne dabei seinen Nachbarn zu schädigen, ist eine offene Verletzung dieses heiligen Eigentums, offenkundig ein Übergriff in die wohlbegründete Freiheit des Arbeiters und aller anderen, die bereit sein mögen, ihn zu beschäftigen. [...] Das Urteil darüber, ob er für die Arbeit geeignet ist, kann ruhig der Entscheidung der Unternehmer überlassen bleiben, deren Interesse davon so stark berührt wird. Die heuchlerische Besorgnis des Gesetzgebers, diese könnten einen zumindest Ungeeigneten beschäftigen, ist offensichtlich ebenso unverschämt, wie sie bedrückend ist.« (WN 106)

4.4 Die »invisible hand«

Smiths Vorstellung einer natürlichen Freiheit ist eng verknüpft mit der Idee einer Ordnung, die stets zu einem Ausgleich der verschiedenen widerstreitenden Kräfte führt und zum Wohle des Ganzen wirkt. Smith kleidet diese Vorstellung einer prästabilierten Harmonie in die berühmt gewordene Metapher der »invisible hand«, die diesen Ausgleich stets herbeiführt.

Wie David D. Raphael ausführt, entstammt Smiths Vorstellung einer kosmischen Harmonie, die alles zum Guten lenkt, vermutlich dem Einfluss der stoischen Philosophie, mit der sich Smith insbesondere während seines Studienaufenthalts in Oxford ausführlich auseinandergesetzt hatte. Die Stoiker waren davon ausgegangen, dass die Kräfte innerhalb des Kosmos harmonisch aufeinander abgestimmt seien und nicht gegeneinander, sondern miteinander wirkten.[118] In diesem Sinne geht Smith in seiner Ökonomie davon aus, dass das wechselseitige Aufeinander-angewiesen-Sein in arbeitsteiligen Gesellschaften ganz von selbst zu einer sozial gerechten Verteilung des Wohlstands führen würde. Selbst in einer rein auf egoistischen Motiven der Akteure gegründeten Ökonomie gelänge es so fast von selbst, einen gewissen sozialen Ausgleich zwischen Reich und Arm herbeiführen. Allerdings gilt es zu beachten, dass Smith die Wirkung der »invisible hand« nicht mit dem Marktmechanismus gleichsetzt. Der »Marktmechanismus« stellt lediglich eine Form des gesellschaftlichen Prinzips »invisible hand« dar.[119]

Das Funktionsprinzip der »invisible hand« ist jedoch nicht neu. Bereits Montesquieu ging im *Geist der Gesetze* davon aus, dass die politischen Ambitionen der Einzelnen dank einer unsichtbaren Kraft zum Wohle des gesamten Staatskörpers wirkten: »Man könnte hier einen Vergleich ziehen zu der Ordnung des Weltalls, wo es eine Kraft gibt, die alle Körper ständig vom Mittelpunkt fliehen lässt, und die Schwerkraft, die sie dahin zurückzieht. Die Ehre setzt alle Teile des Staatskörpers in Bewegung, sie verbindet sie durch ihr Wirken, und schließlich ergibt sich, dass jeder zum Gemeinwohl beiträgt, auch wenn er glaubt, nur seine Sonderinteressen zu verfolgen.«[120]

Auch für die einprägsame Formel der »invisible hand« selbst kann Smith kein Recht auf Originalität beanspruchen. Der Ausdruck entstammt, wie David D. Raphael nachweist, einem Bonmot seiner Zeit und diente als idiomatischer Ausdruck religiöser Betrachtung. »Als das Kriegsschiff Prince George einen gewaltigen Sturm überstand, der im Jahre 1703 etliche andere Schiffe der Königlichen Marine auf den Meeresgrund schickte, schrieb Kommandant Martin in das Schiffstagebuch: ›Die unsichtbare Hand der Vorsehung hat uns errettet.‹«[121]

Smith greift die Metapher der »invisible hand« erstmals in seiner *History of Astronomy* auf. Heidnische Religionen schrieben, so Smith, unbekannte Erscheinungen wie Blitz und Donner der »unsichtbaren Hand Jupiters« zu, um sich diese Ereignisse zu erklären (HA 49 f.). Diese Bezugnahme auf den Aberglauben früherer Gesellschaften erhellt, dass Smith die Metapher der unsichtbaren Hand keinesfalls tatsächlich als das Wirken einer »Gottheit« verstanden wissen will, die sich wohlwollend auch in wirtschaftliche Belange einmischt. Vielmehr nutzt Smith die Metapher, um die außergewöhnliche Wirkungsweise der harmonischen Ordnung hervorzuheben.[122] Vergleicht man die unterschiedliche Art der Verwendung, lässt sich mit Josef Wieland schlussfolgern, »dass Adam Smith mit dem Namen ›invisible hand‹ einen intelligiblen gesellschaftlichen Regulationsmechanismus sichtbar machen wollte, in dem sich nach seiner Meinung eine Eigentümlichkeit der evolvierenden bürgerlichen Moderne zeigte: Die Funktionalität selbstorganisierender Prozesse«[123].

Dabei bezeichnet die »invisible hand« für Smith in ökonomischer Hinsicht sowohl einen sozialen Ausgleichsmechanismus wie auch einen ökonomischen Marktmechanismus zur effizienten Steuerung von Angebot und Nachfrage. In seiner *Theory of Moral Sentiments* heißt es:

»Es ist vergebens, dass der stolze und gefühllose Grundherr seinen Blick über seine ausgedehnten Felder schweifen lässt und ohne einen Gedanken an die Bedürfnisse seiner Brüder in seiner Phantasie die ganze Ernte, die auf diesen Feldern wächst, selbst verzehrt. Das ungezierte und vulgäre Sprichwort, dass das Auge mehr fasse als der Bauch, hat sich nie vollständiger bewahrheitet als in Bezug auf ihn. Das Fassungsvermögen seines Magens steht in keinem Verhältnis zu der maßlosen Größe seiner Begierden, ja sein Magen wird nicht mehr aufnehmen können als der des geringsten Bauern. Den Rest muss er unter diejenigen verteilen, die auf das sorgsamste das wenige zubereiten, das er braucht, unter diejenigen, die den Palast einrichten und instandhalten, in welchem dieses wenige verzehrt werden soll, unter diejenigen, die all den verschiedenen Kram und Tand besorgen und in Ordnung halten, der in der Haushaltung des Vornehmen gebraucht wird; sie alle beziehen so von seinem Luxus und seiner Launenhaftigkeit einen Teil an lebensnotwendigen Gütern, den sie sonst vergebens von seiner Menschlichkeit oder von seiner Gerechtigkeit erwartet hätten. [...] [Die Reichen] verzehren wenig mehr als die Armen; trotz ihrer natürlichen Selbstsucht und Raubgier [...] teilen sie doch mit den Armen den Ertrag aller Verbesserungen, die sie in ihrer Landwirtschaft einführen. Von einer unsichtbaren Hand werden sie dahin geführt, beinahe die gleiche Verteilung der zum Leben notwendigen Güter zu verwirklichen, die zustande gekommen wäre, wenn die Erde zu gleichen Teilen unter alle ihre Bewohner verteilt worden wäre; und so fördern sie, ohne es zu beabsichtigen, ja ohne es zu wissen, das Interesse der Gesellschaft [...]. Als die Vorsehung die Erde unter eine geringe Zahl von Herren und Besitzern verteilte, da hat sie diejenigen, die sie scheinbar bei ihrer Teilung übergangen hat, doch nicht vergessen und nicht ganz verlassen.« (TM 315 ff.)

Als sozialer Ausgleichsmechanismus sorgt die »invisible hand« also nicht nur dafür, dass dank der Launen der Reichen Wohlstand erzeugt wird, sondern auch, dass dieser Wohlstand sich auf alle Bevölkerungsschichten auf gerechte Art und Weise verteilt.

In seinem *Wealth of Nations* hingegen stellt Smith die ökonomische Wirkweise der »invisible hand« in den Vordergrund. Hier wird, ähnlich wie dies Montesquieu für die politischen Ambitionen beschreibt, der Einzelne auch in wirtschaftlichen Belangen durch die unsichtbare Hand dazu gebracht, einen Beitrag zum Volkswohlstand zu leisten, obwohl er dies gar nicht beabsichtigt hatte, sondern lediglich im eigenen Interesse tätig wurde. Smith schreibt: »Wenn daher jeder Einzelne soviel wie nur möglich danach trachtet, sein Kapital zur Unterstützung der einheimischen Erwerbstätigkeit einzusetzen und dadurch diese so lenkt, dass ihr Ertrag den höchsten Wertzuwachs erwarten lässt, dann bemüht sich auch jeder Einzelne ganz zwangsläufig, dass das Volkseinkommen im Jahr so groß wie möglich werden wird. Tatsächlich fördert er in der Regel nicht bewusst das Allgemeinwohl, noch weiß er, wie hoch der eigene Beitrag ist. Wenn er es vorzieht, die nationale Wirtschaft [...] zu unterstützen, [...] strebt er lediglich nach eigenem Gewinn. Und er wird in diesem wie auch in vielen anderen Fällen von einer unsichtbaren Hand geleitet, um einen Zweck zu fördern, den zu erfüllen er in keiner Weise beabsichtigt hat.« (WN 370 f.) Durch die Verfolgung eigener Zwecke trägt der Einzelne also weit mehr zum Wohlergehen aller bei, als wenn er bewusst versuchen wollte, das Allgemeinwohl aktiv zu befördern. Dieser bemerkenswerte Sachverhalt ist für Smith letztlich der Tatsache geschuldet, dass jeder Einzelne für sich vergleichsweise besser zu beurteilen vermag, welche Geschäfte für ihn und seine Fähigkeiten erfolgversprechend sind, als dies ein Einzelner Staatsmann für alle Privatleute voraussehen könnte. Daher führt das Streben nach optimalem

Erfolg auf individueller Ebene letztlich zu einer optimalen Allokation der Ressourcen zum Wohle der Gemeinschaft (WN 371).

Diese Analyse der auch in wirtschaftlichen Belangen zum Wohle aller wirkenden Harmonie – in diesem Falle also des Marktmechanismus – wird von Adam Smith entsprechend der Naturrechtstradition umgedeutet: Da eine wirtschaftliche Lenkung, sei sie auch noch so sehr von Wohlwollen und Menschenliebe bestimmt, letztlich aufgrund mangelnder Informationen des Staatsapparates zu suboptimalen Lösungen im Bereich der Wirtschaft führen muss, der Einzelne hingegen durch sein individuelles Vorteilsstreben stets dazu motiviert ist, seine Ressourcen bestmöglich einzusetzen, spricht vieles dafür, der individuellen Freiheit in Wirtschaftsbelangen den Vorrang einzuräumen.[124] Und weil der Marktmechanismus dieses Streben nach individuellen Vorteilen, wie Smith gezeigt zu haben glaubt, zum Wohle aller wirksam werden lässt, sollte eigennütziges Streben in wirtschaftlichen Belangen im Allgemeinen nicht begrenzt werden. In einem System der »natürlichen Freiheit« führen die in der Welt wirkenden Prinzipien ganz von selbst zu einem Zustand, der sich durch ein Mindestmaß an Gerechtigkeit und sozialem Ausgleich auszeichnet. Aufgabe des Staates wird es somit, eine gesellschaftliche Ordnung aufrechtzuerhalten, die den Wünschen des Einzelnen nach freier wirtschaftlicher Betätigung weitgehenden Spielraum einräumt.

4.5 Der Staat als Ordnungsinstanz

Trotz seines Eintretens für ein System der »natürlichen Freiheit« konstruiert Smith keinen Laissez-faire-Kapitalismus. Stets bleibt für ihn das menschliche Handeln – auch im ökonomischen Kontext – durch die Gebote der Moral begrenzt. Auch hier gilt: Was der unparteiische Zuschauer nicht gutheißen kann, ist auch im ökonomischen Kontext untersagt. Wie insbesondere das Kapitel »Über Systeme, welche jede sittliche Bindung aufheben« in der *Theory of Moral Sentiments* verdeutlicht, zieht Smith eine klare Grenze des eigennützigen Strebens. Ein Gemeinwesen, gestützt auf den blanken Egoismus seiner Mitglieder, so sein Credo, kann niemals gedeihen. Innerhalb dieser Schranken der Moral jedoch plädiert Smith für größtmögliche Freiheitsrechte – in politischen wie in ökonomischen Belangen. In all jenen Fällen aber, in denen das System der »natürlichen Freiheit« aus moralischer Perspektive »versagt«, muss der Staat als Ordnungsinstanz einschreiten. Die Faustformel für Smith lautet: Wenn die Gewährung von Freiheitsrechten und die liberale Ökonomie zu Ergebnissen führen, die mit dem allgemeinen Verständnis von Gerechtigkeit nicht vereinbar sind, dann bedarf es zusätzlicher Regelungen.

So gesehen ist das System der »natürlichen Freiheit« kein Selbstzweck; es dient nicht zur Herstellung einer Moral, die von den Betroffenen nicht mehr beeinflusst werden kann – wie dies von manchen späteren Ökonomen behauptet wird[125] –, sondern es bleibt stets innerhalb der Schranken der allgemeinen Vorstellungen von Moral und Gerechtigkeit eingebunden. Allerdings gibt Gerhard Streminger zu bedenken: »Smith, der kein Apostel des Manchester-Liberalismus war, kann nicht dafür verantwortlich gemacht werden, dass andere seinen *Wohlstand* wie eine Wäscheleine benutzten, um ihre subjektiven Meinungen daran aufzuhängen, wohl aber könnte diese Tatsache auf eine Schwachstelle seiner Philosophie hinweisen: Das Gerechtigkeitsempfinden ist nicht so tief in der menschlichen Natur verankert, wie Smith angenommen hat.«[126]

In gewisser Weise ist sich Smith dieser Schwachstelle jedoch bewusst, wenn er die Zurückhaltung des Einzelnen in wirtschaftlichen Belangen nicht ausschließlich an die Wirkweise der Sympathie gekoppelt sehen will, sondern für gesetzliche Regelungen plädiert. Führen gesellschaftlicher und ökonomischer Liberalismus nicht zu den gewünschten moralischen Ergebnissen, muss das erwünschte Ergebnis eben durch staatliche Eingriffe in das Wirtschaftsleben hergestellt werden. Dies sieht auch Streminger: »Es gibt also nach Smith eine Verbesserung der Natur mit natürlichen Mitteln. Manchmal ist es naturgemäß, der unsichtbaren Hand des Marktes in den Arm zu fallen, weil sie danebengreift; ein solcher von Smith verteidigter Eingriff in den Wirtschaftsprozess wurzelt in den höheren, den altruistischen Antrieben der menschlichen Natur.«[127] Smith überantwortet die Steuerung individuellen Verhaltens also keineswegs dem Marktmechanismus als dem entscheidenden Koordinationsinstrument.

Er selbst will sein System der »natürlichen Freiheit« von vornherein durch das Gesetz beschränkt wissen: »Gibt man daher alle Systeme der Begünstigung und Beschränkung auf, so stellt sich ganz von selbst das einsichtige und einfache System der natürlichen Freiheit her. Solange der Einzelne nicht die Gesetze verletzt, lässt man ihm völlige Freiheit, damit er das eigene Interesse auf seine Weise verfolgen kann [...].« (WN 582)

Innerhalb dieses Systems obliegen dem Staat nur mehr drei Aufgaben: »Erstens die Pflicht, das Land gegen Gewalttätigkeit und Angriff anderer unabhängiger Staaten zu schützen, zweitens die Aufgabe, jedes Mitglied der Gesellschaft soweit wie möglich vor Ungerechtigkeit und Unterdrückung durch einen Mitbürger in Schutz zu nehmen oder ein zuverlässiges Justizwesen einzurichten, und drittens die Pflicht, bestimmte öffentliche Anstalten und Einrichtungen zu gründen und zu unterhalten, die ein Einzelner oder eine kleine Gruppe aus eigenem Interesse nicht betreiben kann, weil der Gewinn ihre Kosten niemals decken könnte [...].« (WN 582) Doch trotz dieser Beschränkung staatlicher Aufgaben vertritt Smith keinen »Nachtwächterstaat«, der lediglich für innere und äußere Sicherheit und eine entsprechende Infrastruktur zu sorgen hätte. Im fünften Buch des *Wealth of Nations*, in dem er auch die öffentlichen Ausgaben behandelt, weist Smith dem Staat eine Reihe klar definierter Aufgaben zu, die trotz der weitgehenden Zurückhaltung, die er ihm empfiehlt, deutlich machen, dass Smith dem Staat durchaus Kompetenzen in der Wirtschaftslenkung einräumt.

(1) Über das Thema Landesverteidigung verliert Smith verhältnismäßig wenige Worte. Sie zählt für ihn zu den originären Aufgaben des Staates. Prinzipiell stehen dem Staat dabei zwei Möglichkeiten offen. Er kann erstens seine Bürger wehrfähig halten, indem er sie unter strengen Auflagen zu Wehrübungen verpflichtet. Er kann zweitens eine gewisse Anzahl von Bürgern aus eigenen Mitteln versorgen und in Wehrbereitschaft halten, also ein stehendes Heer aufstellen. Smith gibt dabei dem stehenden Heer den Vorzug, da nur so die Gewöhnung des Soldaten an Disziplin und unbedingten Gehorsam möglich sei (WN 592 ff.).

(2) Das Justizwesen hängt für Smith ab vom Entwicklungsstand der Gesellschaft. Existiert in einer unterentwickelten Gesellschaft noch kein Privateigentum, können die Menschen nur Schaden an ihrer Person oder ihrem Ruf nehmen. In Gesellschaften mit Privateigentum herrscht jedoch notwendig eine starke Ungleichheit der Vermögensverhältnisse: »Auf einen Reichen kommen dann wenigstens 500 Arme, denn der Überfluss weniger setzt Armut bei vielen voraus. Ein solcher Reichtum der Besitzenden reizt zur Empörung der Besitzlosen, die häufig, durch Not gezwungen und von Neid getrieben, sich deren Eigentum aneignen.« (WN 601) Hier dient das Justizwesen mithin dem Schutz der Reichen vor den Armen. – Dabei ist Smith jedoch durchaus der Meinung, dass der Unterschied zwischen Reich und Arm Kennzeichen fortschreitender gesellschaftlicher Entwicklung, mithin naturgegeben sei.

Um die Unabhängigkeit des Rechtswesens zu garantieren, ist es zum Ersten notwendig, die Gerichte frei zu finanzieren, um so zu erreichen, dass die einzelnen Richter und Beamten ein möglichst geringes finanzielles Interesse an der Durchführung und am Ausgang des Prozesses haben. Zur Untermauerung dieser Forderung nennt Smith ein skurriles Beispiel der europäischen Bürokratie: »In Europa war es in jüngster Zeit des Öfteren Brauch, die Rechtsanwälte und Gerichtsschreiber nach der Anzahl der beschriebenen Seiten zu entlohnen [...]. Um nun ihr Gehalt zu erhöhen, haben es beide verstanden, Sätze unnötig so auszuschmücken, dass sie, wie ich glaube, die Rechtssprache an jedem europäischen Gerichtshof verdorben haben. Eine ähnliche Versuchung könnte vielleicht dazu führen, auch die Form des Prozessablaufes zu verfälschen.« (WN 610 f.) Zum Zweiten gilt es, das Justizsystem unabhängig von der landesherrlichen Gewalt auszugestalten. »Liegen Rechtsprechung und vollziehende Gewalt in einer Hand, lässt es sich kaum vermeiden, dass die Rechtsprechung allzu häufig der [...] Politik geopfert wird. Wem die Lebensinteressen des Staates anvertraut sind, der könnte es zuweilen als notwendig erachten, selbst ohne jede schlechte Absicht, die Rechte eines Privatmannes solchen öffentlichen Interessen zu opfern.« (WN 611) Smith verficht somit für entwickelte Gesellschaften ein System der Gewaltenteilung und der Unabhängigkeit der richterlichen Bezüge.

(3) Bei den staatlichen Aufgaben sind es vor allem (a) öffentliche Einrichtungen zur Erleichterungen von Handel und Verkehr, (b) Einrichtungen zur Bildung der Jugend und (c) Bildungseinrichtungen für Menschen jeden Alters, die Smith einer ausführlichen Erörterung unterzieht.

(a) Prinzipiell geht Smith davon aus, dass viele der öffentlichen Einrichtungen durchaus in der Lage sind, kostendeckend zu wirtschaften. So etwa lassen sich Land- und Wasserstraßen ohne größere Mühen aus Straßenbenutzungsgebühren, Hafengebühren und Brückenzöllen finanzieren. Zum einen sieht Smith in derartigen tonnageabhängigen Benutzungsgebühren den Vorteil, dass jeder exakt jenen Beitrag entrichtet, für den er eine entsprechende Leistung in Anspruch nimmt. Zum Zweiten glaubt er, dass die hierdurch entstehenden Mehrkosten bei weitem durch die Erleichterung und damit Verbilligung des Transports wettgemacht werden. Zudem bieten derartige Zölle für ihn auch die Möglichkeit der »Einkommensumverteilung«: »Wird das Wegegeld für Luxusfahrzeuge, wie Kutschen und Postchaisen, im Verhältnis zu ihrem Gewicht etwas höher angesetzt als für unentbehrliches Fuhrwerk, wie Karren und Lastwagen, so lässt man den Wohlhabenden aufgrund seiner Bequemlichkeit und Eitelkeit auf höchst einfache Art zur Unterstützung der ärmeren Leute beitragen, da die Fracht für schwere Waren dadurch im ganzen Land verbilligt wird.« (WN 614) Allerdings warnt Smith davor, Wegezölle als staatliche Einnahmequelle zu missbrauchen: Dies würde die Versuchung nahe legen, Wegezölle nicht nach dem Reparaturbedarf und den Erhaltungsaufwendungen der Straßen festzuschreiben, sondern sie nach Maßgabe des Bedarfs an zusätzlichen Finanzmitteln für den Staat beliebig zu erhöhen. Das hätte unweigerlich ein Zusammenbrechen des Binnenhandels zur Folge (WN 616 f.). Smith plädiert daher für eine dezentrale Verwaltung derartiger Projekte, da dies zum einen den Missbrauch der Einnahmen verhindern helfe und zum anderen aufgrund der Kenntnisse der lokalen Behörden über die örtlichen Gegebenheiten in der Regel zu besseren Resultaten in der Verwaltung und im Unterhalt führe. Zudem seien diese, da der Nutzen zumeist das direkte Umfeld betreffe, per se in höherem Maße an einer sorgfältigen Verwaltung interessiert (WN 619 f.).

(b) Auch in Bezug auf öffentliche Bildungseinrichtungen sieht Smith keine Notwendigkeit, diese vollständig staatlich zu finanzieren. So dient einerseits das von den Schülern zu entrichtende Schulgeld dem Unterhalt der Anstalt. Zum Zweiten ist es mindestens prinzipiell möglich, die Kosten zum Unterhalt durch Pachten oder Einnahmen aus sonstigen Privilegien (Smith denkt hier vor allem an Schenkungen und Stiftungen) zu bestreiten. Wettbewerb zwischen den jeweiligen Einrichtungen fördert dabei den Arbeitseifer der Lehrer- und Professorenschaft. Staatliche Gehälter hingegen haben einen negativen Effekt auf die Leistung des Lehrkörpers: »Die Zuschüsse für Schulen und Colleges haben schließlich den nötigen Druck auf die Lehrer, sich voll und ganz einzusetzen, mehr oder weniger gemildert, da ihr Lebensunterhalt, soweit er das Gehalt betrifft, offensichtlich aus einer Geldquelle bestritten wird, die völlig unabhängig von Erfolg und beruflichem Ansehen fließt.« (WN 646) Dennoch ist Smith mit der englischen Schulausbildung leidlich zufrieden. Seine Vorstellung von Erziehung geht über die Frage des Lesen- und Schreibenkönnens freilich weit hinaus. Mag es in früheren Entwicklungsstadien einer Gesellschaft ihren Bürgern mühelos möglich gewesen sein, sich alle Tugenden und Fertigkeiten, deren das Gemeinwesen bedurfte, auch ohne staatliche Eingriffe anzueignen, muss der Staat in zivilisierten Gesellschaften eingreifen, um entsprechende Standards aufrechtzuerhalten. Insbesondere die Arbeitsteilung und die damit einhergehende Abstumpfung des Einzelnen sieht Smith hierbei als Gefahr. Wenngleich das gesamte Wissen in einer fortschrittlichen Gesellschaft höher ist als in einer primitiven, besitzt doch der Einzelne in einer kommerzialisierten Gesellschaft oftmals weniger Wissen als in einer primitiven, da er durch die ihm abverlangten Aufgaben und Tätigkeiten nicht dazu gezwungen ist, sich Wissen anzueignen. Entsprechend ist es Aufgabe des Staates, sich insbesondere um das Ausbildungsniveau der unteren Bevölkerungsschichten zu kümmern, um hier Abhilfe zu schaffen. Smith plädiert daher für die staatliche Einrichtung von Dorfschulen, in denen Arbeiterkinder gegen ein geringes Schulgeld unterrichtet werden (WN 662-665). »Der Staat sollte für einen Teil, keineswegs aber für das volle Lehrergehalt aufkommen.« (WN 665) Dabei sollte der Schulunterricht für die Bedürfnisse der einfachen Leute modifiziert werden: »[...] würde man die Kinder in den Anfangsgründen der Geometrie und Mechanik unterrichten, anstatt ihnen ein paar Brocken Latein beibringen zu wollen, das sie doch niemals verwenden können, so wäre vermutlich die Schulbildung für diese Volksschicht so vollkommen, wie sie nur sein kann.« (WN 665) Zugleich schlägt Smith vor, die Schüler durch Leistungsanreize – kleine Prämien und Zeichen der Anerkennung – zum Lernen zu motivieren. Zudem erlauben es Zulassungsbeschränkungen für die Aufnahme in einen bestimmten Beruf, dieses erlernte Wissen abzuprüfen; dergestalt kann der Staat den Einzelnen zwingen, sich mindestens rudimentäre Kenntnisse anzueignen (WN 665). Dabei hat der Staat durchaus Vorteile aus dieser »Investition«: »Denn je gebildeter die Bürger sind, desto weniger sind sie Täuschungen, Schwärmerei und Aberglauben ausgesetzt, die in rückständigen Ländern häufig zu den schrecklichsten Wirren führen. Außerdem ist ein aufgeklärtes und kluges Volk stets zurückhaltender, ordentlicher und zuverlässiger als ein unwissendes und ungebildetes. Jeder Einzelne fühlt sich selbst achtbarer und kann auch eher mit dem Respekt seiner rechtmäßigen Vorgesetzten rechnen, so dass er auch eher bereit ist, diesen gegenüber höflich zu sein.« (WN 667)

(c) Unter »Bildungseinrichtungen für Menschen jeden Alters« versteht Smith hauptsächlich die Einrichtungen zur »religiösen Unterweisung«. Diese dienen zwar nicht der Erziehung des Einzelnen zum guten Staatsbürger in der diesseitigen Welt, vermitteln aber dennoch – indem sie den Menschen auf die jenseitige Welt vorbereiten – eine Moral fürs Diesseits. Auch hier empfiehlt es sich nach Smith, die Gehälter der Geistlichen den freiwilligen Beiträgen ihrer Zuhörer zu überlassen, um sie so zu Arbeitseifer und Einsatz für die Gemeinde anzuspornen. Süffisant bemerkt er über die Gepflogenheiten der katholischen Kirche: »In der römischen Kirche wird Arbeitseinsatz und Eifer des niederen Klerus durch das ausgeprägte und starke Motiv des Eigeninteresses mehr gefördert und lebendig erhalten als wahrscheinlich in irgendeiner protestantischen Kirche. Viele Pfarrgeistliche bestreiten ihren Unterhalt zu einem recht beträchtlichen Teil aus Spendenopfern ihrer Gemeinde, eine Quelle des Einkommens, deren Ergiebigkeit zu verbessern ihnen die Ohrenbeichte manche Gelegenheit bietet. Die Bettelorden leben ausschließlich von solchen Opfergaben. Es ist mit ihnen wie mit den Husaren und der leichten Infanterie in manchen Armeen: Keine Beute, keine Einnahme.« (WN 669)

Smith plädiert für Religionsfreiheit, allerdings fällt die Begründung seines Eintretens für die religiöse Vielfalt erstaunlich aus: Er plädiert für Konkurrenz zwischen den Religionsgemeinschaften, da diese dazu führe, dass keine der Gemeinden zu groß werde. Dies würde religiöse Eiferer von vornherein unschädlich machen, da deren Anhängerschaft zu gering ist, um wirklichen Schaden anzurichten. Auch seien die kleinen Gemeinden genötigt, einander mit Respekt und Toleranz zu begegnen, da sie sich alle in einer Minderheitenposition befänden (WN 672 ff.). Den großen Vorteil religiöser Gemeinschaften sieht Smith in der Wahrung der öffentlichen Moral. Obwohl religiöse Gemeinschaften über keinerlei zivilrechtliche Sanktionsmechanismen verfügen, sind sie dank der Androhung jenseitiger Strafen und der Möglichkeit des Ausschlusses ihrer Mitglieder dennoch in der Lage, die Moral ihrer Gemeinde zu überwachen.

Um jedoch der allzu großen Strenge bei der Einhaltung der diversen Moralvorschriften entgegenzuwirken und um einer religiösen Unterdrückung vorzubeugen, empfiehlt Smith zwei staatliche Maßnahmen als Gegengewicht. Zum einen plädiert er für ein frei zugängliches Studium insbesondere der Naturwissenschaften, die er vor allem den Bürgern »mittleren Ranges« empfiehlt. Denn nichts sei besser gegen das Gift der Schwärmerei und des Aberglaubens als ein wissenschaftliches Studium. Um das Interesse seiner Bürger für ein Studium zu erhöhen, empfiehlt Smith dem Staat, ein abgeschlossenes Studium als Zugangsvoraussetzung für bestimmte Ämter zu fordern. Hier sollte der Staat Zwangsprüfungen einführen, die die Zulassung für freie Berufe und höhere Staatsämter regeln. Zum anderen soll er seinen Bürgern, insbesondere in den unteren Einkommensschichten, reichhaltige Gelegenheiten zur Zerstreuung geben (WN 676 f.). Der Staat sollte all jenen Freiheit gewähren, ja sie geradezu ermuntern, die bereit sind, das Volk durch Malerei, Musik und Theater zu belustigen, denn »dann dürfte er bei den meisten Menschen jene melancholische und finstere Stimmung leicht zerstreuen, die fast immer Nährboden von Aberglauben und Schwärmerei beim einfachen Volk sind« (WN 676). Smith selbst hielt sich in der Praxis freilich nicht an diese Maxime. Während seiner Zeit als Dekan versuchte er, den Bau eines Theaters in Glasgow zu verhindern, da er dessen negativen Einfluss auf die Moral der Studierenden fürchtete.[128]

Obwohl Smith davon ausgeht, dass die meisten staatlichen Aufgaben durch einen finanziellen Beitrag der Nutznießer gedeckt werden können, übersteigt in diesen Fällen oftmals der Gesamtaufwand die Einnahmen. Der Staat ist daher verpflichtet, derartige Projekte aus seinen übrigen Einnahmen zu bezuschussen. Smith wendet sich deshalb der Einnahmeerzielung des Staates zu.

Eigenständige Wirtschaftstätigkeit des Staates scheint Smith zur Einnahmeerzielung jedoch weitgehend ungeeignet. Weder ist der Staat in der Lage, kaufmännisch Geschäfte zu führen, noch bringen seine Besitzungen sonderlich hohe Erträge. Smith empfiehlt daher den Verkauf von Kronland zur Schuldendeckung, da hier die geringen Pachteinnahmen das eingesetzte Kapital schwächer verzinsen, als durch die Ablösung von Staatsschulden durch den Verkaufserlös an Zinsen gespart werden könnte (WN 697-702).

Da mithin eine Einnahmeerzielung der Staaten aus wirtschaftlicher Tätigkeit mindestens unzureichend erscheint, um die notwendigen Ausgaben zu decken, bleibt den Staaten nichts anderes übrig, als Steuern von ihren Untertanen zu erheben. Dabei sollten für die Besteuerung im Allgemeinen folgende Grundsätze gelten (WN 703 ff.): (1) Steuern sollen nach Maßgabe der Leistungsfähigkeit der Bürger erhoben werden, also die Einkommensverhältnisse des Einzelnen berücksichtigen. (2) Die Höhe der Steuer sollte exakt festgelegt und bekannt sein, ebenso der Steuertermin und die Zahlungsform. (3) Steuern sollen generell auf eine Art und zu einer Zeit erhoben werden, die für den Steuerpflichtigen am angenehmsten und günstigsten sind. (4) Steuern sollten den Bürgern nicht wesentlich mehr wegnehmen, als sie dem Staat an Einnahmen bescheren. Es gilt daher, die Zahl der Beamten, die mit der Erhebung betraut sind, gering zu halten, um Verwaltungskosten zu sparen. Steuern sollten weder durch ihre unangemessene Höhe den Erwerbsfleiß in bestimmten Gewerben mindern noch durch allzu hohe Strafen bei säumigen Schuldnern deren zukünftige Erfolgsaussichten – und damit die zukünftigen Steuereinnahmen des Staates – ruinieren. Zudem sollten sie den einzelnen Bürger nicht zu sehr beunruhigen. Generell befürwortet es Smith, Reiche im Verhältnis stärker zu belasten als Arme. Für gefährlich erachtet er jedoch alle Steuern, die das Vermögen verringern und nicht aus Gewinnen, Renten oder Zinseinnahmen gezahlt werden können, da sie den Fonds vermindern, der für produktive Arbeit und damit zur allgemeinen Wohlstandsmehrung eingesetzt werden kann (WN 740). Verbrauchssteuern auf lebensnotwendige Produkte sieht Smith skeptisch, da sie ähnlich wie im Fall der Lohnsteuer letztlich die Lohnkosten der Produzenten erhöhen und damit die Waren verteuern. Für Luxusgüter hingegen befürwortet er eine zusätzliche Steuerlast, da dies nicht direkt auf das Lohngefüge und damit die Produktionskosten durchschlägt, weil sich die ärmeren Bevölkerungsschichten des Konsums enthalten (WN 748 f.). Jedoch scheint Smith die klare Abgrenzung zwischen lebensnotwendigen und Luxusgütern nicht immer einfach zu sein und die Bewertung je nach Region und Epoche unterschiedlich auszufallen. So definiert Smith:

»Unter lebensnotwendigen Gütern verstehe ich nicht nur solche, die unerlässlich zum Erhalt des Lebens sind, sondern auch Dinge, ohne die achtbaren Leuten, selbst der untersten Schicht, ein Auskommen nach den Gewohnheiten des Landes nicht zugemutet werden sollte. Ein Leinenhemd ist beispielsweise, genau genommen, nicht unbedingt zum Leben notwendig. Griechen und Römer lebten, wie ich glaube, sehr bequem und behaglich, obwohl sie Leinen noch nicht kannten. Doch heutzutage würde sich weithin in Europa jeder achtbare Tagelöhner schämen, wenn er in der Öffentlichkeit ohne Leinenhemd erscheinen müsste. Denn eine solche Armut würde als schimpflich gelten, in die ja niemand ohne eigene Schuld geraten kann, wie allgemein angenommen wird. Ebenso gehören heute in England Lederschuhe aus Lebensgewohnheit unbedingt zur notwendigen Ausstattung. Selbst die ärmste Person, ob Mann oder Frau, würde sich aus Selbstachtung scheuen, sich in der Öffentlichkeit ohne Schuhe zu zeigen. Auch in Schottland ist es üblich, dass Männer aus der untersten Schicht unbedingt Lederschuhe tragen, indes nicht in gleichem Maße Frauen, die ohne weiteres barfuß gehen können, während Schuhbesitz in Frankreich wiederum weder für Männer noch für Frauen erforderlich ist. Dort kann sich jeder Angehörige dieses Standes in der Öffentlichkeit in Holzschuhen oder gelegentlich barfuß zeigen, ohne deswegen verachtet zu werden. Unter lebensnotwendigen Gütern verstehe ich also nicht nur Dinge, die von Natur aus zum Leben notwendig sind, sondern auch solche, welche die unterste Schicht der Bevölkerung auf Grund üblicher Regeln der Schicklichkeit einfach benötigt.« (WN 747f.)

Ob sich die Armen im Falle einer zusätzlichen Besteuerung tatsächlich des Konsums von Luxusgütern enthalten werden, ist für Smith jedoch eher eine moralische als eine ökonomische Frage. So gibt der Moralphilosoph Smith an dieser Stelle zu bedenken:

»Allerdings sind nicht alle Armen genügsam und fleißig. Es gibt auch unter ihnen liederliche und unordentliche, die sich nach dem Preisanstieg auch weiterhin solche Dinge wie bislang leisten dürften, wobei sie nicht die Not bedenken, in die sie durch ihr unbesonnenes Verhalten ihre Familie bringen können. Solch haltlose Menschen haben indes durchweg keine große Familie, und ihre Kinder sterben gewöhnlich, da sie verwahrlost, schlecht behandelt und ungesund oder mangelhaft ernährt werden. Selbst wenn sie kräftig genug sind und trotz der Not, der sie wegen des schlechten Lebenswandels ihrer Eltern ausgesetzt waren, überleben, so verdirbt doch deren schlechtes Vorbild ihren Charakter, so dass sie durch Laster und Liederlichkeit nichts als öffentliches Ärgernis erregen, anstatt durch Fleiß dem Gemeinwesen zu nützen.« (WN 749)

Smith befindet sich erst am Beginn der Industrialisierung. Die drohende soziale Verelendung einer Arbeiterklasse ist für ihn weder sichtbar noch Thema seiner ökonomischen Bestandsaufnahme. Er ist davon überzeugt, dass das System der natürlichen Freiheit allen zugutekommt, sofern sie durch Fleiß und Sparsamkeit ihren Beitrag leisten. Nüchtern kommt er zu dem Ergebnis, dass der oben genannte Sachverhalt zwar im Einzelfalle bedauerlich sein mag, die Bevölkerungszahl im Lande aber im Wesentlichen nicht beeinträchtigen dürfte (WN 749f.).

5. Zusammenfassung und Ausblick

5.1 Smiths Menschenbild

5.1.1 Das Verhältnis der Theory of Moral Sentiments zum Wealth of Nations

Obwohl zahlreiche neuere Ökonomen in Smith fälschlicherweise den Begründer einer Laissez-faire-Ökonomie sehen und dank der segensreichen Wirkung der von Smith eingeführten »invisible hand« an eine ausgleichende Gerechtigkeit des Marktmechanismus glauben, der es dem Einzelnen ermögliche, stets den eigenen Nutzen zu maximieren und hierdurch zugleich der allgemeinen Wohlfahrt zu dienen[129], ist diese allzu vereinfachte Sichtweise mit Sicherheit eine Fehlinterpretation der smithschen Gedanken. Zwar sieht Smith den Menschen durch sein Streben nach individuellen Vorteilen und der materiellen Verbesserung der eigenen Lage bestimmt, aber dieses Streben wird stets auch begrenzt durch die Sympathie gegenüber den Mitmenschen. Damit ist jedoch nicht gemeint, dass der Mensch »aus Nächstenliebe« gegenüber seinen Mitmenschen handelt, sondern dass er sich im Spiegel des Urteils seiner Mitmenschen betrachtet, sich in sie hineinversetzt und aus Furcht davor, sie könnten sein selbstsüchtiges Handeln nicht billigen, seine allzu egoistischen Motive zurückstellt. »Sympathie und das Bedürfnis, bei anderen in gutem Ansehen zu stehen, bewegen die Menschen im Allgemeinen dazu, einander zu helfen und sich nichts anzutun; ein solches Verhalten wird als jene Art und Weise gebilligt, wie wir eigentlich handeln sollten.«[130] Damit findet der Egoismus des Einzelnen stets in der Furcht vor dem Urteil des unparteiischen Zuschauers seine Schranken. Smith bringt dies auf den Punkt, wenn er schreibt: »Das Glück eines anderen zerstören, nur weil es unserem eigenen im Wege steht, ihm zu nehmen, was ihm wirklich nützlich ist, nur weil es für uns ebenso nützlich oder noch nützlicher sein kann, das wird kein unparteiischer Zuschauer gutheißen können [...].« (TM 122) Und weiter: »Wollte er so handeln, dass der unparteiische Zuschauer den Maximen seines Verhaltens zustimmen könnte – und tatsächlich ist es sein heißester Wunsch, so zu handeln –, dann müsste er bei dieser, wie bei allen anderen Gelegenheiten, die Anmaßung seiner Selbstliebe dämpfen und diese auf jenen Grad herabstimmen, den andere Menschen noch nachzuempfinden vermögen.« (TM 123)

Für Smith sind es somit zwei sich überlagernde Motive, die das Handeln des Einzelnen beeinflussen: (1) Eigeninteresse und (2) der Wunsch nach Anerkennung durch die Gemeinschaft.

(1) Auf der einen Seite ist der Mensch »sich selbst der Nächste« und stets an kurzfristigem Nutzen orientiert. Subtil analysiert Smith, dass das Interesse des Einzelnen am Wohlergehen seiner Mitmenschen mit zunehmender zeitlicher und räumlicher Distanz schwindet.[131] Selbst der phantasiebegabteste Philanthrop ist nur begrenzt fähig, sich das Leiden anderer Menschen vorzustellen. Gesetzt den Fall, China würde mit all seinen Bewohnern durch ein Erdbeben zerstört, wäre er vielleicht über das Unglück der Bevölkerung betrübt, würde sich dann aber sogleich wieder seinen Tagesgeschäften zuwenden. »Das Bewusstsein [jedoch], dass er morgen seinen kleinen Finger verlieren müsste, würde ihn schon heute nachts nicht schlafen lassen; dagegen wird er bei dem Untergang von hundert Millionen seiner Brü-

der mit der tiefsten Seelenruhe schnarchen – vorausgesetzt dass er diese niemals gesehen hätte –, und die Vernichtung jener ungeheueren Menschenmenge scheint offenbar eine Sache zu sein, die ihn weit weniger berührt als dieses erbärmliche Missgeschick, das ihn selbst angeht.« (TM 202) Eigeninteresse und Eigenliebe sind für Smith daher zunächst nicht per se moralisch negativ konnotiert, sondern der Natur des Menschen geschuldet.[132] Zugleich sorgt jedoch dieselbe Natur des Menschen dafür, dass sein natürlicher Wunsch, »sich selbst der ganzen Welt vorzuziehen«, durch die Furcht vor dem Urteil der Gemeinschaft und die damit verbundene Anerkennung allgemein als verbindlich erachteter moralischer Regeln auf ein gesellschaftlich verträgliches Maß begrenzt wird.[133]

(2) Der Mensch ist somit von Natur aus bemüht, sich den Respekt und die Anerkennung seiner Mitmenschen zu verdienen. »Der allweise Schöpfer der Natur hat [...] den Menschen gelehrt, die Gefühle und Urteile seiner Brüder zu achten; sich mehr oder weniger zu freuen, wenn sie sein Betragen gutheißen, und sich mehr oder weniger verletzt zu fühlen, wenn sie es missbilligen.« (TM 193)[134] Zwar sieht Smith durchaus die Nähe dieses Gefühls zur Eitelkeit. (TM 71) Dennoch scheint dem Menschen ein natürlicher Trieb innezuwohnen, der ihn nicht nur nach Lob und Anerkennung streben lässt, sondern auch danach, sich dieses Lobs als würdig zu erweisen. Ähnlich wie nach Kants Unterscheidung zwischen »pflichtgemäßem Handeln« und »Handeln aus Pflicht« wird eine Handlung im vollen Wortsinn erst dann gut, wenn sie nicht nur gelobt wird, sondern wenn sie sich auch in den Augen des unparteiischen Zuschauers in unserer Brust als objektiv lobenswert erweist.[135] Für Kant besitzt eine Handlung nur dann moralischen Wert, wenn sie in Anerkennung der moralischen Pflicht erfolgt; entspricht sie zufällig dem, was moralisch gefordert wäre, besitzt sie keinen sittlichen Wert. Smith

nimmt diese Sichtweise Kants in gewisser Weise vorweg, sofern er einer Handlung auch dann moralischen Wert zuschreibt, wenn dieser vom realen Zuschauer aufgrund bestimmter Umstände nicht erkannt wird. Zentral ist für ihn der innere Beweggrund, sich so zu verhalten, dass das eigene Handeln prinzipiell zustimmungswürdig ist. Nicht zufällig richtig gehandelt zu haben und hierfür gelobt zu werden bildet das entscheidende Kriterium für die moralische Qualität einer Handlung, sondern das Urteil des inneren unparteiischen Zuschauers in Ansehung der Motive und Gefühle, die uns zum Handeln bewegen, und der Folgen, die aus diesem Handeln resultieren. »Die Gerichtsbarkeit des ›äußeren‹ Menschen gründet sich durchaus auf den Wunsch nach wirklichem Lob und auf die Abneigung gegen wirklichen Tadel. Die Gerichtsbarkeit des ›inneren‹ Menschen gründet sich ganz und gar auf den Wunsch, lobenswürdig zu sein und auf die Abneigung dagegen, tadelnswert zu sein [...].« (TM 194).[136]

Dennoch weiß Smith, dass wir von der Zustimmung unserer Mitmenschen auch emotional abhängig sind. Ginge es nur darum, lobenswert zu handeln, würde niemand versuchen, sich das Lob seiner Mitmenschen zu erschleichen (TM 190). Sollte dem Einzelnen also trotz seines lobenswürdigen Verhaltens das Lob der Gemeinschaft versagt bleiben, bleibt ihm letztlich nur die »Berufung an ein noch höheres Tribunal, an das des alles sehenden Richters der Welt, dessen Augen niemals getäuscht und dessen Urteile niemals verkehrt werden können« (TM 195 f.).

Obwohl Smith der Meinung ist, dass das System der »natürlichen Freiheit« dank einer harmonischen Weltordnung generell zum allgemeinen Wohlergehen beiträgt, bedeutet dies nicht, dass nicht im Einzelfalle das Ergebnis der natürlichen Ordnung den Kriterien der Moral zuwiderlaufen könnte. Auch die Ergebnisse eines Systems der natürlichen Freiheit unterliegen in den Augen Smiths dem Urteil des unparteiischen Zuschauers. Sind die Ergebnisse in seinen Augen moralisch nicht vertretbar, ist es nötig, die Ergebnisse des Systems der natürlichen Freiheit aus moralischen Gründen zu korrigieren. Smith gibt hierfür ein Beispiel: »Ein fleißiger Schurke bebaut den Boden, ein guter, aber nachlässiger Mensch lässt ihn unbebaut. Wer von beiden soll die Ernte einheimsen? Wer von beiden soll in Not und wer in Fülle leben? Der natürliche Lauf der Dinge entscheidet zugunsten des Schurken, die Empfindungen der Menschen entscheiden naturgemäß zugunsten des Tugendhaften [...]; und die menschlichen Gesetze, die ja die Folgen menschlicher Empfindungen sind, erklären das Leben und den Besitz eines fleißigen und vorsichtigen Verräters für verwirkt, während sie die Treue und den Gemeinsinn eines unvorsichtigen und sorglosen guten Bürgers durch außergewöhnliche Entschädigungen belohnen. So wird der Mensch durch die Natur selbst angeleitet, jene Verteilung der Dinge in gewissem Maße zu verbessern, die sie selbst sonst vorgenommen hätte.« (TM 254) Oberste moralische Instanz bleibt somit stets der unparteiische Zuschauer, der in der Lage ist, auch die Ergebnisse der natürlichen Ordnung im Sinne der allgemeinen Moral zu bewerten und die Ergebnisse der natürlichen Ordnung gegebenenfalls zu berichtigen. Das Mittel zur Wiederherstellung der allgemeinen Moral ist für Smith das Gesetz, das zunächst als Rahmenordnung die Moral der Gemeinschaft garantiert, aber wenn die Natur versagt, stets für den moralischen Ausgleich sorgt.

Obwohl Smith seine politische Ökonomie als eigenständiges Werk fasst, ist der »Reichtum der Nationen« nicht als Selbstzweck zu betrachten. Reichtum ist nur ein Zwischenziel zur Verfolgung anderer, fundamentalerer Werte. Dabei sieht Smith Reichtum jedoch nicht einfach als Mittel zum Zweck. Produktion und Verteilung sind für ihn keine getrennten Bereiche, bei denen es im einen Falle um die ökonomisch effiziente Mittelbeschaffung und im anderen Falle um eine bedarfsgerechte und sozialverträgliche Zuteilung eines gerechten Anteils am allgemeinen Volkswohlstand geht. Erwerb und Verteilung von Reichtum sind in seinem System der harmonischen Ordnung eng aneinander gekoppelt. Zudem steht die Ökonomie in enger Wechselwirkung mit den anderen Handlungsbereichen der menschlichen Gesellschaft. In einem System der »natürlichen Freiheit« wirken alle diese Bereiche dank einer natürlichen Harmonie zum Wohle der Gesellschaft und ihrer Mitglieder zusammen. So schenkt uns die Vernunft die Einsicht in die Notwendigkeit von Gesetzen, obwohl sie die Freiheit beschränken, die »natürliche Moral« ist in der Lage, »ungerechte« Ergebnisse des Marktes zu korrigieren, und die ökonomischen Gesetzmäßigkeiten wirken den schädlichen Wirkungen des Egoismus entgegen, indem sie ihn zum Wohle der Gemeinschaft wirksam werden lassen. All diese Bereiche mögen nach ihnen je eigenen Gesetzen funktionieren, aber sie wirken letztlich zum Wohle aller zusammen.

Der Markt ist für Smith also nicht etwa an sich »moralisch gut«, er stellt lediglich einen zusätzlichen Mechanismus bereit, der normalerweise in der Lage ist, Gewinnsucht und Egoismus zum Wohle aller auszugleichen. Er wirkt damit in dieselbe Richtung wie die natürliche Moral des Menschen. Im Zweifel jedoch sind die Ergebnisse des Marktes durch das Urteil des unparteiischen Zuschauers zu überprüfen. Versagt der Markt und sind die Ergebnisse der natürlichen Ordnung aus Sicht des unparteiischen Zuschauers moralisch nicht haltbar, sind auch die Marktergebnisse zu korrigieren. Insofern kann der Behauptung Horst Claus Recktenwalds, Adam Smith habe die evolutorische Konkurrenz des Marktes in logischer Fortsetzung seiner Moralphilosophie als eine vierte Säule betrachtet, auf der neben den drei anderen Säulen – die Sympathie für den anderen, die freiwillige Anerkennung vernünftiger Regeln und der Sanktionsmechanismus staatlichen Rechts – die Sicherstellung moralischen Verhaltens aufruhe, nur eingeschränkt recht gegeben werden.[137] Zwar führt der Marktmechanismus dort, wo er uneingeschränkt wirksam ist, für gewöhnlich zu moralisch vertretbaren Ergebnissen, dies bedeutet jedoch keineswegs, dass der Markt »im Dienste der Moral« steht. Markt einerseits und Moral andererseits sind für Adam Smith zwei voneinander systematisch abgegrenzte Bereiche. Letztinstanzliches Kriterium für moralische Richtigkeit ist nicht der wirtschaftliche Erfolg, sondern stets das Urteil des unparteiischen Zuschauers. Die Beweggründe, die uns zum Handeln motivieren, mögen unterschiedlichster Natur sein, sie finden ihre moralischen Schranken jedoch stets in unserem Rechtsempfinden, in unserer Tugendhaftigkeit und in unserer Selbstbilligung.

Moralphilosophie im Sinne Smiths versteht sich als individualethischer Entwurf. Unter der Voraussetzung erträglicher Lebensbedingungen ist das »ethische Gefühl« des Menschen in der Lage, zu moralisch richtigem Handeln anzuleiten. Moral kann somit nicht vermittels Rahmenordnung oder staatlicher Sanktionen hergestellt werden, sie ist immer Sache des Einzelnen. Die einzige Möglichkeit des Staates, der Moral seiner Bürger Vorschub zu leisten, ist die Schaffung günstiger Ausgangsbedingungen, d.h. die Garantie größtmöglicher Freiheitsrechte und der Schutz vor Willkür und Übergriffen, um so die individuelle Moral der Einzelnen wirksam werden zu lassen.[138]

5.1.2 Das »Adam-Smith-Problem«

Die scheinbar widersprüchliche Sicht des Menschen in den beiden Hauptwerken Adam Smiths bildet den Hintergrund des so genannten »Adam-Smith-Problems«[139], das gegen Ende des 19. Jahrhunderts Gegenstand zahlreicher, insbesondere deutscher Abhandlungen war. Entgegen seiner ursprünglichen Absicht, die Nationalökonomie als Teil der Jurisprudenz auszuführen, hatte Smith diese in einer eigenständigen Untersuchung abgehandelt. Diese Tatsache und der Umstand, dass die *Theory of Moral Sentiments* dem *Wealth of Nations* »nicht nur chronologisch, sondern auch systematisch«[140] vorausgeht, hatte einige Autoren zu der Annahme veranlasst, Adam Smith habe versucht, eine ökonomische Theorie »in moralphilosophischer Absicht« zu schreiben.

Die Grundidee dieser These fußt auf der Annahme, Smith habe sich nach seiner Rückkehr aus Frankreich von der idealistischen Sichtweise des Menschen als prinzipiell sympathiefähigem Wesen, das sich vom Wunsch nach Anerkennung seiner Handlungsweisen durch seine Mitmenschen zu moralischem Handeln leiten lässt, verabschiedet. Lujo Brentano begründet diese »materialistische Wende« Adam Smiths mit dem Einfluss, den die französischen Enzyklopädisten während Smiths Parisaufenthalt auf ihn ausgeübt hätten.[141] Insbesondere habe sich Smith von Helvetius' Buch *De l'esprit* beeinflussen lassen: »Und wie groß der Einfluss dieses Umgangs auf A. Smith war, können wir ermessen an dem Umschwung, den er in seinen Grundanschauungen bewirkte. Bekanntlich hatte A. Smith 1759 eine ›Theorie der moralischen Gefühle‹ veröffentlicht, der gemäß sittliche Handlungen nur die sind, welche die Zustimmung (Sympathie) des wohlunterrichteten, unparteiischen Zuschauers finden. [...] In der Untersuchung über den Reichtum der Nationen teilt er völlig die Ansichten des Buches von Helvetius über die Natur des Menschen und den Eigennutz als die einzige Triebfeder menschlichen Handelns.«[142] Die Protagonisten des Adam-Smith-Problems konstatieren einen Bruch zwischen den moralphilosophischen und den ökonomischen Anschauungen Smiths, der sich insbesondere aus den unterschiedlichen in England und Frankreich herrschenden Geistesströmungen ergeben habe, von denen Smith jeweils bei der Abfassung seiner Werke beeinflusst worden sei. Auf der einen Seite stehe das idealistische Menschenbild des zur Sympathie befähigten Menschen der *Theory*, auf der anderen Seite der vom blanken Streben nach Eigennutz getriebene Mensch des *Wealth*. Am prägnantesten fasst diese Behauptung wohl Witold von Skarzynski: »Unter dem Einflusse Hutchesons und Humes war Smith Idealist, solange er in England blieb. Nach dreijähriger Berührung mit dem Materialismus, der in Frankreich herrschte, kehrte er nach England als Materialist zurück.«[143]

Damit ergibt sich das Problem, ob – und wenn ja, warum – Adam Smith von zwei verschiedenen Annahmen über die Handlungsmotive der Menschen ausgeht. Die Erklärung der Protagonisten dieses Adam-Smith-Problems postuliert hier eine »materialistische Wende« mit der Folge, dass entweder Moralphilosophie und Ökonomie als zwei strikt voneinander getrennte Bereiche, gegründet auf je unterschiedliche Paradigmen, zu betrachten seien oder aber die Ökonomie die Fortentwicklung der Moralphilosophie in dem Sinne darstelle, dass Smith die »invisible hand« nun an die Stelle des »impartial spectators« gesetzt habe.

Gegen diese Annahme spricht jedoch bereits eine Reihe von formalen Gründen: Zum einen ist die *Theory* das letzte von Smith selbst editierte Werk. Noch unmittelbar vor seinem Tod hatte Smith seine Moralphilosophie umfassend überarbeitet und wesentliche Veränderungen vorgenommen. Keine dieser Veränderungen deutet jedoch an, dass Smith seine grundlegenden Ansichten über die sympathetische Natur des Menschen geändert hätte. Wie Raphael und Macfie betonen, lassen sich hier keinerlei signifikante Unterschiede zwischen den früheren Ausgaben und der Ausgabe letzter Hand feststellen. Eine »Umschwungtheorie«, der zufolge Smith seine Grundannahmen von einem altruistischen auf ein egoistisches Menschenbild umgestellt habe, lasse sich daher nicht begründen.[144] So unterzog Smith beispielsweise sein Kapitel »Über Systeme, welche jede sittliche Bindung aufheben« einer grundlegenden Überarbeitung, bei der er vor allem die Gleichsetzung von Bernard Mandevilles *The Fable of the Bees* und François de La Rochefoucaulds *Maximes* zurücknahm. Smith entsprach damit der schriftlichen Bitte Louis Alexandre de La Rochefoucaulds, eines Nachkommen des verstorbenen Herzogs François de La Rochefoucauld (CO 233 f., 238 f. u. 286 f.).[145] So bezieht sich Smith nun in der Ausgabe letzter Hand ausschließlich auf das System Mandevilles, widerspricht aber dezidiert weiterhin dessen Vorstellung, ein Gesellschaftssystem ausschließlich auf dem Egoismus seiner Mitglieder aufbauen zu können. Hierdurch würde der Unterschied zwischen Tugend und Laster völlig aufgehoben und die Gesellschaft ins Unglück geleitet. Zwar gesteht Smith, wie wir gesehen haben, dem Wunsch, gelobt zu werden, eine gewisse Nähe zur Eitelkeit zu, allerdings bleibt für ihn das Motiv der egoistischen Selbstliebe ein nachgeordnetes und minderwertiges Motiv menschlichen Handelns (TM 516).

Zum Zweiten spricht gegen die Annahme einer »Umschwungtheorie«, dass Smith beabsichtigte, eine Theorie der Staats- und Rechtsgeschichte sowie der Philosophiegeschichte zu veröffentlichen. Dies geht insbesondere aus dem bereits zitierten Briefwechsel mit La Rochefoucauld hervor (CO 286 f.). Allerdings ließ Smith beide Manuskripte zu diesen Büchern offensichtlich verbrennen. Raphael bemerkt zu diesem Vorgehen Smiths: »Nach seinen Worten hatte er bereits den größten Teil des Materials gesammelt und auch schon gewisse Fortschritte bei der Niederschrift gemacht. Diese Bücher wurden jedoch nie beendet, und eine Woche vor seinem Tod bat er Black und Hutton, alle seine Manuskripte zu verbrennen, 16 Bände, ausgenommen ein paar Arbeiten, die später unter dem Titel Essays on Philosophical Subjects veröffentlicht wurden.«[146] Dies erhellt, dass es

Smith keinesfalls darum ging, seine Moralphilosophie durch den *Wealth* zu »ersetzen«, weil er nun ein neues Prinzip zur (moralischen) Koordination menschlichen Verhaltens, nämlich die »invisible hand« gefunden zu haben glaubte. Vielmehr scheint es ihm nach dem Vorbild antiker Autoren darum gegangen zu sein, alle drei Bereiche menschlichen Handelns – Ethik, Ökonomie und Politik – als Gegenstand der praktischen Philosophie zu behandeln, wie dies auch die Grundlage seines Vorlesungsprogramms bildete.[147] Sieht man die »Wissenschaft vom natürlichen Recht« als das fehlende Bindeglied zwischen *Theory* und *Wealth*, wird deutlich, dass Smith offensichtlich je nach Handlungssphäre unterschiedliche Grundmotive menschlichen Handelns in den Vordergrund stellt. Im ökonomischen Kontext ist der Mensch bestrebt, seine eigene wirtschaftliche Lage zu verbessern, im individualethischen Kontext ist er bemüht, sich das Wohlwollen und das Verständnis seiner Mitmenschen zu verdienen, und im rechtlichen Kontext geht es ihm um die Einhaltung vernünftiger Regeln, die für den Erhalt der Gemeinschaft schlichtweg konstitutiv sind. Smith selbst verweist hierauf bereits in seiner *Theory*, wenn er schreibt: »Wohlwollen und Wohltätigkeit ist [...] für das Bestehen der Gesellschaft weniger wesentlich als Gerechtigkeit. Eine Gesellschaft kann ohne Wohltätigkeit weiter bestehen, wenn auch freilich nicht in einem besonders guten und erfreulichen Zustande, das Überhandnehmen der Ungerechtigkeit hingegen müsste sie ganz und gar zerstören.« (TM 128) So ist für ihn zum einen das Gesetz »Ausdruck der menschlichen Empfindungen«, d.h. der Moral, und in diesem Sinne der Moral nachgeordnet. Zum anderen aber sind die Gesetze konstitutiv für eine Gemeinschaft, bilden mithin auch die Grundlage ihrer ökonomischen Ordnung.

Zum Dritten schließlich beinhalten die im Jahre 1896 veröffentlichten Vorlesungsmitschriften aus den Jahren 1763 bis 1764, also einem Jahr vor Adam Smiths Frankreichaufenthalt, bereits wesentliche Passagen seiner erst 1776 erfolgten Veröffentlichung der *Inquiry into the Nature and Causes of the Wealth of Nations.* Hier gilt es zu beachten, dass Smith Selbstliebe durchgängig als eines der menschlichen Handlungsmotive betrachtet, das je nach Kontext eine bedeutsamere oder weniger bedeutsame Rolle für das menschliche Handeln spielt. Raphael und Macfie kommen letztlich zu dem Schluss: »The so-called ›Adam Smith problem‹ was a pseudo-problem based on ignorance and misunderstanding.«[148]

Dennoch stellt sich die Frage, wie die divergierenden Ausgangspositionen, die Smith in seiner *Theory* und im *Wealth of Nations* einnimmt, zu verstehen sind. Eine mögliche Interpretation basiert auf der Annahme, Smith habe den unterschiedlichen Handlungssphären, die er zum Gegenstand seiner jeweiligen Untersuchungen macht, jeweils andere Grundmotive menschlichen Handelns vorangestellt. Der scheinbare Widerspruch wird dann verständlich, wenn man sich die unterschiedliche Aufgabenstellung der beiden Werke vergegenwärtigt: Während das moralphilosophische Werk Adam Smiths die Erklärung tugendhaften Verhaltens zum Ziel hat, das maßgeblich auf der Fähigkeit zur Sympathie aufbaut, steht in seinem ökonomischen Werk die Analyse der Funktionsweise einer Volkswirtschaft und der Motive des Wirtschaftens im Vordergrund. So bemerkt Wilhelm Paszkowski: »In dem wirtschaftlichen Leben hat der Eigennutz nur ein größeres Gebiet, hier ist er das Herrschende und Leitende. Wo es sich nicht um technische, sondern um sittliche Betätigung handelt, da ist es freilich ganz anders; da ergeht an den Menschen auch nach Smith das höchste Gebot, vollkommen zu sein, und wenn Selbsterhaltung die nächste der Pflichten ist, so gibt es doch noch höhere Pflichten.«[149] Und weiter heißt es: »Weil eigennützige Triebe nach Art von Naturkräften wirken, konnte

Smith die Gesetze des wirtschaftlichen Lebens nach Analogie von Naturgesetzen betrachten im Gegensatz zu sittlichen Gesetzen. Er geht von der Voraussetzung aus, dass das wirtschaftliche Leben nicht als solches ethischer Natur ist. [...] In dem ›Wealth of Nations‹ legt er die richtigen Mittel dar, um Wohlstand zu erzeugen, zu erhalten und zu vermehren und nichts weiter, unter der Voraussetzung, dass unter den Menschen nichts als der Eigennutz, die Klugheit als weitschauender Egoismus walte.«[150]

Unter diesem Vorverständnis entschärft sich der scheinbar krasse Widerspruch der von Smith vermeintlich entworfenen beiden Menschenbilder. Wie Raphael zeigt, steht daher auch im *Wohlstand der Nationen* keineswegs der nur nach eigenem Nutzenkalkül handelnde »homo oeconomicus« im Vordergrund. Es kommt Smith vielmehr darauf an zu zeigen, dass der Mensch in ökonomischen Belangen, ob Egoist oder Altruist, stets auf die Hilfe anderer Menschen angewiesen bleibt.[151] Auch im Bereich der Ökonomie ist es das Angebot wechselseitiger »Hilfe«, das uns zum Tausch veranlasst. »Wir sind alle auf die Hilfe anderer angewiesen. Um sie zu erhalten, verlassen wir uns nicht auf ihr Wohlwollen; wir denken vielmehr darüber nach, wie wir wiederum ihnen helfen können, und wir erwarten, dass sie darauf reagieren.«[152]

Das bedeutet jedoch nicht, dass sich das wirtschaftliche Geschehen für Smith ohne Moral abspielt. Es steht im wirtschaftlichen Verkehr lediglich eine andere Dimension menschlichen Verhaltens im Vordergrund. Moral ist das Prinzip, das menschliche Gemeinschaften überhaupt erst entstehen lässt, und nur in diesen Gemeinschaften können sich Handel und Arbeitsteilung zum Ziele der Wohlstandsmehrung entwickeln. Die Ökonomie bedarf daher gesellschaftlicher Regeln des Zusammenlebens, um wirksam werden zu können.

Letztlich geht Smith somit von zwei unterschiedlichen Wirkmechanismen in der Gesellschaft aus, nicht aber von zwei unterschiedlichen Menschenbildern. Selbstliebe und Wohlwollen sind für ihn keine Widersprüche: »Self-interest lives side by side with benevolence. They are not incompatible; each has its part to play at the appropriate time; and exclusively to concentrate upon one dimension of life is seriously to distort the whole.«[153]

Eine andere Sichtweise zur Aufhebung des Adam-Smith-Problems vertritt Peter Ulrich. In seinen Augen besteht das vordringliche Problem der smithschen Moralphilosophie darin, den ethischen Verbindlichkeitsanspruch der Gerechtigkeit gegenüber der ›regelwidrigen‹ Neigung des Menschen, stets seinen eigenen Nutzen maximieren zu wollen, durchzusetzen.[154] Um dieses Problem zu lösen, so Ulrich, habe sich Smith auf die Suche nach einem »unpersönlichen Medium« begeben, »das helfen konnte, die teilweise ›regelwidrigen‹ Affekte und moralischen Gefühle der Menschen in die ethisch richtigen Bahnen zu lenken. Und er fand es, indem er scheinbar das Thema wechselte – von der Theorie der ethischen Gefühle zur Politischen Ökonomie, und vom (deontologischen) Problem der normativen Gerechtigkeitsdurchsetzung zu (funktionalen) Erwägungen über die soziale Nützlichkeit egoistischer Handlungsmotive.«[155] In diesem Sinne steht der Markt im Dienste der Gerechtigkeit und vermag dem moralisch bedenklichen Gefühl der Eigenliebe eine gesellschaftliche Bedeutung zu geben, ohne es dadurch im Einzelfall zu rechtfertigen. Damit, so Ulrich, gelingt es Smith, das gesellschaftlich an und für sich schädliche egoistische Streben des Einzelnen theoretisch unschädlich zu machen und ihm einen höheren sozialen Sinn zuzuerkennen, der »vor dem kritischen Auge des ›gerechten und unparteiischen Zuschauers‹ zu bestehen vermag«[156]. Trotz aller Eleganz dieses Erklärungsansatzes verkennt Ulrich jedoch, dass Smiths Leitmotiv einer prästabilierten Harmonie der Frage nach der Durchsetzbarkeit von »Gerechtigkeit« systematisch vorgelagert ist. In diesem Sinne bedarf es keiner nachträglichen Rechtfertigung egoistischen Strebens durch den dadurch vermeintlich erzeugten gesamtgesellschaftlichen Nutzen; egoistisches Streben ist für Smith Teil der menschlichen Natur und damit per se gut. Die Natur hat von selbst dafür gesorgt, dass sich dieses Streben in für alle verträglichen Bahnen bewegt.

Zusammenfassend lässt sich das Menschenbild Adam Smiths folgendermaßen skizzieren: Wesentliches Merkmal des Menschen ist seine Fähigkeit, Sympathie für seine Mitmenschen empfinden zu können. Durch die Möglichkeit, sich in die Lage des anderen zu versetzen, ist der Mensch fähig, ein moralisches Urteil über die Handlungsweise seines Gegenübers zu fällen und die Billigkeit einer Handlung zu beurteilen. Ebenso kann der Mensch durch die Beurteilung der eigenen Handlung im Spiegel des Urteils des unparteiischen Zuschauers sein eigenes Tun und Lassen kritisch prüfen. Die Entstehung der Moral als wesentliches Band gesellschaftlicher Beziehungen hat hierin ihren Ursprung. Durch seine Erziehung lernt der Mensch, jene Tugenden auszubilden, die seine negativen Affekte zu begrenzen in der Lage sind. Da durch begrenzte Sicht des Einzelnen oder durch falsche Erziehung dieser Steuerungsmechanismus der Moral mitunter nicht greift, kann der Mensch durch Gesetze, die der unmittelbaren Einsicht in das moralisch Richtige entspringen, zu moralischem Verhalten gezwungen werden. Es widerspricht diesem Menschenbild keineswegs, wenn der Mensch in ökonomischen Belangen im Bewusstsein seiner Abhängigkeit von anderen Menschen sein natürliches Eigeninteresse in den Vordergrund stellt, solange er dabei die Grenzen dieser Moral nicht überschreitet. Werden diese Regeln der Moral jedoch aus reinem Eigennutz heraus verletzt, kann dies nicht die Zustimmung des unparteiischen Zuschauers finden. Smith ist also weit davon entfernt, die egoistischen Bestrebungen des Einzelnen moralisch legitimieren zu wollen. Für ihn resultiert das menschliche Verhalten aus zwei sich wechselseitig begrenzenden Bestrebungen: dem Wunsch nach eigenem Vorteil und dem Wunsch nach Billigung unseres Handelns. David Raphael bringt dies auf den Punkt, wenn er schreibt: »Die gesellschaftliche Bindung durch Sympathie und innere Vorstellung führt zu unserem Sittenkodex und weitgehend auch zu unseren Gesetzen. Wirtschaftliches Verhalten muss dagegen durch das Eigeninteresse erklärt werden. Das heißt nicht, dass eine Person, die wirtschaftliche Transaktionen vornimmt, dem, was andere von ihr denken, keine Beachtung schenkt.«[157]

Weder war es also Smiths Absicht, das Menschenbild seiner Moralphilosophie durch ein neues Menschenbild, das eines »homo oeconomicus«, zu ersetzen, noch glaubte er, die ökonomische Handlungssphäre des Menschen außerhalb der Geltung einer Moralphilosophie konstruieren zu können. Zwar fordert Smith größtmögliche Freiheit auch in wirtschaftlichen Belangen, allerdings ist damit nicht die Freistellung von moralischen Geboten gemeint. Der bis heute immer wieder unternommene Versuch, Adam Smith posthum zum »Vater« eines »homo oeconomicus« erklären zu wollen, entbehrt jedweder Grundlage.[158] Letztlich beruht dieser Versuch, wie Reiner Manstetten deutlich aufweist, auf einer Fehlinterpretation des »Systems der natürlichen Freiheit« und der Wirkungsweise der »unsichtbaren Hand«. Obwohl Manstetten in beiden Annahmen eine wichtige theoriegeschichtliche Voraussetzung für die Entwicklung des »homo oeconomicus« sieht, gesteht er selbst ein: »Eine solche Sicht ist jedoch einseitig.«[159] Zwar räumt Smith der Verfolgung der Individualinteressen ihren Platz in seinem System der natürlichen Freiheit ein, er ist jedoch weit davon entfernt, die individuelle

Nutzenmaximierung als ausschließliches gesellschaftliches Prinzip anzuerkennen. Deutlich wird dies zum einen daran, dass er, wie oben anhand der Auseinandersetzung mit Mandevilles *Bienenfabel* gezeigt wurde (vgl. 3.6.1), Systeme, die den Eigennutz zum moralischen Prinzip erheben, kategorisch ablehnt. Zum anderen ist es für Smith, wie seine Auseinandersetzung mit Hume erhellt, in erster Linie die Zustimmung der Gemeinschaft und nicht die Nützlichkeit, die einer Handlung ihren moralischen Wert verleiht (vgl. 3.4.2). Auch Manstetten betont: »Das Menschenbild des WN räumt zwar der ›ökonomischen Neigung‹ [...] einen wichtigen Platz ein. Es ist jedoch nur zu verstehen vor dem Hintergrund der Ethik Smiths, wie sie in seiner TMS vorliegt. Aus der TMS geht hervor, dass das Selbstinteresse, das alle ›ökonomischen Neigungen‹ umfasst, weder empirisch noch normativ als der einzige grundlegende Handlungsimpuls für menschliches Tun angesehen werden darf. Zum Menschen gehören ebenso ursprünglich wie das Eigeninteresse die ›ethischen Gefühle‹, deren Wurzel Adam Smith mit dem Begriff der Sympathie anspricht. Selbst wirtschaftliches Handeln setzt nach Smith in gewisser Weise Sympathie voraus.«[160]

Grundlegend für die Entstehung des ökonomischen Menschenbildes eines »homo oeconomicus« ist somit weit weniger Smiths System einer natürlichen Freiheit als vielmehr die utilitaristische Philosophie eines Jeremy Bentham und eines John Stuart Mill, die den Nutzen zum obersten Prinzip der Moralphilosophie erhebt. Und in der Tat ist es John Stuart Mill, der als Erster den ökonomischen Menschentypus des reinen Nutzenmaximierers, wenngleich, wie er selbst betont, ausschließlich experimenti causa, in die Ökonomie einführt.[161] Dies ist weit entfernt von den theoretischen Überlegungen Smiths. So macht auch Manstetten deutlich: »Adam Smith verwendet den Begriff des homo oeconomicus nicht, und sein Vertrauen in die Menschennatur entsprang eher einem ethisch-religiösen Hintergrund als im heutigen Sinne ökonomischen Überlegungen [...].«[162] Und unter Bezugnahme auf die hegelsche Philosophie führt er aus: »Hegel sah (wie Smith) den Kern der Autonomie des Individuums im Gewissen (nicht im Selbstinteresse) [...].«[163] Dennoch gibt Manstetten zu bedenken: »Aber die Denkfigur des ›Systems der natürlichen Freiheit‹ wurde, abgelöst von den Kontexten, in denen Smith sie konzipiert hatte, zur Grundlage der Wissenschaft der Ökonomik.«[164]

5.2 Smiths Gesellschaftstheorie

In Smiths Gesellschaftsentwurf wirken unterschiedliche Kräfte zusammen. Auf drei Ebenen – Ethik, Ökonomie und Recht – entfaltet die prästabilierte Harmonie ihre Wirkung und wirkt letztlich zum Wohle der Gemeinschaft. Alle drei Ebenen kontrollieren sich dabei in gewisser Weise wechselseitig. So verhindert auf der einen Seite ein vernünftiges Eigeninteresse, dass der Einzelne sich für die Gemeinschaft aufopfert. Andererseits verbietet es das moralische Gefühl, dass er seine Eigeninteressen in unangemessener Weise in den Vordergrund stellt. Das stetige Streben nach Verbesserung seiner materiellen Lage ist für den Einzelnen Motor des Fleißes und der Sparsamkeit. Zugleich garantiert die Wirkweise des Marktes, dass dieses Streben stets auch der Gemeinschaft zugutekommt. Dort, wo diese Wirkung nicht erzielt wird und die Marktergebnisse dem allgemeinen moralischen Empfinden zuwiderlaufen, garantieren Gesetze – als Ausdruck unseres moralischen Empfindens –, dass diese Ergebnisse korrigiert werden. Zugleich bildet die Anerkennung derartiger vernünftiger Regeln, wie sie in den Gesetzen ihren Ausdruck finden, das Zusammenleben innerhalb der Gemeinschaft.

Smiths Anliegen ist es, die »Natur« des Menschen aufzudecken. In einem System der »natürlichen Freiheit« führen die »natürliche Moral« des Menschen und das »natürliche Recht« per se zu sozialverträglichen Ergebnissen. Oberster Richter bleibt der »impartial spectator«. Vor seinen Augen müssen die Ergebnisse dieser »natürlichen Prozesse« bestehen können. Wird die natürliche Freiheit »missbraucht« oder führt sie aufgrund systematischer Schwächen im Einzelfall zu nicht vertretbaren Ergebnissen, gebietet die natürliche Moral, die dann ihren Ausdruck in unserem natürlichen Unrechtsempfinden findet, ein Eingreifen.

Dieses Zusammenwirken der unterschiedlichen gesellschaftlichen Kräfte bildet für Smith die Triebfeder des gesellschaftlichen Fortschritts. Wenngleich Smith die deskriptive Analyse dieser Wirkungsweise in seinem Werk in den Vordergrund stellt, ist seine »Gesellschaftstheorie« dennoch auch mit dem Anspruch verbunden, die gesellschaftlichen Verhältnisse zu verbessern. Seine Grundüberlegung ist dabei denkbar einfach: Wenn es uns gelingt, die Grundprinzipien menschlichen Handelns zu erforschen, und wenn wir wissen, unter welchen konkreten historischen Bedingungen diese Motive zu welchen Ergebnissen führen, dann lassen sich hieraus konkrete Maßnahmen zur Gestaltung der gesellschaftlichen Verhältnisse ableiten. Dabei sind in den Augen Smiths zwei Parameter in gewisser Weise variabel und einer Gestaltung zugänglich: Zum einen die gesellschaftlichen Zustände, die durch Politik und Gesetzgebung veränderbar sind; zum anderen die individuellen Fähigkeiten des Einzelnen, die durch Erziehung und Vervollkommnung des moralischen Urteilsvermögens beeinflusst werden können. Da es für Smith drei Bereiche des menschlichen Handelns sind, die Gesellschaft konstituieren, gilt es, entsprechend der Gesamtanlage seines Werkes – Moralphilosophie, Politik/Jurisprudenz, soweit sie sich anhand der *Lectures on Jurisprudence* rekonstruieren lassen, und Ökonomie – seine Vorstellungen in allen drei Bereichen zu analysieren und auf ihre Wechselwirkungen hin zu untersuchen.

5.2.1 Die Aufgabe der Moral

Entsprechend dem Common Sense urteilt der impartial spectator als oberster Richter über die Richtigkeit und Angemessenheit unseres Verhaltens. Er kennt unsere Motive, unsere Affekte und Gefühlslagen sowie die intendierten Folgen unseres Handelns. Entsprechend muss das eigene Handeln im Spiegel des Urteils dieses unparteiischen Zuschauers kritisch geprüft werden. Allerdings ist das richtige Urteil in Sachen Schicklichkeit dem Menschen durchaus nicht angeboren. Es bedarf – wie schon bei Platon und Aristoteles – der rechten Erziehung. Durch Gewöhnung wird der Mensch zur Einhaltung allgemeiner Regeln erzogen. Hieraus, so Smith, resultiert »das, was man im eigentlichen Sinne Pflichtgefühl nennt, ein Prinzip von der größten Wichtigkeit im menschlichen Leben, und das einzige Prinzip, nach welchem die große Masse der Menschen ihre Handlungen zu lenken vermag« (TM 243). Durch Zucht und das gute Beispiel anderer ist es möglich, nahezu jedem menschlichen Wesen hinreichenden Respekt vor der allgemeinen Moral anzuerziehen. Moralische Regeln, so Smith, sind dabei die Verallgemeinerung unseres moralischen Empfindens. »Wenn es uns einmal zur Gewohnheit geworden ist, an jene allgemeinen Regeln des Verhaltens zu denken, und wenn sie sich dadurch unserem Geiste fest eingeprägt haben, dann sind sie sehr nützlich dazu, um die falschen Angaben unserer Selbstliebe in Betreff der Frage, wie gerade in unserer Lage vom sittlichen Standpunkte aus gehandelt werden sollte, richtigzustellen.« (TM 241) Zwar verleitet uns die Eitelkeit mitunter dazu, in einem weit höheren Maße nach Reichtum und Anerkennung zu streben, als es für unser persönliches

Wohlbefinden nötig wäre (TM 70 ff.). Dennoch ist Smith davon überzeugt, dass das harmonische Gefüge der natürlichen Ordnung unter normalen Umständen ausreiche, Tugend und Moral im Menschen zur Entfaltung zu bringen. Wenn es also innerhalb der Gesellschaft trotzdem zu unmoralischem Verhalten Einzelner kommt, sind es offensichtlich die Lebensumstände, die den Einzelnen zur Unmoral zwingen.

Wesentliche Beschränkungen bei der Entfaltung der individuellen Moral sieht Smith hier an erster Stelle in der politischen und ökonomischen Abhängigkeit des Einzelnen. Wird der Mensch in einer unnatürlichen Ordnung gehalten, d.h. in Abhängigkeit, Armut und Unwissenheit, kann er seine natürliche Moral nicht entfalten. In seiner Vorlesung vom 28. März 1763 erläutert Smith den Zusammenhang von Abhängigkeit und moralischer Verwahrlosung. Smith vergleicht die Verbrechensraten von Glasgow und Edinburgh und führt die höhere Verbrechensrate Edinburghs darauf zurück, dass man sich in Glasgow nur wenige Bedienstete halte, der ortsansässige Adel sich in Edinburgh jedoch sehr viel Personal leiste, das, wenn es nicht mehr benötigt wird, auf die Straße gesetzt wird. So kommt Smith zu dem Ergebnis: »Nothing tends so much to corrupt and enervate and debase the mind as dependency, and nothing gives such noble and generous notions of probity as freedom and independency. Commerce is one great preventive of this custom. The manufacturers give the poorer sort better wages than any master can afford [...].« (LJA 333) Smith untermauert seine These durch den Vergleich der Verbrechensraten in Frankreich, England und Schottland. Er kommt dabei zu dem Schluss, dass feudale Gesellschaftsformen wegen der höheren Abhängigkeit der unteren Bevölkerungsschichten im Allgemeinen eine niedere Moral aufweisen als liberale Gesellschaften. Der Abhängige lebt in ständiger Furcht vor den Launen seines Herrn, und verliert er seine Stellung, hat er keine andere Möglichkeit, als sein Dasein durch Rauben und Plündern zu erhalten. Die Abschaffung des Feudalsystems und der damit zusammenhängenden individuellen Abhängigkeiten würde somit unmittelbar zur Hebung der individuellen Moral führen. Auch aus diesem Grund plädiert Smith für die Abschaffung der feudalen Rechtsrelikte, die die freie Entfaltung des Einzelnen verhindern. Hierzu zählen für ihn insbesondere die mangelnde Freizügigkeit und die allgemeinen Beschränkungen des Wohn- und Bleiberechts, das Zunftwesen und die damit zusammenhängenden Beschränkungen bei der Berufsausübung. Insbesondere kritisiert er die in weiten Teilen Englands und Schottlands praktizierte Armengesetzgebung, die den Almosenempfänger in permanenter Abhängigkeit seines Kirchensprengels hält und ihm die Möglichkeit, an einem anderen Ort Beschäftigung zu finden, versagt (WN 117-123).

Mangelnde Moral ist für Smith jedoch nicht nur ein Ergebnis der äußeren Abhängigkeiten. Damit sich die individuelle Moral in einem System der »natürlichen Freiheit« entfalten kann, bedarf es auch der Beseitigung der »geistigen« Beschränkungen des Einzelnen. Hier wirkt sich die fortschreitende ökonomische Entwicklung eines Landes nach Smith sowohl positiv wie auch negativ auf die moralische Entwicklung der Bevölkerung aus. Zum einen fördert der Händlergeist der »Commercial Society« die Sekundärtugenden wie Pünktlichkeit und Fleiß. Zudem ist der Einzelne durch die Konkurrenz und das wachsame Auge seiner Kunden stets zu einem gewissen Maß an Vertragstreue gezwungen. »Macht einer vielleicht zwanzig Verträge in einem Tag, so kann er nicht viel gewinnen durch den Versuch, seine Nachbarn anzuschmieren, denn schon der Anschein eines Betruges lässt ihn verlieren. Wo aber Leute selten miteinander handeln, sehen wir, dass sie in einer gewissen Weise zum Betrügen neigen, weil sie mit einem smarten Trick mehr gewinnen können, als was sie mit dem damit verbundenen Schaden ihrem Ruf antun.« (LJB 256) Zum anderen aber bewirkt der Händlergeist auch einen Verfall der Sitten. So etwa beschränkt die fortschreitende Arbeitsteilung den Horizont des Einzelnen, da er nicht mehr zum Nachdenken gezwungen ist. Zudem lassen es die ökonomischen Anreize vielfach lukrativer erscheinen, bereits Kinder zur Arbeit anstatt zur Schule zu schicken. Lobend hebt Smith hier das Beispiel des im Vergleich zu England ärmeren Schottlands hervor. Hier fänden die Kinder angesichts der vergleichsweise rückständigen Ökonomie keine Arbeit, und um sie zu beschäftigen, würden sie von den Eltern zur Schule geschickt, zumal dies in Schottland vergleichsweise preiswert sei. Infolge davon könnten in Schottland selbst die einfachen Lastenträger lesen und schreiben und seien hinreichend in den Dingen der Moral und der Religion unterwiesen. »Daraus können wir den Nutzen von Landschulen erkennen und müssen bei aller Vernachlässigung eingestehen, dass sie eine ausgezeichnete Einrichtung sind.« (LJB 258)

Smith sieht es daher auch als Aufgabe des Staates, durch Bildung und Erziehung zur Vervollkommnung der moralischen Fähigkeiten der Bevölkerung beizutragen. Er erzieht damit seine Bürger zur Selbstachtung und wirkt Aberglauben und Rückständigkeit entgegen. Dies ist, wie wir bereits gesehen haben, in den Augen Smiths insbesondere in Demokratien von Vorteil, denn: »In freien Gemeinwesen, in denen der Bestand einer Regierung weitgehend von dem zustimmenden Urteil abhängt, welches sich die Bevölkerung über ihre Politik bilden mag, muss es ganz sicher von äußerster Wichtigkeit sein, dass die Menschen nicht dazu neigen sollten, politische Entscheidungen voreilig oder launenhaft zu beurteilen.« (WN 668)

5.2.2 Die Aufgabe der Politik und des Rechts

Dieser Bereich ist insbesondere deshalb bedeutsam, weil das Recht und die staatliche Ordnung für Smith jene verbindende Klammer zwischen Individuum und Ökonomie bilden, innerhalb deren ökonomisches Handeln interpretiert werden muss. Ökonomisches Handeln ist eingebunden zwischen den individuellen Handlungsmotiven und den gesellschaftlichen Möglichkeiten, diese Motive auf legalem Wege zu verwirklichen.

In seinen *Lectures on Jurisprudence*, aber auch in seinen philosophischen Analysen entwickelt Smith einen für sein Verständnis von Recht, Politik und Ökonomie zentralen Gesellschaftsentwurf. Hier sieht er den Entwicklungsstand einer Gesellschaft eng verknüpft mit ihrer ökonomischen Entwicklung. Ausgehend vom Konzept einer Stufentheorie der gesellschaftlichen Entwicklung unterscheidet er vier Stadien: Das Jäger- und Sammlervolk, das Hirtenvolk, die Ackerbauern und schließlich die entwickelte Tauschwirtschaft, wobei die einzelnen Stufen innerhalb der Entwicklungsgeschichte eines einzelnen Volkes stets der Reihe nach durchlaufen werden. Die Notwendigkeit zum Übergang von einer zur anderen Entwicklungsstufe ergibt sich u.a. aus dem Anwachsen der Bevölkerung, aber auch aus dem jeweiligen Stand der technischen Entwicklung (LJA 14 ff.). Alle vier Stadien zeichnen sich durch eine unterschiedlich weit entwickelte Ordnung der Eigentumsverhältnisse, einen unterschiedlichen Entwicklungsstand der Rechtsverfassung und der staatlichen Verwaltung und einen unterschiedlichen Grad der Arbeitsteilung und des Warentausches aus.[165]

Gesellschaftliche Institutionen sind somit das Ergebnis einer zunehmenden ökonomischen Höherentwicklung der Gesellschaft. Beispielsweise ergibt sich mit Entstehung der Hirtengesellschaft erstmals die Notwendigkeit einer Rechtsordnung und einer »Regierung«: »So gibt es unter Jägern keine richtige Regierung; sie leben gemäß den Gesetzen der Natur. Es war die Aneignung von Rindern und Schafen, welche die Ungleichheit des Besitzes mit sich brachte, die erstmals Anlass zu einer richtigen Regierung gab. Ohne Eigentum kann es keine Regierung geben, denn ihr wahrer Zweck ist die Sicherung des Reichtums und der Schutz der Reichen vor den Armen [...].« (LJB 47) So erfordert also die Trennung von Reich und Arm gesellschaftliche Institutionen zum Schutz der Reichen. Interessant scheint, dass Smith zur Begründung dieser Eigentumsordnung in seiner Rechtsphilosophie den »impartial spectator« bemüht, um die Rechtmäßigkeit dieses Systems zu unterstreichen. Derjenige, der einen Apfel von einem Baum pflückt – vorausgesetzt dieser ist in niemandes Besitz – wird in den Augen des unparteiischen Zuschauers zum rechtmäßigen Eigentümer und hat nun das Recht, sein Eigentum zu verteidigen (LJA 16 f.).

Den Armen bleibt in dieser wie in den folgenden Gesellschaften nur mehr die Möglichkeit, in die Dienste der Reichen zu treten, um überleben zu können (LJA 202). Mit fortschreitender Entwicklung nimmt so auch die Komplexität der gesellschaftlichen Unterschiede und Abhängigkeiten zu; zugleich gewinnen Recht und Politik für die Gestaltung einer Gesellschaft zunehmend an Bedeutung. Zentral für Smiths Sichtweise ist erneut seine Vorstellung von einer »natürlichen Freiheit«, die es durch Recht und Politik zu schützen gilt.

Gerechtigkeit ist für Smith Grundvoraussetzung für die Existenz einer Gemeinschaft. Aufgabe der Regierung ist es, die Gerechtigkeit zu wahren: »The first and chief design of every system of government is to maintain justice; to prevent the members of a society from incroaching on one another's property, or seizing what is not their own. The design here is to give each one the secure and peaceable possession of his own property.«

(LJA 5) Dabei unterscheidet Smith zwei Formen des Rechts, die es zu schützen gilt: natürliche Rechte – die für jedermann unmittelbar einsichtig sind und auf deren Erfüllung ein unmittelbarer Anspruch besteht, wie z.B. körperliche Unversehrtheit – und erworbene Rechte – die begründet werden müssen, da sie nicht unmittelbar einsichtig sind, z.B. die Eigentumsrechte in einer Gesellschaft (LJB 37-41). Die Verbindlichkeit insbesondere der letztgenannten Rechte für den Einzelnen kann sich aus zweierlei Überlegungen ergeben: Entweder folgt ihre Verbindlichkeit aus der Autorität der rechtssetzenden Person oder sie resultiert aus dem Nutzen, den die Bürger aus der Befolgung dieser Rechte zu ziehen in der Lage sind. »In allen Staaten greifen beide Grundsätze in einem gewissen Maße, aber in einer Monarchie überwiegt der Grundsatz der Autorität, in einer Demokratie jener des Nutzens.« (LJB 43) Dabei gründet sich der Gehorsam gegenüber dem Herrscher in Smiths Augen nicht auf einen Gesellschaftsvertrag. Smith nennt hierfür vier Gründe (LJB 44 f.): Erstens sei diese Art der Vertragstheorie auf Großbritannien beschränkt, hingegen würde auch in Ländern, in denen keine derartige Begründung üblich sei, die staatliche Autorität nicht in Frage gestellt. Zweitens binde ein solcher Vertrag lediglich jene Generation, die ihn abgeschlossen hat; um gültig zu sein, müsse er daher in jeder folgenden Generation erneuert werden. Der einfache Verweis auf die faktische Anerkennung dieses Vertrags durch Verbleib im Lande kann als Begründung in den Augen Smiths nicht herangezogen werden, da es dem Einzelnen in der Regel nicht möglich ist, auszuwandern. Drittens müsste ein derartiger Vertrag des Souveräns auch durch seine Untertanen abgelehnt werden können; in der Regel erheben Staaten aber »Anspruch« auf ihre Untertanen. Viertens scheinen offensichtliche Rechtsbräuche dem zu widersprechen; so fordert der Staat von seinen Bediensteten einen Treueeid, was bei Vorliegen eines bereits geschlossenen Vertrags unsinnig scheint; auch wird Hochverrat weit höher bestraft als ein simpler Vertragsbruch. Ein Vertrag kann daher nicht Grundlage für die Begründung staatlicher Autorität sein.

Im Gegensatz zu den natürlichen Rechten sind die erworbenen Rechte abhängig von der jeweiligen Rechtsverfassung und damit prinzipiell veränderlich. Dienen diese Gesetze lediglich der Aufrechterhaltung von Macht oder den jeweiligen Privatinteressen einer Minderheit, sind sie ungerecht und damit abzuschaffen. Derartige Gesetze behindern die gesellschaftliche Entwicklung und halten Menschen in Armut und Unwissenheit. Smith bringt dies bereits 1755 in einem Vortrag vor dem Political Economy Club auf den Punkt: »Um einen Staat aus niederstem Barbarismus zu höchstem Reichtum zu führen, bedarf es kaum etwas außer Frieden, mäßigen Abgaben und einer erträglichen Handhabung der Gerechtigkeit. Alles andere bringt der natürliche Lauf der Dinge mit sich. Jede Regierung, die diesem natürlichen Lauf entgegenarbeitet, [...] muss zwangsläufig, um sich selbst zu erhalten, unterdrückend und tyrannisch sein.«[166] Letztlich ist es Smiths Verständnis einer »natürlichen Freiheit«, die derartige Gesetze als ungerecht und tyrannisch erscheinen lässt. Eingriffe in die Rechtssphäre sowohl der natürlichen Rechte als auch der natürlichen Freiheiten dürfen dem Staat nur gestattet werden, wenn die elementaren Rechte anderer oder der Gemeinschaft auf dem Spiel stehen. Smith führt dies im *Wealth of Nations* an mehreren Stellen aus. Während er es als nicht tolerablen Eingriff in die Freiheitsrechte des Einzelnen sieht, ihn bei der Berufswahl (WN 106) oder bei der Wahl seines Absatzmarktes (WN 451) zu bevormunden, sieht er in den Vorschriften zur öffentlichen Sicherheit wie etwa dem Zwang zur Errichtung von Brandschutzmauern oder Gesetzen zum Schutz von Gläubigern durchaus akzeptable Eingriffe in die Privatsphäre des Einzelnen, da dies dem Schutz der Allgemeinheit dient. »Solche Vorschriften mögen, ohne Zweifel, in gewisser Hinsicht als Verletzung der persönlichen Freiheit betrachtet werden, doch wenn einige wenige dieses Naturrecht so ausüben, dass sie die Sicherheit des ganzen Landes gefährden können, so schränkt jede Regierung [...] dieses Recht gesetzlich ein, und zwar ganz zu Recht.« (WN 267) Im Rahmen der Gesetzgebung ist daher zu prüfen, wem letztlich die gesetzliche Beschränkung dient: den Partikularinteressen Einzelner oder dem Nutzen der Gemeinschaft.

Obwohl es Smiths Überzeugung ist, dass ein System natürlicher Freiheiten dank einer harmonisch gedachten natürlichen »Weltordnung« per se ausreiche, um eine Gesellschaft in Frieden und Wohlstand leben zu lassen, betrachtet er es dennoch als Aufgabe staatlicher Politik, in all jenen Fällen in den natürlichen Gang der Dinge einzugreifen, in denen diese Entwicklung gefährdet scheint. Dabei sind es, wie wir bereits gesehen haben, letztlich drei Gründe, die Smith veranlassen, staatliche Maßnahmen einzufordern:

Im ersten Fall handelt es sich durchweg um die Bereitstellung von Gütern, deren Erstellung nicht im Interesse des Einzelnen liegt, sei es, dass es sich um öffentliche Güter im klassischen Sinne handelt, sei es, dass die zu erbringenden Aufwendungen die Finanzkraft von Privatpersonen übersteigen würden. Im zweiten Fall sieht Smith die Gleichverteilung der zu erbringenden Leistung gefährdet, wie dies beispielsweise im Bereich der Bildung der Fall ist. Daher, so Streminger, »muss der Staat sich um die Erziehung kümmern. Erst wenn das Recht auf gleiche Bildung für alle garantiert ist, kann von einer gerechten Gesellschaft gesprochen werden. Das Argument, dass nur Begabte ein Recht auf Bildung hätten, lässt Smith nicht gelten [...].«[167] Drittens handelt es sich um Leistungen, die nicht durch private Interessen verzerrt werden sollten. Dies ist insbesondere dann der Fall, wenn etwa wie im Bereich der Gerichtsbarkeit die Unabhängigkeit des Gerichts sichergestellt sein muss.

Obwohl Smith seine Forderungen nach staatlichen Interventionen ausgesprochen vorsichtig formuliert und die von ihm geforderten Eingriffe in die natürliche Freiheit so behutsam wie möglich gestaltet, zeigt sich gerade hier der Vorrang, den Smith den sozialen Interessen der Gemeinschaft vor den ökonomischen Interessen der »Commercial Society« einräumt. Es gilt, die Unabhängigkeit zentraler Einrichtungen zu garantieren und auch den weniger Bemittelten ein Mindestmaß an Zugangsrechten zu diesen Gütern zu verschaffen. In diesem Sinne lassen sich staatliche Aufgaben nicht abschließend definieren, sondern müssen je nach räumlichem und zeitlichem Kontext variabel ausgestaltet werden.[168] »Gezielt ist es Smiths Auffassung, dass der Staat nicht nur den Interessen des Besitzbürgertums und des Wettbewerbs [...] zu dienen habe, sondern dass ihm all jene Aufgaben zukämen, die der Markt im Interesse der Gemeinschaft nicht zu lösen imstande sei.«[169]

Smiths Vorstellung einer »natürlichen Freiheit« baut somit auf einen aktiven Staat. Dieser habe einerseits im Sinne negativer Freiheitsrechte den Schutz individueller Freiheit zu gewährleisten. Seine Aufgabe ist es andererseits aber auch, dem Einzelnen im Sinne positiver Freiheitsrechte ein Mindestmaß an Chancengleichheit und die Möglichkeit zur Entfaltung seiner Persönlichkeit zu garantieren. Ein Minimum an materieller Sicherheit und die Chance auf Bildung und politische Teilhabe sind Voraussetzung dieses positiven Freiheitsbegriffs. Erst seine ökonomische Unabhängigkeit erlaubt es dem Einzelnen, seine positiven Freiheitsrechte zu nutzen. Nicht mangelnder Fleiß ist es, der den Einzelnen in Armut, Abhängigkeit und Unmündigkeit hält, sondern die Beschränkung seiner Entfaltungsmöglichkeiten durch eine veraltete Gesetzgebung sowie unsinnige Vorschriften und mangelnde Rechtssicherheit. Aufgabe der Politik und der Gesetzgebung ist es, die Entfaltungsmöglichkeiten der Bürger zu befördern und dort einzugreifen oder gegenzusteuern, wo ein Zuviel oder ein Zuwenig an Freiheit zu sozialen Ungerechtigkeiten führen würde.

5.2.3 Die Aufgabe der Ökonomie

Für Smith führt das wechselseitige Verwobensein der Interessen in arbeitsteiligen Gesellschaften prinzipiell ganz von selbst dazu, dass auch die Ärmeren vom Wohlstand der Reichen profitieren. Selbst eine rein auf egoistischen Motiven gegründete Ökonomie bringe daher fast von selbst eine sozial gerechte Verteilung des Wohlstands zustande. Jenseits dieser Ausgleichsfunktion erfüllt die Wirtschaft eines Landes jedoch auch eine Reihe »sozialer« Funktionen, die es in den Augen Adam Smiths geraten scheinen lassen, der »natürlichen Freiheit« auch in ökonomischen Dingen ihren Lauf zu lassen, solange dies nicht zu unbilligen Härten für Einzelne führt.

Zum einen glaubt Smith, dass insbesondere der Freihandel einen Beitrag zum Frieden unter den Völkern leiste. Durch den Freihandel wachse der Grad der internationalen Arbeitsteilung, und damit nehme die friedliche Zusammenarbeit der Völker zu. Die damit verbundene Steigerung der wechselseitigen Abhängigkeiten der Völker fördere den friedlichen Warentausch und stabilisiere so den Weltfrieden.[170] Zudem ist Smith überzeugt, dass die Ökonomie auch dem sozialen Frieden diene, da sie Freiheit, Gleichheit und Gerechtigkeit als wesentliche moralische Grundwerte einer Gesellschaft fördere. Die Aufhebung unnatürlicher Beschränkungen in Handel und Gewerbe ermögliche es dem Einzelnen, seine Fähigkeiten und sein Geschick so gewinnbringend wie möglich einzusetzen. Die zunehmende Prosperität eines Landes – ausgelöst durch den freien Warenverkehr im In- und Ausland, eine gesteigerte Mobilität der Arbeitskräfte und die mittels Arbeitsteilung gesteigerte Produktivität – führt zu besseren Arbeitsbedingungen und einem höheren Lohnniveau, kommt damit also überwiegend auch den ärmeren Bevölkerungsschichten zugute. Um die Einkommensverteilung aktiv zu gestalten, kann der Staat zudem durch seine Rahmenpolitik, z.B. im Bereich gestaffelter Steuersätze oder unterschiedlicher Wegzölle, für einen weiteren Ausgleich sorgen. Zwar ist es nicht das erklärte Ziel Smiths, auf eine langfristige Einkommensumverteilung hinzuwirken, dennoch plädiert er für unterschiedliche Verbrauchssteuersätze auf lebensnotwendige Waren und Luxusgüter, da dies die ärmeren Bevölkerungsschichten entlastet: »Die ärmeren Arbeiter (Handwerker) könnten dann besser leben, billiger arbeiten und ihre Produkte zu einem niedrigeren Preis auf den Markt bringen. Verbilligte Ware würde zu einer erhöhten Nachfrage führen, so dass auch der Bedarf an Arbeitskräften, die solche Waren herstellen, entsprechend zunehmen würde. Die wachsende Nachfrage nach Arbeitskräften würde die Zahl der Arbeitsplätze ebenso erhöhen, wie den Lebensstandard der ärmeren Schichten verbessern.« (WN 811)

Zum anderen bildet ein erträgliches Auskommen die Basis jedweder Moral; die funktionierende Wirtschaft eines Landes ist somit in gewissem Sinne die Voraussetzung dafür, dass sich die »natürliche Moral« der Bürger entfalten kann. Jeder Bürger, so glaubt Smith, der über ein genügendes Maß an materieller Sicherheit und ein Mindestmaß an Verstand verfügt und dem der Staat das Recht gewährt, seine Fähigkeiten nach bestem Wissen und Gewissen zu nutzen, wird diese Fähigkeiten einsetzen, um seine persönliche Lage zu verbessern. Smith setzt hier nicht auf ein staatlich verordnetes und mittels Kirche, Arbeitshäusern und

Besserungsanstalten vermitteltes Erziehungsprogramm, das es zum Ziel hat, dem Einzelnen Fleiß, Pünktlichkeit und Sauberkeit als wesentliche Tugenden der »Commercial Society« im Wortsinne »einzubläuen«. Damit widerspricht er der Ansicht vieler seiner Zeitgenossen, die daran glaubten, dass der müßiggehende Bettel durch Zwangsmaßnahmen zur Arbeit und zur Industrie erzogen werden müsse – wobei die in den hierfür eigens geschaffenen Arbeitshäusern zu leistende schwere körperliche Arbeit und die Züchtigungen wie das Auspeitschen oder gar das Abschneiden der Ohren bei »Wiederholungstätern« von vielen als Erziehungsprogramm gesehen wurde, das die Armen zu Fleiß und Anstand erziehen sollte.[171] Smith hingegen glaubt, dass die Schaffung geeigneter Rahmenbedingungen von selbst die natürlichen moralischen Anlagen des Menschen zur Geltung bringen wird und es so auch den Ärmsten erlaubt, ihre Lage selbst zu verbessern. Das individuelle Streben nach Glück und nach Verbesserung der eigenen ökonomischen Situation führt in seinen Augen ganz von selbst zur Ausbildung der dazu notwendigen Tugenden. Zwar lässt sich individuelle Moral nicht einfach durch eine Rahmenordnung und eine hierdurch induzierte Verhaltenssteuerung des Einzelnen herstellen, aber in einem System mit geeigneten Rahmenbedingungen wird sich – von wenigen Ausnahmen abgesehen – die »natürliche Moral« von selbst durchsetzen. Bildung und eine ordentliche Erziehung – die daher auch im Interesse des Staates liegen sollten – unterstützen diesen Prozess in geeigneter Weise.

5.3 Wirkungsgeschichte

Schon zu Lebzeiten galt Adam Smith als eine der führenden Persönlichkeiten des europäischen Geisteslebens. Die Veröffentlichung der *Theory of Moral Sentiments* hatte ihn weit über die Grenzen Englands hinaus bekannt gemacht. Die erste französische Übersetzung seiner Schrift erschien bereits 1764 unter dem Titel *Métaphysique de l'âme*, eine zweite, herausgegeben von seinem Freund Abbé Blavet, 1774-77, unter dem Titel *Théorie des sentiments moraux*. Eine dritte französische Ausgabe, beruhend auf der siebten, 1792 erst posthum erschienenen Auflage der *Theory* wurde 1798 unter dem gleichen Titel von Sophie de Grouchy Marquise de Condorcet editiert. Eine erste deutsche Ausgabe der *Theory*, übersetzt von Christian Rautenberg, erschien 1770 in Braunschweig, also noch volle achtzehn Jahre vor Kants *Kritik der praktischen Vernunft*. Eine weitere Übersetzung von Ludwig Theobul Kosegarten, beruhend auf der Ausgabe letzter Hand, folgte 1791 in Leipzig.[172]

Doch auch ohne diese vergleichsweise schnelle Rezeption seines Buches auf dem Kontinent war Smith sein Ruf als Professor in Glasgow offensichtlich vorausgeeilt. Seine Schüler kamen aus allen Teilen Europas und nahmen die Gedanken Smiths mit zurück in ihre Heimatländer. Zu den bekanntesten seiner Schüler zählten u.a. Semyon Efimovich Desnitsky und Iwan Andrejewitsch Tretjakov aus Moskau, die auf Betreiben Katharinas der Großen zum Studium nach Schottland gereist waren. Die beiden Rechtsgelehrten übernahmen später Smiths Gedanken für ihre eigenen Vorlesungen an der eben erst gegründeten Lomonossow-Universität in Moskau. Auch Smiths Beispiel, die Vorlesungen in Landessprache zu halten, wurde übernommen; so gilt Desnitsky als einer der ersten Gelehrten, die ihre Vorlesungen auf Russisch hielten.[173] Auch der berühmte Genfer Arzt Théodore Tronchin schickte seinen Sohn François Louis nach Glasgow, eine Beziehung, die Smith bei seinem Aufenthalt auf dem Kontinent manche Türen öffnete.

Nicht zuletzt Smiths Frankreichreise hatte ihn mit nahezu allen geistigen Größen Europas bekannt gemacht, mit denen er, wie seine Korrespondenz belegt, auch weiterhin in Kontakt blieb. Als Mitglied zahlreicher ökonomischer Zirkel, Gelehrtenklubs und Akademien – Smith war u.a. Mitglied der Royal Society – unterhielt er sowohl Kontakt zu den Vertretern der englischen Wissenschaft wie auch zu den führenden Praktikern der »Commercial Society«. Smith beeinflusste mit seiner Vorstellung einer dem Menschen innewohnenden natürlichen Empathie sowohl Philosophen wie Literaten. Sein *Wealth of Nations* wurde nicht nur zur Grundlage der »klassischen Ökonomie« und beeinflusste u.a. David Ricardo, Thomas Robert Malthus, James Mill und John Stuart Mill, sondern wurde auch zum Programm der englischen Wirtschaftspolitik.

5.3.1 Smiths Einfluss auf Immanuel Kant

Auch in Deutschland fand Smiths Werk einen breiten Niederschlag, insbesondere bei Johann Gottfried Herder und bei Gotthold Ephraim Lessing.[174] So etwa nimmt Lessing im *Laokoon* direkten Bezug auf Smiths *Theory*. Bei der Erörterung der Frage, wie es um die Schicklichkeit der Äußerung körperlichen Schmerzes bestellt sei, heißt es dort etwas spöttisch: »Es war ein Engländer, welcher diesen Einwurf macht; ein Mann also, bei dem man nicht leicht eine falsche Delikatesse argwohnen darf. [...] Alle Empfindungen und Leidenschaften, sagt er, mit welchen andere nur wenig sympathisieren können, werden anstößig, wenn man sie zu heftig ausdrückt.«[175]

Selbst auf Immanuel Kant blieben Smiths Schriften nicht ohne Einfluss. In einem Brief an Kant spöttelt Markus Herz: »Über den Engländer Smith, der, wie Herr Friedländer mir sagt, Ihr Liebling ist, habe ich verschiedene Remarken zu machen. Auch mich hat dieser Mann unheimlich belustigt.«[176] Kant dürfte sowohl die *Theorie der ethischen Gefühle* wie auch den *Wohlstand der Nationen* gekannt haben. So etwa verweist er sowohl in seiner *Metaphysik der Sitten*[177] wie auch in seiner Schrift zur Anthropologie[178] ausdrücklich auf den *Wealth of Nations*. Auch die Idee des egoistischen menschlichen Strebens als Motor für Fortschritt und Entwicklung aus der *Theory of Moral Sentiments* greift Kant ausführlich auf.[179] So heißt es in seiner *Idee zu einer allgemeinen Geschichte in weltbürgerlicher Absicht*:

»Der Mensch hat eine Neigung, sich zu vergesellschaften; weil er in einem solchen Zustande sich mehr als Mensch, d.i. die Entwicklung seiner Naturanlagen, fühlt. Er hat aber auch einen großen Hang, sich zu vereinzeln (isolieren); weil er in sich zugleich die unselige Eigenschaft antrifft, alles bloß nach seinem Sinne richten zu wollen und daher allerwärts Widerstand erwartet [...]. Dieser Widerstand ist es nun, welcher alle Kräfte des Menschen erweckt, ihn dahin bringt, seinen Hang zur Faulheit zu überwinden, und, getrieben durch Ehrsucht, Herrschsucht oder Habsucht, sich einen Rang unter seinen Mitgenossen zu verschaffen [...]. Da geschehen nun die ersten wahren Schritte aus der Rohigkeit zur Kultur [...]; da werden alle Talente nach und nach entwickelt, der Geschmack gebildet, und selbst durch fortgesetzte Aufklärung der Anfang zur Gründung einer Denkungsart gemacht, welche die grobe Naturanlage zur sittlichen Unterscheidung mit der Zeit in bestimmte praktische Prinzipien, und so eine pathologisch-abgedrungene Zusammenstimmung zu einer Gesellschaft endlich in ein moralisches Gesetz verwandeln kann. Ohne jene, an sich zwar eben nicht liebenswürdige, Eigenschaften der Ungeselligkeit, woraus der Widerstand entspringt [...], würden in einem arkadischen Schäferleben, bei vollkommener Eintracht, Genügsamkeit und Wechselliebe, alle Talente auf ewig in ihren Keimen verborgen bleiben [...]. Dank sei also der Natur für ihre Unvertragsamkeit, für die missgünstig wetteifernde Eitelkeit, für die nicht zu befriedigende Begierde zum Haben oder auch zum Herrschen! Ohne sie würden alle vortreffliche Naturanlagen in der Menschheit ewig unterentwickelt schlummern.«[180]

Auch in Kants *Kritik der praktischen Vernunft* und in seiner *Grundlegung zur Metaphysik der Sitten* spielen einige Gedanken auf das Konzept des unparteiischen Zuschauers an. So etwa beginnt Kant seine Grundlegung mit einer Diskussion des »guten Willens« als allein gültigem Qualitätskriterium für moralisch gutes Handeln und nimmt hierbei explizit Bezug auf das Urteil des »unparteiischen Zuschauers«, wobei er jedoch Wert darauf legt, diesen nicht nur als »unparteiisch«, sondern auch als »vernünftig« zu charakterisieren: »[...] ohne zu erwähnen, dass ein vernünftiger unparteiischer Zuschauer sogar am Anblicke eines ununterbrochenen Wohlergehens eines Wesens, das kein Zug eines reinen und guten Willens zieret, nimmermehr ein Wohlgefallen haben kann [...].«[181]

Einige Interpreten vermuten, dass Kants kategorischer Imperativ gewissermaßen als Versuch gedacht war, die Gefährdung des impartial spectators durch Selbsttäuschung zu verhindern.[182] In diesem Sinne versuche Kant das Prinzip des Common Sense bei Smith durch ein »unbestechlicheres« Prinzip der Vernunft zu ersetzen. Im impartial spectator sieht Eckstein somit das gleiche Prinzip verwirklicht wie im kategorischen Imperativ: »In diesem Formalismus liegt die Verwandtschaft Smiths mit Kant. Auch der kategorische Imperativ gibt ja kein anderes Kriterium als die Objektivität des Wollens, d.h. seine Allgemeingültigkeit und Notwendigkeit.«[183] Smiths Moralphilosophie weise insofern in die Zukunft, als sie »vor allem in dem Begriff des ›unparteiischen Zuschauers‹ eine Vorstufe des kategorischen Imperativs darstellt, wie es denn überhaupt nicht nur in seinen Übereinstimmungen, sondern auch in seinen Abweichungen von der Ethik des späteren Kritizismus für das Verständnis der Kantischen Ethik, die durch Smith starke Impulse empfangen haben dürfte, ungemein wertvoll ist«[184].

5.3.2 Der Einfluss des Wealth of Nations

Obwohl Smith seiner *Theorie der ethischen Gefühle* bei Weitem den höheren Stellenwert in seinem Gesamtwerk einräumte als dem *Wohlstand der Nationen*, ist es doch vor allem sein ökonomisches Hauptwerk, das Smith für die Nachwelt bekannt gemacht hat. Jenseits stark verkürzter und teilweise falscher Interpretationen, die den *Wealth* als Grundlage eines Laissez-faire-Kapitalismus sehen wollen, beinhaltet dieses Buch jedoch eine Fülle kritischer Anmerkungen, die der Annahme, Smith habe eine »moralfreie Ökonomie« vertreten, widersprechen. Entgegen der landläufigen Meinung, der zufolge Smith ein klares ökonomisches Modell, aufbauend auf Freihandel und der weitgehenden Zurückhaltung des Staates, erarbeitet und damit vor allem einer libertären Wirtschaftsverfassung das Wort geredet hat, legt Smith im *Wealth* eine Fülle von kritischen Anmerkungen zu Staat, Gesellschaft, Kirche und Politik vor. Diese Kritik reicht von der Armengesetzgebung über das Militärwesen bis hin zur Kolonialfrage. Smiths Einwendungen bleiben dabei jedoch stets konstruktiv in dem Sinne, dass er aus der historischen Analyse, der Beobachtung der herrschenden Verhältnisse und dem Vergleich mit anderen Nationen Verbesserungsvorschläge für Politik und Gesetzgebung abzuleiten versucht.

Dieses kritische Potenzial des *Wealth* wurde durchaus auch von Smiths Zeitgenossen bereits gesehen. So etwa gratuliert Hugh Blair Adam Smith zum Erscheinen des *Wealth* mit den Worten: »You have done great Service to the World by overturning all that interested Sophistry of Merchants, with which they had Confounded the whole Subject of Commerce.« (CO 188) Und auch Adam Ferguson schreibt an Smith: »You have provoked, it is true, the church, the universities, and the merchants, against all of whom I am willing to take your part; but you have likewise provoked the militia, and there I must be against you.« (CO 193 f.).

Ebenso wie die *Theorie der ethischen Gefühle* wird auch der *Wohlstand der Nationen* noch zu Lebzeiten Smiths in zahlreiche Sprachen übersetzt. Eine erste deutsche Ausgabe in zwei Bänden, übersetzt von Schiller und Wichmann, erscheint bereits 1776-78 unter dem Titel *Untersuchungen der Natur und Ursachen von Nationalreichthümern* in Leipzig, eine französische Übersetzung folgt 1778-79.[185]

Dabei sind es weniger die Originalität oder gar die erstmalige Behandlung ökonomischer Fragen, die die Bedeutung des *Wohlstands der Nationen* bestimmen. Bereits vor Smith hatten andere Autoren wie etwa Richard Cantillon, François Quesnay oder James Steuart versucht, Ökonomie als Gesamtsystem zu beschreiben. Auch die Idee des Freihandels war im Wesentlichen nicht neu. »Der Wohlstand der Nationen stellte [jedoch] alle früheren Abhandlungen in den Schatten, weil das Werk so umfassend systematisch war, und nicht, weil es den Freihandel propagierte. Es wurde zum Standardmodell, das studiert, erprobt, revidiert und verbessert werden musste.«[186] Smith erweist sich hier wie auch schon in seiner *Theorie der ethischen Gefühle* als genauer Beobachter nicht nur seiner Umwelt und seiner Mitmenschen, sondern insbesondere auch bei der Analyse der grundlegenden Motive unseres Handelns. Dies und die Fülle seiner Beispiele machen den besonderen Stellenwert seines Werkes aus.

Zahlreiche der von Smith geschilderten und erklärten ökonomischen Sachverhalte werden von späteren Theoretikern wieder aufgenommen, verfeinert und fortentwickelt. So etwa formuliert David Ricardo seine Theorie der komparativen Kostenvorteile in direkter Anlehnung an Smiths Ausführungen über die Vorteile des Freihandels. Auch Smiths Arbeitswertlehre beeinflusst zahlreiche nachfolgende Ökonomen von David Ricardo über Thomas Robert Malthus bis hin zu John Stuart Mill und Karl Marx. Innerhalb der Betriebswirtschaftslehre finden seine Ausführungen zu den »natürlichen Unterschieden in der Lohnhöhe« bis heute Anwendung bei der Arbeitsbewertung in Form des »Genfer Schemas«. Auch seine Annahme, es sei das stetige Streben nach Verbesserung der eigenen materiellen Lage, das den Einzelnen zur Arbeit und zum Wirtschaften treibt, wird von vielen der nachfolgenden Wirtschaftstheoretiker übernommen. Anerkennend bemerkt selbst Gustav Schmoller trotz aller Kritik am englischen Liberalismus, dass Adam Smiths Werk

»den liberalen Forderungen des wirtschaftlichen Individualismus den vollendetsten Ausdruck [gab]; es sprach berechtigte Forderungen der praktischen Reform zur rechten Zeit aus. Es schloss sich den großen philosophisch-moralischen Idealen des Jahrhunderts rückhaltlos an und trug doch den Stempel nüchterner Wissenschaft und empirischer Forschung an sich. Mochte Smith also fälschlich an die natürliche Gleichheit der Menschen glauben, die bestehenden Macht- und Abhängigkeitsverhältnisse zwischen den Staaten und den sozialen Klassen nicht gehörig würdigen, optimistisch das Individuum und seine egoistischen Triebe überschätzen, die Bedeutung des Staates und der staatlichen Einrichtungen verkennen [...], das Buch war doch fähig, für hundert Jahre zur sammelnden Fahne der Staatsmänner und der Klassen zu werden, welche die bürgerlich-liberale Tauschgesellschaft mit Freiheit der Person und des Eigentums in Westeuropa voll durchführen wollten. Den verbreitetsten Lehrbüchern und Schriften der folgenden Generationen diente A. Smith als Vorbild.«[187]

Bis in die neuere Theoriebildung hinein beeinflusst so das Werk Adam Smiths die ökonomische Wissenschaft. So etwa beruft sich Friedrich August von Hayek in seinem Entwurf einer »spontanen Ordnung« explizit auf Adam Smiths Konzept der »unsichtbaren Hand«.[188] Hier sind es vor allem Smiths Idee einer harmonischen Ordnung und die Vorstellung der sich der jeweiligen Höherentwicklung der Gesellschaft anpassenden politischen und rechtlichen Institutionen[189], die Hayek zum Ausgangspunkt seiner Überlegungen nimmt. Institutionen sind für ihn nicht das Werk eines überlegenen, »planenden Geistes« sondern das Ergebnis einer gesellschaftlichen Entwicklung. »Die ›anti-rationalistische Einsicht in das historische Geschehen, die Adam Smith mit Hume, Adam Ferguson und anderen teilt‹, ließ sie als Erste verstehen, wie Institutionen und Moral, Sprache und Recht sich durch einen Prozess kumulativen Wachstums entwickelten und dass die menschliche Vernunft sich nur mit und innerhalb dieses Rahmenwerks entwickeln und erfolgreich arbeiten kann.«[190]

Auch innerhalb der aktuellen Armuts-Debatte gewinnt der *Wealth of Nations* an Brisanz. Hier nimmt insbesondere Amartya Sen Bezug auf Adam Smith. In Anlehnung an Smiths Definition der lebensnotwendigen Güter, zu denen er neben den rein existenzsichernden Gütern auch jene Güter zählt, die der einzelne zur Sicherung seines sozialen Status innerhalb der Gemeinschaft benötigt, sieht Sen Armut als relativen Mangel an diesen in einer Gesellschaft üblichen Gütern. Er schreibt:

»In einem allgemein wohlhabenden Land benötigt man ein höheres Einkommen, um ausreichend Güter für das Erreichen derselben sozialen Funktion zu kaufen. Diese Überlegung, die Adam Smith als Erster im *Wealth of Nations* (1776) angestellt hat, ist für die soziologische Armutsanalyse absolut zentral [...]. Zum Beispiel sind die Schwierigkeiten einiger Gruppen, ›am Gemeinschaftsleben teilzunehmen‹, für eine Untersuchung der ›sozialen Ausgrenzung‹ von entscheidender Wichtigkeit. Anders als in weniger wohlhabenden Ländern kann das Bedürfnis, am Leben der Gemeinschaft zu partizipieren, zur Nachfrage nach modernen Geräten (Fernseher, Videorecorder, Autos usw.) führen, sofern diese Güter dort mehr oder weniger alltäglich sind. [...] Die paradoxe Erscheinung, dass es in reichen Ländern [...] Hunger gibt, hängt in der Tat damit zusammen, dass konkurrierende Anforderungen an das Haushaltsbudget gestellt werden: einerseits die Bedürfnisse des Leibes, andererseits das Bedürfnis, sozial mithalten zu können.«[191]

Trotz aller Deutungsunterschiede und mancher möglicher Missinterpretation bildet das ökonomische Werk Adam Smiths so bis heute einen wesentlichen Grundstein der ökonomischen Theoriebildung. Sei es in Anlehnung an Smith oder in Auseinandersetzung mit ihm, seine grundlegenden Gedanken bilden bis heute jenen Entwurf, auf dem zahlreiche der nachfolgenden Theorien aufruhen bzw. an dem sich ihre Kritik entzündet.

5.3.3 Empathie und Sympathie

Demgegenüber wirkt die Rezeption der Theorie der ethischen Gefühle vergleichsweise unspektakulär. Zwar scheint kein Zweifel an der Empathie als der grundlegenden Fähigkeit des Menschen, »mitfühlen« zu können, zu bestehen. Dennoch geriet Smiths hierauf basierender »moralpsychologischer« Ansatz im Laufe der Jahre mehr und mehr in Vergessenheit. Dies liegt zum einen daran, dass Smith in gewisser Weise einen Endpunkt in der Traditionslinie Francis Hutchesons und David Humes darstellt. Letztlich tritt diese als vorherrschende Richtung der englischen Philosophie in den Hintergrund und wird in der Folge durch den Utilitarismus der »philosophical radicals« abgelöst. Zum anderen wird die noch von Hume, Hutcheson und Smith vertretene Sichtweise der praktischen Philosophie als Einheit von Politik, Ökonomie und Ethik in den Folgejahren aufgegeben. Es entstehen unterschiedlichste Einzeldisziplinen, die sich je gesondert mit psychologischen, soziologischen, politischen, ökonomischen und moralphilosophischen Fragen beschäftigen. Dies mag erklären, warum Smith als »Begründer« der modernen Ökonomie vor allem den Ökonomen bekannt ist und im Bereich der Moralphilosophie und der Psychologie eine eher nachgeordnete Rolle spielt.

Dennoch scheinen sich die von Smith analysierten und anhand zahlreicher Beispiele und Beobachtungen veranschaulichten Wirkmechanismen der menschlichen Empathie auf verschiedensten Gebieten zu bestätigen. So etwa gelang es den Vertretern der experimentellen Ökonomie, anschaulich zu zeigen, dass der Mensch in der Tat bestrebt scheint, sein wirtschaftliches Verhalten auf ein gemeinverträgliches und durch andere akzeptables Maß herunterzuregulieren. Entgegen den klassischen Annahmen der Ökonomie, die den Menschen insbesondere als homo oeconomicus, also als einen rationalen Nutzenmaximierer betrachtet, waren die Probanden in zahlreichen Experimenten durchaus dazu bereit, zugunsten ihrer Mitspieler zu verzichten, selbst dann, wenn auszuschließen war, dass sich aus dem augenblicklichen Verzicht möglicherweise ein langfristiger Vorteil für sie ergeben könnte. Auch die »Vorgehensweise« des impartial spectators, sich in die Rolle des anderen hineinzuversetzen, findet im Bereich der Entwicklungspsychologie eine gewisse Entsprechung in der Prozedur der »idealen Rollenübernahme«. So schreibt Lawrence Kohlberg: »Wir können aus unserer Theorie heraus sagen, dass eine gewisse allgemeine Verpflichtung auf Gerechtigkeitsprinzipien es dem moralischen Urteilenden auferlegt, sich auf ideale Rollenübernahme einzulassen, wenn er moralische Dilemmata lösen will. In diesem Sinne anerkennt unser Verständnis der Moralprinzipien den situativen Kontext eines jeden moralischen Problems.«[192]

Eine Bestätigung ganz anderer Art zeichnet sich jedoch derzeit im Bereich der Neurophysiologie ab. Wie Giacomo Rizzolatti, Leonardo Fogassi und Vittorio Galese aufzeigen konnten, sind wir dank so genannter Spiegelneuronen in der Lage, uns in die Handlungsweisen, Absichten und Gefühle unserer Mitmenschen hineinzuversetzen. Spiegelneuronen erlauben es uns nicht nur, die Handlungen anderer »zu Ende zu Denken« oder deren

Verhalten nachzuahmen, sondern erschließen uns auch deren Handlungsabsicht und Gefühlswelt. Die Beobachtung der Gefühle anderer löst unmittelbar dieselben Gefühle in uns selbst aus, wenngleich in abgeschwächter Form. Empathie ergibt sich damit nicht aus einer rationalen Rekonstruktion der Gefühle unseres Gegenübers, sondern als unmittelbares Nachempfinden dessen, was der andere an Gefühlsregungen äußert.[193] Ist der Spiegelmechanismus defekt, sind wir nicht mehr in der Lage, andere zu verstehen. Menschen brauchen »vermutlich die Spiegelneuronen, um sich selbst mit den Augen anderer zu sehen – eine Voraussetzung für Selbstbewusstsein und Introspektion.«[194] Damit erfährt der von Smith anschaulich beschriebene Prozess der Sympathie eine späte neurophysiologische Bestätigung.

Anhang

Anmerkungen

1 Vgl. Eckstein (1985: LIV).
2 Vgl. u.a. Seifert (1991: 72).
3 LJB wurde auch bekannt als »report dated 1766«, was auf die Datumsangabe auf dem Deckblatt der Mitschrift zurückzuführen ist. Da Smith zu diesem Zeitpunkt jedoch nicht mehr lehrte, bezeichnet 1766 entweder das Datum der Übertragung des Manuskripts in Reinschrift oder aber ist auf einen schlichten Schreibfehler – MDCCLXVI anstelle von MDCCLXIV – zurückzuführen.
4 Vgl. Ross (1998: 592).
5 Vgl. Streminger (1999: 9ff.).
6 Vgl. Streminger (1999: 16ff.).
7 Vgl. Streminger (1999: 18).
8 Ihren prominenten Ausdruck findet diese Sichtweise vor allem in den vertragstheoretischen Entwürfen Thomas Hobbes', John Lockes und Jean-Jacques Rousseaus. Trotz gewisser Unterschiede, insbesondere in der Interpretation des »Naturzustandes«, der die Situation des Menschen in der »vorgesellschaftlichen Phase« beschreibt, sehen sie Gesellschaft als prinzipiell rational gestaltbares Konstrukt, das sich aus der freiwilligen Zustimmung aller ergibt. Vgl. Hobbes (1980: 155), Locke (1999: 73) und Rousseau (1998: 17f.).
9 Gay (2000: 172); vgl. auch Gay (1999: 58f.).
10 Raphael (1991: 117).
11 Vgl. Raphael (1991: 15).
12 Vgl. Ross (1998: 160). Smith selbst bezeichnet diese Vorgehensweise als die »Newtonsche Methode«, die, wie er meint, der aristotelischen vorzuziehen sei (BL 145f.).
13 Streminger (1999: 24). Smith selbst trennt nicht zwischen Wissenschaft, Naturwissenschaft, Kunst oder Philosophie. So spricht er beispielsweise von der »chemical philosophy« oder nennt gar die mechani-

sche, chemische, astronomische, moralische, politische usw. »Philosophie« als Aufgabenfeld des Philosophen (HA 46, ED 570). William P.D. Wightman (1982: 12) bemerkt zu dieser Sichtweise Smiths: »In fact the terms Philosophy, physics, arts, science and natural philosophy are used almost indiscriminately.«

14 Vgl. Raphael (1991: 118).

15 Gemeint ist an dieser Stelle wahrscheinlich Julien Offray de La Mettrie (HA 47, Fußnote 16).

16 Raphael (1991: 120).

17 Vgl. Stewart (1982: 293).

18 Schröder (1990: 279 f.).

19 Aristoteles teilte die Philosophie in theoretische, praktische und poietische Disziplinen. Zur praktischen Philosophie zählte er die Politik, die Ökonomie und die Ethik.

20 Vgl. Ross (1998: 101).

21 Vgl. Ross (1998: 35-41).

22 Vgl. West (1976: 28 f.).

23 Vgl. Streminger (1999: 16 f.).

24 Vgl. Streminger (1999: 12). Ian Simpson Ross (1998: 57) geht jedoch davon aus, dass Smith bereits früher zur Schule ging und als Achtjähriger zu David Miller wechselte. »Nachdem Smith die ›kleine Schule‹ hinter sich hatte, scheint er von 1731-1737 bei David Miller eine höhere absolviert zu haben.«

25 Vgl. Streminger (1999: 14-17) und Ross (1998: 63-66).

26 Vgl. West (1976: 28), Streminger (1999: 12) und Ross (1998: 56 f.).

27 Vgl. Streminger (1999: 13).

28 Vgl. Ross (1998: 62 f.), Streminger (1999: 17) und Fontane (1991: 102 ff.).

29 Vgl. West (1976: 41).

30 Vgl. Raphael (1991: 18).

31 Vgl. Ross (1998: 75 ff.) und Streminger (1999: 17 f.).

32 Alexander Dunlop galt als herausragender Vertreter seines Fachs und dürfte Smiths Bewunderung für die antike Philosophie, insbesondere die Stoa entfacht haben. Vgl. Ross (1998: 86 f. u. 102).

33 Vgl. West (1976: 41 ff.) und Raphael (1991: 18).

34 Vgl. West (1976: 42 f.) und Streminger (1999: 19).

35 Streminger (1999: 19) geht davon aus, Smith habe sein Studium in Glasgow mit einem Master-Degree abgeschlossen. Demgegenüber

verweist Ross (1998: 121) darauf, dass Smith mit Vorlage seiner Stipendienbescheinigung am Balliol College ausdrücklich belegte, noch keinen akademischen Grad, weder in Glasgow noch andernorts, erworben zu haben.

36 Vgl. Raphael (1991: 19) und Streminger (1999: 19).

37 Vgl. West (1976: 44).

38 Vgl. Ross (1998: 131) und Streminger (1999: 20).

39 Vgl. Ross (1998: 229). An anderer Stelle nennt Ross den 4. Februar 1749 als den Tag der Verzichtserklärung, vgl. Ross (1998: 144). Für das letztgenannte Datum spricht auch ein Brief Smiths an den ehemaligen Vize-Kanzler der Universität Oxford Theophilus Leigh vom 4. Februar 1749 in dieser Angelegenheit (CO 3 f.).

40 Vgl. Ross (1998: 135) und West (1976: 49).

41 Vgl. West (1976: 51 f.).

42 Vgl. Streminger (1999: 21 ff.).

43 Eine Schilderung des Eindrucks, den Smith bei seinen Zuhörern machte, gibt Ross (1998: 146).

44 Vgl. Stewart (1982: 273 f.).

45 Vgl. Raphael (1991: 20 f.).

46 Vgl. Ross (1998: 179-182).

47 Vgl. Streminger (1999: 27) und West (1976: 73). Bereits zu dieser Zeit nimmt Smith wesentliche Gedanken der *Theory of Moral Sentiments* und des *Wealth of Nations* in seinen Vorlesungen vorweg. Die Annahme, Smiths ökonomisches Werk gründe auf den Ideen der französischen Ökonomen, deren Bekanntschaft er in Paris machte, erweist sich angesichts der beiden erhalten gebliebenen Vorlesungsmitschriften aus den Jahren 1762/1763 und 1763/1764 als unhaltbar.

48 Vgl. Streminger (1999: 27 ff.), Ross (1998: 195-198) und Raphael (1991: 21 f.).

49 Vgl. Streminger (1999: 51).

50 Vgl. Ross (1998: 222-229) und Raphael (1991: 22).

51 Vgl. Streminger (1999: 145).

52 Vgl. Ross (1998: 183 f.).

53 Vgl. Streminger (1999: 29 f.) und Raphael (1991: 22).

54 Vgl. Ross (1998: 232).

55 Vgl. Ross (1998: 231 f., 236 f.) und Raphael (1991: 26).

56 Vgl. Ross (1998: 231) und Raphael (1991: 27). Andere Quellen sprechen von 300 Pfund Jahresgehalt zuzüglich Reisespesen für die Betreuung des Duke of Buccleuch; vgl. Streminger (1999: 66) und West (1976: 150).

57 Vgl. Streminger (1999: 68 f.).

58 Vgl. Streminger (1999: 69).

59 Vgl. West (1976: 153).

60 Vgl. Streminger (1999: 71) und Ross (1998: 302-306).

61 Vgl. Raphael (1991: 30).

62 Vgl. hierzu Voltaires Schrift *Über Toleranz, veranlasst durch die Hinrichtung des Johann Calas im Jahre 1762*, Voltaire (1986a: 84-256).

63 Vgl. Ross (1998: 297 f.) und Streminger (1999: 70).

64 Rousseaus Paranoia ging so weit, Hume zu beschuldigen, er zettle eine internationale Verschwörung gegen ihn an mit dem Ziel, ihn irgendwo in England verscharren zu lassen. Hume ist empört und überlegt, gegen Rousseau zu schreiben. Smith beruhigt Hume in seinem Brief vom 6. Juli 1766 und rät ihm auch im Namen aller Pariser Freunde, nichts dergleichen zu unternehmen, da Rousseau genau hierauf zu warten scheine. Er stehe in Gefahr, in Vergessenheit zu geraten, und versuche nun, indem er einen berühmten Mann herausfordere, sich interessant zu machen (CO 112 f.). Hume folgt nicht dem Rat seines Freundes und sendet die Briefe zu d'Alembert nach Paris, der den Briefwechsel Humes mit Rousseau im Oktober 1766 auf Französisch und im November desselben Jahres auf Englisch veröffentlicht; vgl. Streminger (1999: 76). Rousseau kontert 1776 mit seiner Schrift *Rousseau richtet über Jean-Jacques*, in der er auf die Einschätzung seiner Person durch Hume Bezug nimmt; vgl. Rousseau (1981: 345 f.).

65 Vgl. Streminger (1999: 73-76).

66 Vgl. Raphael (1991: 31 f.).

67 Vgl. Ross (1998: 318 ff.), West (1976: 176 f.) und Streminger (1999: 76 f.).

68 Vgl. Streminger (1999: 78 f.) und Ross (1998: 324 ff.).

69 Die zweite Auflage war bereits 1761 erschienen.

70 Vermutlich hatte Smith bereits in Toulouse damit begonnen, den »Early Draft« seines *Wealth of Nations* auszubauen; andere Quellen spekulieren jedoch, dass Smith in Toulouse ein eigenständiges Buch

über Steuerfragen in Angriff genommen hat, das jedoch nicht erhalten blieb. Vgl. Ross (1998: 300).

71 Vgl. Ross (1998: 356).

72 Vgl. Ross (1998: 356) und Streminger (1999: 82).

73 Vgl. Streminger (1999: 82).

74 Vgl. Streminger (1999: 83).

75 Vgl. Streminger (1999: 84 f.) und Ross (1998: 367 ff.).

76 Vgl. Raphael (1991: 33 f.).

77 Vgl. Streminger (1999: 110).

78 Vgl. Streminger (1999: 110 ff.).

79 Vgl. Ross (1998: 429).

80 Vgl. Streminger (1999: 112 f.) und Ross (1998: 430-433).

81 Vgl. Ross (1998: 435 ff.).

82 Vgl. Ross (1998: 438).

83 Fontane (1991: 63). Eine ähnliche Anekdote berichtet Walter Scott. Bei einer Teegesellschaft im Hause Smith habe Adam Smith Janet Douglas schier zur Verzweiflung gebracht, da er, anstatt sich zu setzen, ständig herumlief und Zucker aus der Dose stibitzte. Schließlich musste Janet Douglas die Dose in den Schoß nehmen, um sie vor weiteren Plünderungen zu schützen; vgl. Ross (1998: 441 f.) und Raphael (1991: 37).

84 Vgl. Ross (1998: 436) und Raphael (1991: 36).

85 Vgl. Ross (1998: 448).

86 Vgl. Streminger (1999: 122 f.) und Raphael (1991: 37).

87 Vgl. Ross (1998: 448) und Streminger (1999: 121).

88 Vgl. Ross (1998: 448 f.).

89 Vgl. Ross (1998: 501) und Streminger (1999: 125).

90 Vgl. Streminger (1999: 127 f.) und Ross (1998: 529 f.).

91 Streminger (1999: 129 ff.) und Ross (1998: 561-565).

92 Vgl. Ross (1998: 569 f.).

93 Vgl. Stewart (1982: 325 f.), Rea/Scott (1971: 70) und Streminger (1999: 133).

94 Stewart (1982: 278 f.).

95 Paszkowski (1890: 10).

96 Smith bezeichnet den Begriff des Mitgefühls im englischen Original treffend als »fellow-feeling«.

97 Dass Smith den Begriff der Sympathie in diesem Sinne verstanden wissen möchte, erhellt insbesondere die Verwendungsweise des Sympathiebegriffs in den *Lectures on Rhetoric and Belles Lettres*. Hier schreibt er: »When the sentiment of the speaker is expressed in a neat, clear, plain and clever manner, and the passion or affection he is possessed of and intends, by sympathy, to communicate to his hearer, is plainly and cleverly hit of, then and then only the expression has all the force and beauty that language can give it.« (BL 25) Zur Auslegung des Sympathiebegriffes vgl. auch Campbell/Skinner (1985: 101) u. Kaufmann (1984: 174-178).

98 An anderer Stelle nennt Smith vier Wirkungen: »Wir sympathisieren erstens mit den Beweggründen des Handelnden; wir nehmen zweitens teil an der Dankbarkeit derjenigen, die die wohltätigen Folgen einer Handlung empfangen; wir beobachten drittens, dass sein Verhalten den allgemeinen Regeln angemessen gewesen ist, nach denen jene beiden Formen der Sympathie sich gewöhnlich richten, und wenn wir schließlich solche Handlungen als Teile eines ganzen Systems von Verhaltensweisen betrachten, welches die Tendenz hat, die Glückseligkeit des Individuums oder der Gemeinschaft zu fördern, dann scheinen sie uns aus dieser Nützlichkeit eine Schönheit zu gewinnen, die derjenigen nicht unähnlich ist, die wir einer gut konstruierten Maschine zuschreiben.« (TM 544)

99 »Es ist überall nichts in der Welt, ja auch außer derselben zu denken möglich, was ohne Einschränkung für gut könnte gehalten werden, als allein ein guter Wille.« (Kant 1989a: BA 1)

100 »Der Mensch wünscht naturgemäß nicht nur, geliebt zu werden, sondern auch liebenswert zu sein. [...] Er fürchtet von Natur aus nicht nur, gehasst zu werden, sondern auch hassenswert zu sein [...]«. (TM 171)

101 Der Begriff des »ideal role-taking« wird von Kohlberg in seiner *Psychologie der Moralentwicklung* exakt dazu verwendet, diese Prozedur zu beschreiben. Vgl. Kohlberg (1996: 344f. u. 349f.).

102 Smith verweist hierbei explizit auf Hume (TM 308). Dieser hatte in seinem *Traktat über die menschliche Natur* behauptet: »Die Bequemlichkeit eines Hauses, die Fruchtbarkeit eines Feldes, die Kraft eines Pferdes, die Geräumigkeit, Sicherheit und Schnelligkeit eines Schiffes, bilden die Hauptschönheit dieser Dinge. Der Gegenstand, der hier schön genannt wird, gefällt nur durch seine Fähigkeit, eine ge-

wisse Wirkung hervorzubringen. Diese Wirkung besteht in dem Vergnügen oder dem Nutzen einer anderen Person. [...] Dasselbe Prinzip nun erzeugt in vielen Fällen ebenso wie unser Schönheitsgefühl so auch unser Gefühl des sittliche Wertes.« (Hume 1978: 329 f.)

103 Wie Ian Simpson Ross (1998: 536 ff.) und Gerhard Streminger (1999: 135) ausführen, unterstreicht Smith in der sechsten Ausgabe der *Theory* die stoischen Wurzeln seines Denkens und stellt unter anderem die Bedeutung der Seelenruhe und der Selbstbeherrschung als zentrale Tugenden stärker in den Vordergrund. Zum Einfluss der stoischen Philosophie auf das Denken Adam Smiths vgl. auch Raphael/Macfie (1984: 5-10).

104 Mandeville (1980: 386).

105 Quesnay (1965).

106 Vgl. hierzu u.a. Xenophon (1992), Machiavelli (1978: Kapitel XVI) und Voltaire (1986b: 307-316).

107 So etwa schlägt Smith vor, zur Finanzierung staatlicher Aufgaben zunächst das Vermögen der Krone zu verwenden, um so die Staatsverschuldung und die Steuerlast gering zu halten: »In jeder großen Monarchie in Europa würde der Verkauf von Kronland zu ganz beachtlichen Geldeinnahmen führen, die, zur Tilgung der Staatsschulden verwendet, ein weit höheres Einkommen von der Beleihung befreien würden, als Grund und Boden jemals der Krone eingebracht haben.« (WN 702)

108 Vgl. Raphael (1991: 120).

109 Vgl. auch LJB 180 f. u. ED 564 f.

110 Smith ist an dieser Stelle jedoch vorsichtiger, als dies in der Übersetzung von Claus Recktenwald zum Ausdruck kommt. Wörtlich spricht er von der Berücksichtigung der eigenen Interessen, was die Beachtung der Interessen der anderen ja nicht ausschließt. Allerdings benutzt Smith an anderer Stelle durchaus auch deutlichere Worte: »Der Brauer und der Bäcker bedienen uns nicht aus Wohlwollen [...], sondern aus Eigennutz (selflove).« (LJB 185)

111 Vgl. u.a. Platon (1994: 369 b-370 c) und Aristoteles (1995: 1290 b 39-1291 b 1).

112 »Die Teilung des Reichtums erfolgt nicht entsprechend der Arbeit. Der Reichtum des Kaufmanns ist größer als derjenige all seiner Angestellten, obwohl er weniger arbeitet; und diese wiederum haben

sechsmal mehr als eine gleiche Zahl von Handwerkern, die mehr beschäftigt sind. Der Handwerker, der ungezwungen zu Hause arbeitet, hat weit mehr als der arme ungelernte Arbeiter, der sich ohne Rast abmüht. So hat jener, der sozusagen die Last der Gesellschaft trägt, am wenigsten Vorteile.« (LJB 180)

113 Vgl. auch ED 562f.

114 Streminger (1999: Fußnote 103, 143).

115 So etwa bemerkt David Ricardo: »Aber es ist richtig zu sagen, wie Adam Smith vorher festgestellt hat, dass das ›Verhältnis zwischen den zur Erlangung verschiedener Gegenstände erforderlichen Arbeitsmengen die einzige Grundlage zu sein scheint, aus der irgendeine Regel für den wechselseitigen Austausch abgeleitet werden kann‹ [...]«. (Ricardo 1994: 10) Und bei Karl Marx heißt es: »Als Gebrauchswert sind die Waren vor allem verschiedener Qualität, als Tauschwert können sie nur verschiedener Quantität sein, enthalten also kein Atom Gebrauchswert. Sieht man nun vom Gebrauchswert der Warenkörper ab, so bleibt ihnen nur noch eine Eigenschaft, die von Arbeitsprodukten.« (Marx 1974: I, 52)

116 Unter »Nachfrage« möchte Smith an dieser Stelle ausdrücklich die »effektive Nachfrage« verstanden wissen. Zu den effektiven Nachfragern zählen für Smith alle, die bereit sind, den natürlichen Preis, bestehend aus Grundrente, Arbeitslöhnen und Unternehmergewinn, zu bezahlen, und so bewirken, dass die Ware tatsächlich auf dem Markt erscheint. Davon zu unterscheiden ist die latente Nachfrage. Latente und effektive Nachfrage ergeben die absolute Nachfrage (WN 49).

117 »Die allgemeine Idee, die sich aus Smiths Erörterung der Höhe des Arbeitslohns ergibt, ist die eines Gleichgewichts zwischen der Unannehmlichkeit eines Berufs und der Annehmlichkeit des mit ihm verbundenen Verdienstes.« (Raphael 1991: 74)

118 Vgl. Raphael (1991: 86 f.). Vgl. hierzu auch Ross (1998: 166), kritisch Sturn (1991: 99-112).

119 Vgl. Wieland (1991: 226).

120 Montesquieu (1992: 41).

121 Raphael (1991: 86).

122 Vgl. Raphael (1991: 86f.). Zur Interpretation der »invisible hand« vgl. auch West (1976: 210 f.) u. Kittsteiner (1984: 42).

123 Wieland (1991: 227).

124 Vgl. hierzu auch Streißler (1984: 28 f.).

125 So etwa ist für Friedrich August von Hayek die Moral ein Produkt der »natürlichen Freiheit«. Ähnlich wie die menschliche Vernunft dient die Moral damit gesellschaftlichen Zwecken. »Die Moralregeln sind instrumental in dem Sinne, dass sie hauptsächlich eine Hilfe für die Erreichung anderer menschlicher Werte sind; da wir jedoch nur selten wissen können, was von ihrer Befolgung im einzelnen Fall abhängt, muss diese Befolgung als ein Wert an sich angesehen werden, als eine Art Zwischenziel, das wir verfolgen müssen, ohne im besonderen Fall nach seiner Berechtigung zu fragen.« (Hayek 1991: 84)

126 Streminger (1999: 105).

127 Streminger (1999: 49).

128 Vgl. Streminger (1999: 51 f.).

129 Peter Ulrich und Ulrich Thielemann sprechen in diesem Zusammenhang vom Glauben an eine Metaphysik des Marktes (Ulrich/Thielemann 1993: 64 f.).

130 Raphael (1991: 88).

131 Dieter Birnbacher spricht hier von moralischer Distanz und verweist exemplarisch auf die moralpsychologischen Untersuchungen Adam Smiths (Birnbacher 1988: 33 f.).

132 Diese »moralische Distanz« zu anderen sieht Smith als weise Einrichtung der Natur: »Wozu sollen wir uns wegen der Leute auf dem Mond beunruhigen? Alle Menschen, auch jene, die am weitesten von uns entfernt sind, haben zweifellos Anspruch auf unsere guten Wünsche, und wir geben ihnen unsere guten Wünsche gerne. Wenn sie aber trotzdem unglücklich sein sollten, dann würde es uns keineswegs zu unseren Pflichten zu gehören scheinen, dass wir uns deswegen irgendwelche Sorgen machen. Darum scheint es weise von der Natur eingerichtet, dass wir nur wenig an dem Schicksal derjenigen Menschen Anteil nehmen, denen wir weder Dienste erweisen noch Schaden zufügen können [...].« (TM 207)

133 Claus Recktenwald intepretiert dieses gesellschaftlich akzeptierte Maß an Selbstinteresse dabei als eine Art Mittelmaß im Sinne der aristotelischen Mesoteslehre: »Ein Zuviel an Selbstinteresse (nämlich Egoismus oder Selbstsucht) wird moralisch ebenso missbilligt wie ein Zuwenig (etwa Faulheit, Leistungsverweigerung).« (Recktenwald 1989: 140)

134 In den Ausgaben zwei bis fünf der *Theory* betont Smith diesen Aspekt weitaus stärker als in der sechsten Auflage. Hier spricht er davon, dass der Schöpfer der Natur den Menschen zum unmittelbaren Richter über das Verhalten seiner Mitmenschen bestimmt hat; der Mensch sei nach Gottes Ebenbild geschaffen und von Gott als sein Statthalter auf Erden ernannt, damit er das Verhalten seiner Mitbrüder überwache (TM 128 ff., engl. Ausg.). Eine Zusammenfassung gibt die deutsche Übersetzung im Anhang (WN 279 f., dt. Ausg.).

135 Kant verdeutlicht dies am Beispiel des Kaufmanns: Wenn er aus Klugheitsüberlegungen und aus Furcht vor möglichen Sanktionen darauf verzichtet, seine Kunden zu übervorteilen, handelt er pflichtgemäß, aber nicht aus Pflicht. Handelt er jedoch im Bewusstsein, dass die Grundsätze der Ehrlichkeit ein Gebot der Moral sind, die unter allen Umständen beachtet werden sollen, handelt er aus Pflicht, mithin moralisch richtig (Kant 1989a: BA 8 ff.). Allerdings unterscheidet sich Smith insofern von Kant, wie Recktenwald zu Recht betont, als er seine Moralphilosophie nicht strikt auf die Vernunft, sondern auf die natürlichen, gottgegebenen Gefühle der Menschen zurückführt. Vgl. auch Recktenwald (1990: XLII).

136 Ausführlich beschreibt Adam Smith seine Vorstellungen in einem Brief an Gilbert Elliot, in dem er einige editorische Anmerkungen für die zweite Auflage der *Theory of Moral Sentiments* übermittelt. Hier spricht Smith vom »Tribunal in unserer Brust«, das unsere schlechten Taten auch dann verurteilt, wenn die ganze Welt sie bejubeln würde (CO 53 f.).

137 Vgl. Recktenwald (1990: XLI) und Recktenwald (1989: 141 ff.).

138 Daniel Brühlmeier bezeichnet dies als die liberale und die republikanische Perspektive, die im politischen Denken Adam Smiths zusammenwirkten. Nur die Gewährung von Freiheit in wirtschaftlichen Belangen einerseits und Eigenverantwortlichkeit jedes Einzelnen für das Gedeihen des Staates andererseits könnten die Ausgangsbasis für die Entwicklung eines tragfähigen Gesellschaftssystems bilden. Vgl. Brühlmeier (1991: 281-290).

139 Vgl. hierzu unter anderem: Oncken (1898: 25-33, 101-108 u. 276-287), Eckstein (1985: LIII-LVIII) und Raphael (1991: 102 ff.). Eine Übersicht über die im Laufe der Zeit erfolgten Versuche, das Adam-Smith-Problem zu lösen, legt Martin Patzen vor. Vgl. Patzen (1991: 24-28).

140 Patzen (1991: 28).
141 Vgl. Brentano (1877: 60ff.).
142 Brentano (1877: 61).
143 Skarzinsky (1878: 183). Zur eingehenden Kritik der Position Skarzinskys vgl. Raphael/Macfie (1984: 20-25).
144 Vgl. Raphael/Macfie (1984: 20). Walther Eckstein betont, dass Smith seine Verurteilung des Egoismus an einigen Stellen sogar präzisiert und schärfer gefasst habe als in den vorangegangenen Ausgaben. Vgl. Eckstein (1985: LII).
145 Vgl. auch Ross (1998: 533 f.).
146 Raphael (1991: 38).
147 Offensichtlich nicht ganz zu Unrecht spricht Claus Recktenwald hier von einer aristotelischen Verknüpfung von Ethik, Ökonomie und Politik in der Gesamtkonzeption Smiths praktischer Philosophie. Vgl. Recktenwald (1985: 144).
148 Raphael/Macfie (1984: 20).
149 Paszkowski (1890: 40).
150 Paszkowski (1890: 41 f.).
151 Vgl. Raphael (1991: 109f.).
152 Raphael (1991: 109).
153 West (1976: 99). Dieser Auffassung folgt unter anderem Meyer-Faje; für ihn »bilden Selbstinteresse und Sympathie bei Smith eine Einheit« (Meyer-Faje 1991: 318).
154 Vgl. Ulrich (1991: 166-170).
155 Ulrich (1991: 170).
156 Ulrich (1991: 172).
157 Raphael (1991: 109).
158 Zur gegenwärtigen Diskussion um den »homo oeconomicus« und seine theoriegeschichtlichen Grundlagen vgl. ausführlich u.a. Stadermann (1987), Kirchgässner (1991) und Manstetten (2004).
159 Manstetten (2004: 233).
160 Manstetten (2004: 234).
161 Vgl. Mill (1976: 161 f. u. 167 f.)
162 Manstetten (2004: 47).
163 Manstetten (2004: 61).
164 Manstetten (2004: 47).
165 Vgl. hierzu auch Brühlmeier (1996: 21 f.).

166 *Das liberale Manifest*, unveröffentlichter Vortrag von Adam Smith im »Political Economy Club« aus dem Jahre 1755, zit. nach Streminger (1999: 35). Vgl. hierzu auch Stewart (1982: 322).
167 Streminger (1999: 99).
168 Vgl. Gretschmann (1984: 126).
169 Meyer-Faje (1991: 316).
170 Vgl. Streminger (1999: 96).
171 So etwa schlug John Locke in einer Empfehlung an das »Board of Trade to the Lords Justices, Respecting the Relief and Employment of the Poor« vor, arbeitsfähige Männer, Frauen und Kinder in Arbeitshäusern (houses of correction) und Arbeitsschulen (working-schools) zu »erziehen«. »That if any boy or girl, under fourteen years of age, shall be found begging out of the parish where they dwell [...], they shall be sent to the next working-school, there to be foundly whipt, and kept at work till evening [...].« (Locke 1997: 107) Vgl. auch Peters (1997: 230).
172 Vgl. Ross (1998: 594 f.).
173 Vgl. Ross (1998: 204 f.) u. Raphael (1991: 28).
174 Vgl. Ross (1998: 288 f.).
175 Lessing (1988: 189).
176 Zit. nach Streminger (1999: 80); vgl. auch Ross (1998: 288 ff.).
177 Vgl. Kant (1989b: AB 127).
178 Vgl. Kant (1991b: BA 136).
179 Vgl. Ross (1998: 289).
180 Kant (1991a: A 392 ff.).
181 Kant (1989a: BA 2).
182 Vgl. Ross (1998: 289).
183 Eckstein (1985: LXIII).
184 Eckstein (1985: XXIV).
185 Vgl. Ross (1998: 594 ff.).
186 Raphael (1991: 13).
187 Schmoller (1923: 92).
188 Vgl. Hayek (1994: 100 f.).
189 In seinen *Lectures on Jurisprudence* geht Smith davon aus, dass sich das Rechtssystem und die politische Ordnung einer Gesellschaft ihrem Entwicklungsstand anpassen: »So gibt es unter Jägern keine richtige Regierung; sie leben gemäß den Gesetzen der Natur. Es war die An-

eignung von Rindern und Schafen, welche die Ungleichheit des Besitzes mit sich brachte, die erstmals Anlass zu einer richtigen Regierung gab. Ohne Eigentum kann es keine Regierung geben, denn ihr wahrer Zweck ist die Sicherung des Reichtums und der Schutz der Reichen vor den Armen [...].« (LJB 47)

190 Hayek (1991: 70).

191 Sen (2003: 112 f.).

192 Kohlberg (1996: 344 f.).

193 Vgl. Rizzolatti/Fogassi/Galese (2007: 49-55).

194 Ramachandran/Oberman (2007: 45).

Literatur

Siglen

TM Smith, Adam (1984): The Theory of Moral Sentiments. The Glasgow Edition of the Works and Correspondence of Adam Smith. Bd. 1, hrsg. von David D. Raphael und Alec L. Macfie. Nachdruck: Liberty Fund, Indianapolis.
Deutsche Ausgabe: Smith, Adam (2004): Theorie der ethischen Gefühle, hrsg. von Walther Eckstein. Felix Meiner Verlag, Hamburg.

WN Smith, Adam (1981): An Inquiry into the Nature and Causes of the Wealth of Nations. The Glasgow Edition of the Works and Correspondence of Adam Smith. Bd. 2, hrsg. von Roy Hutcheson Campbell und Andrew Stewart. Nachdruck: Liberty Fund, Indianapolis in 2 Bdn.
Deutsche Ausgabe: Smith, Adam (2005): Der Wohlstand der Nationen, hrsg. von Horst Claus Recktenwald. Deutscher Taschenbuch Verlag, München, 11. Aufl.

HA Smith, Adam (1982): History of Astronomy, in: ders., Essays on Philosophical Subjects. The Glasgow Edition of the Works and Correspondence of Adam Smith. Bd. 3, hrsg. von William P.D. Wightman und J.C. Bryce. Nachdruck: Liberty Fund, Indianapolis.

BL Smith, Adam (1985): Lectures on Rhetoric and Belles Lettres. The Glasgow Edition of the Works and Correspondence of Adam Smith. Bd. 4, hrsg. von J.C. Bryce. Nachdruck: Liberty Fund, Indianapolis.

LJA Smith, Adam (1982): Lectures on Jurisprudence, Report of 1762-3. The Glasgow Edition of the Works and Correspondence of Adam Smith. Bd. 5, hrsg. von Ronald L. Meek, David D. Raphael, Peter G. Stein. Nachdruck: Liberty Fund, Indianapolis.

LJB Smith, Adam (1982): Lectures on Jurisprudence, Report dated 1766. The Glasgow Edition of the Works and Correspondence of Adam Smith. Bd. 5, hrsg. von Ronald L. Meek, David D. Raphael, Peter G. Stein. Nachdruck: Liberty Fund, Indianapolis. Deutsche Ausgabe: Smith, Adam (1996): Vorlesungen über Rechts- und Staatswissenschaft, hrsg. von Daniel Brühlmeier. Academia Verlag, St. Augustin.

ED Smith, Adam (1982): »Early Draft of Part of the Wealth of Nations«, in: ders., Lectures on Jurisprudence. The Glasgow Edition of the Works and Correspondence of Adam Smith. Bd. 5, hrsg. von Ronald L. Meek, David D. Raphael, Peter G. Stein. Nachdruck: Liberty Fund, Indianapolis.

CO Smith, Adam (1987): The Correspondence of Adam Smith. The Glasgow Edition of the Works and Correspondence of Adam Smith. Bd. 6, hrsg. von Ernest C. Mossner und Ian S. Ross. Nachdruck: Liberty Fund, Indianapolis.

Die im Text verwendeten Seitenzahlen beziehen sich bei TM, WN und LJB jeweils auf die oben genannten deutschen Ausgaben; alle übrigen Siglen beziehen sich auf die Glasgow Edition der gesammelten Werke Adam Smiths. Die Rechtschreibung wurde der neuen Rechtschreibung angepasst.

Werke Adam Smiths in deutscher Übersetzung (Auswahl):

Smith, Adam (2004): Theorie der ethischen Gefühle, hrsg. von Walther Eckstein. Felix Meiner Verlag, Hamburg, 5. Aufl.

Smith, Adam (2004): Theorie der ethischen Gefühle, hrsg. von Walther Eckstein. Felix Meiner Verlag, Hamburg, Sonderausgabe.

Smith, Adam (2005): Untersuchung über Wesen und Ursachen des Reichtums der Völker, hrsg. von Erich W. Streissler. Verlag UTB Mohr Siebeck, Tübingen.

Smith, Adam (1999): Der Wohlstand der Nationen, hrsg. von Horst Claus Recktenwald. Deutscher Taschenbuch Verlag, München, 8. Aufl.

Smith, Adam (1999): Untersuchung über Wesen und Ursachen des Reichtums der Völker, hrsg. von Erich W. Streissler. Verlag Wirtschaft und Finanzen, Düsseldorf.

Smith, Adam (1996): Vorlesungen über Rechts und Staatswissenschaft, hrsg. von Daniel Brühlmeier. Academia Verlag, St. Augustin.

Sekundärquellen

Aristoteles (1995): Politik, in: ders., Philosophische Schriften in 6 Bdn., hrsg. von Eugen Rolfes. Felix Meiner Verlag, Hamburg. Bd. 4.

Birnbacher, Dieter (1988): Verantwortung für zukünftige Generationen. Reclam, Stuttgart.

Brentano, Lujo (1877): Das Arbeitsverhältnis gemäß dem heutigen Recht. Leipzig 1877. Nachdruck: Keip Verlag, Goldbach.

Brühlmeier, Daniel (1991): Adam Smith als politischer Denker im Kontext von Liberalismus, Institutionalismus und Republikanismus, in: Meyer-Faje, Arnold und Ulrich, Peter (Hrsg.): Der andere Adam Smith – Beiträge zur Neubestimmung von Ökonomie als Politischer Ökonomie. Haupt Verlag, Bern, S. 277-302.

Brühlmeier, Daniel (1996): Einleitung, in: Smith, Adam: Vorlesungen über Rechts- und Staatswissenschaft. Academia Verlag, St. Augustin.

Campbell, Roy Hutcheson u. Skinner, Andrew Stewart (1985): Adam Smith. Croom Helm, London, 2. Aufl.

Eckstein, Walther (1985): Einleitung des Herausgebers, in: Smith, Adam: Theorie der ethischen Gefühle. Felix Meiner Verlag, Hamburg.

Fontane, Theodor (1991): Wanderung durch England und Schottland, 2 Bde., Verlag der Nationen, Berlin, Bd. 2, 2. Aufl.

Gay, Peter (1999): Die Macht des Herzens – Das 19. Jahrhundert und die Erforschung des Ich. Siedler, München.

Gay, Peter (2000): Kult der Gewalt – Aggression im bürgerlichen Zeitalter. Siedler, München.

Gretschmann, Klaus (1984): Markt und Staat bei Adam Smith – Eine neue Antwort auf eine alte Frage?, in: Kaufmann, Franz-Xaver und Krüsselberg, Hans-Günter (Hrsg.): Markt, Staat und Solidarität bei Adam Smith. Campus Verlag, Frankfurt am Main, S. 114-134.

Hayek, Friedrich August von (1991): Die Verfassung der Freiheit. J.C.B. Mohr, Tübingen.

Hayek, Friedrich August von (1994): Die Ergebnisse menschlichen Handelns, aber nicht menschlichen Entwurfs, in: ders., Freiburger Studien. J.C.B. Mohr, Tübingen, S. 97-107.
Hobbes, Thomas (1980): Leviathan. Reclam, Stuttgart.
Hume, David (1978): Ein Traktat über die menschliche Natur, 2 Bde., hrsg. von Reinhard Brandt. Felix Meiner Verlag, Hamburg, Bd. 2.
Kant, Immanuel (1989a): Grundlegung zur Metaphysik der Sitten, in: Werkausgabe in 12 Bdn., hrsg. von Wilhelm Weischedel, Bd. 7. Suhrkamp Taschenbuch Verlag, Frankfurt am Main, 10. Aufl.
Kant, Immanuel (1989b): Metaphysik der Sitten, in: Werkausgabe in 12 Bdn., hrsg. von Wilhelm Weischedel, Bd. 8. Suhrkamp Taschenbuch Verlag, Frankfurt am Main, 8. Aufl.
Kant, Immanuel (1991a): Idee zu einer allgemeinen Geschichte in weltbürgerlicher Absicht, in: Werkausgabe in 12 Bdn., hrsg. von Wilhelm Weischedel, Bd. 11. Suhrkamp Taschenbuch Verlag, Frankfurt am Main, 9. Aufl.
Kant, Immanuel (1991b): Anthropologie in pragmatischer Hinsicht, in: Werkausgabe in 12 Bdn., hrsg. von Wilhelm Weischedel, Bd. 12. Suhrkamp Taschenbuch Verlag, Frankfurt am Main, 8. Aufl.
Kaufmann, Franz-Xaver (1984): Solidarität als Steuerungsform – Erklärungsansätze bei Adam Smith, in: Kaufmann, Franz-Xaver und Krüsselberg, Hans-Günter (Hrsg.): Markt, Staat und Solidarität bei Adam Smith. Campus Verlag, Frankfurt am Main, S. 158-184.
Kirchgässner, Gerhard (1991): Homo Oeconomicus. J.C.B. Mohr, Tübingen.
Kittsteiner, Heinz-Dieter (1984): Ethik und Teleologie: Das Problem der »unsichtbaren Hand« bei Adam Smith, in: Kaufmann, Franz-Xaver, und Krüsselberg, Hans-Günter (Hrsg.): Markt, Staat und Solidarität bei Adam Smith. Campus Verlag, Frankfurt am Main, S. 41-73.
Kohlberg, Lawrence (1996): Die Psychologie der Moralentwicklung. Suhrkamp Taschenbuch Verlag, Frankfurt am Main.
Lessing, Gotthold Ephraim (1988): Laokoon oder Über die Grenzen der Malerei und Poesie, in: ders., Werke in 5 Bdn., hrsg. v. Karl Balser und Heinz Stolpe, Bd. 3. Aufbau Verlag, Berlin, 10. Aufl.
Locke, John (1997): A Report of the Board of Trade to the Lords Justices, Respecting the Relief and Employment of the Poor, in: Peters, Jörg Thomas (Anhang): Der Arbeitsbegriff bei John Locke. Lit Verlag, Münster.

Locke, John (1999): Über die Regierung (The Second Treatise of Government). Reclam, Stuttgart.
Machiavelli, Niccolò (1978): Der Fürst. Alfred Kröner Verlag, Stuttgart.
Mandeville, Bernard (1980): Die Bienenfabel oder Private Laster, öffentliche Vorteile. Suhrkamp Verlag, Frankfurt am Main.
Manstetten, Reiner (2004): Das Menschenbild der Ökonomie – Der homo oeconomicus und die Anthropologie von Adam Smith. Verlag Karl Alber, Freiburg, 3. Aufl.
Marx, Karl (1974): Das Kapital – Kritik der politischen Ökonomie in 3 Bdn. Dietz Verlag, Berlin.
Meyer-Faje, Arnold (1991): Adam Smiths politökonomisches System – eine Antwort auf die Gefährdung der Conditio humana, in: Meyer-Faje, Arnold und Ulrich, Peter (Hrsg.): Der andere Adam Smith – Beiträge zur Neubestimmung von Ökonomie als Politischer Ökonomie. Haupt Verlag, Bern, S. 303-340.
Montesquieu, Charles-Louis de Secondat (1992): Vom Geist der Gesetze, 2 Bde. J.C.B. Mohr, Tübingen, Bd.1, 2. Aufl.
Oncken, August (1898): Das Adam-Smith-Problem, in: Zeitschrift für Sozialwissenschaft, 1/1898, S. 25-33, S. 101-108 u. S. 276-287.
Paszkowski, Wilhelm (1890): Adam Smith als Moralphilosoph (Diss.). Halle an der Saale.
Patzen, Martin (1991): Zur Diskussion des Adam-Smith-Problems – ein Überblick, in: Meyer-Faje, Arnold und Ulrich, Peter (Hrsg.): Der andere Adam Smith – Beiträge zur Neubestimmung von Ökonomie als Politischer Ökonomie. Haupt Verlag, Bern, S. 21-54.
Peters, Jörg Thomas (1997): Der Arbeitsbegriff bei John Locke. Lit Verlag, Münster.
Platon (1994): Politeia, in: ders., Sämtliche Werke in 4 Bdn., hrsg. von Friedrich Schleiermacher. Rowohlt Verlag, Reinbek. Bd. 2.
Quesnay, François (1965): Tableau économique. Akademie Verlag, Berlin.
Ramachandran, Vilayanur S. und Oberman, Lindsay M. (2007): Der blinde Spiegel Autismus, in: Spekrum der Wissenschaft, April 2007, S. 43-49.
Raphael, David D. (1991): Adam Smith. Campus Verlag, Frankfurt am Main.
Raphael, David D. u. Macfie, Alec L. (1984): Introduction, in: Smith, Adam: The Theory of Moral Sentiments. The Glasgow edition of the

Works and Correspondence of Adam Smith. Bd. 1, hrsg. von David D. Raphael und Alec L. Macfie. Nachdruck: Liberty Fund, Indianapolis.

Rea, John u. Scott, William Robert (1971): Adam Smith, in: Recktenwald, Horst Claus (Hrsg.): Geschichte der Politischen Ökonomie. Alfred Kröner Verlag, Stuttgart, S. 56-70.

Recktenwald, Horst Claus (1985): Ethik, Selbstinteresse und bonum commune – Eine Analyse der klassischen Ordnungstheorie Adam Smiths, in: Enderle, Georges (Hrsg.): Ethik und Wirtschaftswissenschaft. Duncker & Humblot, Berlin, S. 143-161.

Recktenwald, Horst Claus (1989): Adam Smith, in: Starbatty, Joachim (Hrsg.): Klassiker des ökonomischen Denkens in 2 Bdn. Verlag C.H. Beck, München 1989, Bd.1, S. 134-155.

Recktenwald, Horst Claus (1990): Würdigung des Werkes, in: Smith, Adam: Der Wohlstand der Nationen. Deutscher Taschenbuch Verlag, München, 5. Aufl.

Ricardo, David (1994): Grundsätze der Politischen Ökonomie und der Besteuerung, hrsg. von Heinz D. Kurz. Metropolis Verlag, Marburg.

Rizzolatti, Giacomo, Fogassi, Leonardo u. Galese, Vittorio (2007): Spiegel im Gehirn, in: Spektrum der Wissenschaft, März 2007, S. 49-55.

Ross, Ian Simpson (1998): Adam Smith – Leben und Werk. Verlag Wirtschaft und Finanzen, Düsseldorf.

Rousseau, Jean-Jacques (1981): Rousseau richtet über Jean-Jacques, in: ders., Schriften in 2 Bdn., hrsg. von Henning Ritter. Ullstein, Frankfurt am Main, Bd. 2.

Rousseau, Jean-Jacques (1998): Vom Gesellschaftsvertrag oder Grundsätze des Staatsrechts. Reclam, Stuttgart.

Schmoller, Gustav (1923): Grundriß der Allgemeinen Volkswirtschaftslehre in 2 Bdn., Bd. 1. Duncker & Humblot, Berlin, 5. Aufl., Nachdruck 1978.

Schröder, Winfried (1990): Aufklärung, in: Sandkühler, Hans Jörg (Hrsg.): Europäische Enzyklopädie zur Philosophie und Wissenschaft in 4 Bdn. Felix Meiner Verlag, Hamburg, Bd. 1, S. 276-285.

Seifert, Eberhard K. (1991): Das Fortschrittsparadox bei Adam Smith – sein unvollendetes System einer Moralphilosophie in ökonomischer Absicht, in: Meyer-Faje, Arnold und Ulrich, Peter (Hrsg.): Der andere Adam Smith – Beiträge zur Neubestimmung von Ökonomie als Politischer Ökonomie. Haupt Verlag, Bern, S. 55-96.

Sen, Amartya (2003): Ökonomie für den Menschen – Wege zu Gerechtigkeit und Solidarität in der Marktwirtschaft. Deutscher Taschenbuch Verlag, München, 2. Aufl.

Skarzynski, Witold von: Adam Smith als Moralphilosoph und Schöpfer der Nationalökonomie. Verlag Theobald Grieben, Berlin 1878.

Stadermann, Hans-Joachim (1987): Ökonomische Vernunft. J.C.B. Mohr, Tübingen.

Stewart, Dugald (1982): Account of the Life and Writings of Adam Smith, in: Smith, Adam: Essays on Philosophical Subjects. The Glasgow Edition of the Works and Correspondence of Adam Smith. Bd. 3, hrsg. von William P.D. Wightman und J.C. Bryce. Nachdruck: Liberty Fund, Indianapolis.

Streißler, Erich (1984): Zur Vorgeschichte der wirtschaftspolitischen Vorstellungen Adam Smiths, in: Kaufmann, Franz-Xaver und Krüsselberg, Hans-Günter (Hrsg.): Markt, Staat und Solidarität bei Adam Smith. Campus Verlag, Frankfurt am Main, S. 15-40.

Streminger, Gerhard (1999): Adam Smith. Rowohlt Taschenbuch Verlag, Reinbek, 2. Aufl.

Sturn, Richard (1991): Soziales Handeln und ökonomischer Tausch – die stoischen Wuzeln Adam Smiths, in: Meyer-Faje, Arnold und Ulrich, Peter (Hrsg.): Der andere Adam Smith – Beiträge zur Neubestimmung von Ökonomie als Politischer Ökonomie. Haupt Verlag, Bern, S. 99-122.

Ulrich, Peter und Thielemann, Ulrich (1993): Wie denken Manager über Moral? in: Wieland, Josef (Hrsg.): Wirtschaftsethik und Theorie der Gesellschaft. Suhrkamp Taschenbuch Verlag, Frankfurt am Main, S. 54-91.

Voltaire, François Marie (1986a): Über Toleranz, veranlasst durch die Hinrichtung des Johann Calas im Jahre 1762, in: ders.: Recht und Politik, hrsg. von Günther Mensching. Syndikat, Frankfurt am Main.

Voltaire, François Marie (1986b): Der Philosoph und der Generalfinanzkontrolleur, in: ders.: Recht und Politik, hrsg. von Günther Mensching. Syndikat, Frankfurt am Main.

West, Edwin George (1976): Adam Smith – The Man and his Works. Liberty Fund, Indianapolis.

Wieland, Josef (1991): Die immanente Ethik des natürlichen Preises bei Adam Smith – über die Beziehung des Marktsystems zu seinem Rand,

in: Meyer-Faje, Arnold und Ulrich, Peter (Hrsg.): Der andere Adam Smith – Beiträge zur Neubestimmung von Ökonomie als Politischer Ökonomie. Haupt Verlag, Bern, S. 223-248.
Wightman, William P.D. (1982): Introduction, in: Smith, Adam: Essays on Philosophical Subjects. The Glasgow Edition of the Works and Correspondence of Adam Smith. Bd. 3, hrsg. von William P.D. Wightman und J.C. Bryce. Nachdruck Indianapolis.
Xenophon (1992): Poroi – Über Mittel und Wege, dem Staat Geld zu verschaffen, in: ders., Ökonomische Schriften. Akademie Verlag, Berlin.

Weiterführende Literatur

Ballestrem, Karl Graf (2001): Adam Smith. Verlag C.H. Beck, München.
Bharadwaj, Krishna (Hrsg.) (1991): Adam Smiths Beitrag zur Gesellschaftswissenschaft. Ökonomie und Gesellschaft, Jahrbuch 9. Campus Verlag, Frankfurt am Main.
Brühlmeier, Daniel (1988): Die Rechts- und Staatslehre von Adam Smith und die Interessentheorie der Verfassung. Duncker & Humblot, Berlin.
Buchan, James (2006): Adam Smith and the Pursuit of Perfect Liberty. Profile, London.
Campbell, Roy Hutcheson u. Skinner, Andrew Stewart (1985): Adam Smith. Croom Helm, London, 2. Aufl.
Firth, Ann (Hrsg.) (2007): New Perspectives on Adam Smith's Theory of Moral Sentiments. Edward Elgar, Cheltenham.
Fleischacker, Samuel (2005): On Adam Smith's Wealth of Nations – A Philosophical Companion. Princeton University Press, Princeton.
Evensky, Jerry (2007): Adam Smith's Moral Philosophy: A Historical and Contemporary Perspective on Markets, Law, Ethics, and Culture. Cambridge University Press, Cambridge.
Fricke, Christel u. Schütt, Hans-Peter (Hrsg.) (2005): Adam Smith als Moralphilosoph. de Gruyter, Berlin.
Griswold, Charles L. (1999): Adam Smith and the Virtues of Enlightenment. Cambridge University Press, Cambridge.
Haakonssen, Knud (Hrsg.) (2006): The Cambridge Companion to Adam Smith. Cambridge University Press, Cambridge.

Habermann, Gerd (Hrsg.) (2006): Der Weg zum Wohlstand - Ein Adam-Smith-Brevier. Ott Verlag, Bern, 2. Aufl.

Henderson, Willie (2006): Evaluating Adam Smith: Creating the Wealth of Nations. Routledge, London.

Hueber, Anton (1991): Die philosophische und ethische Begründung des homo oeconomicus bei Adam Smith. Peter Lang Verlag, Frankfurt am Main.

Kaufmann, Franz-Xaver und Krüsselberg, Hans-Günter (Hrsg.) (1984): Markt, Staat und Solidarität bei Adam Smith. Campus Verlag, Frankfurt am Main.

Kurz, Heinz (Hrsg.) (1991): Adam Smith. Ein Werk und seine Wirkungsgeschichte. Metropolis Verlag, Marburg, 2. Aufl.

McLean, Ian (2006): Adam Smith, Radical and Egalitarian: An Interpretation for the Twenty-First Century. Edinburgh University Press, Edinburgh.

Medick, Hans (1981): Naturzustand und Naturgeschichte der bürgerlichen Gesellschaft: die Ursprünge der bürgerlichen Sozialtheorie als Geschichtsphilosophie und Sozialwissenschaft bei Samuel Pufendorf, John Locke und Adam Smith. Verlag Vandenhoeck und Ruprecht, Göttingen.

Meyer-Faje, Arnold u. Ulrich, Peter (Hrsg.) (1991): Der andere Adam Smith – Beiträge zur Neubestimmung von Ökonomie als Politische Ökonomie. Haupt Verlag, Bern.

Montes, Leonidas u. Schliesser, Eric (2006): New Voices on Adam Smith. Routledge, London.

Rapahel David D.: Adam Smith. Campus Verlag, Frankfurt am Main 1991.

Raphael, David D. (2007): The Impartial Spectator: Adam Smith's Moral Philosophy. Oxford University Press, Oxford.

Recktenwald, Horst Claus (Hrsg.) (1985): Ethik, Wirtschaft und Staat – Adam Smiths politische Ökonomie heute. Wissenschaftliche Buchgesellschaft, Darmstadt.

Recktenwald, Horst Claus (1976): Adam Smith – Sein Leben und sein Werk. Verlag C.H. Beck, München.

Ross, Ian Simpson (1998): The Life of Adam Smith, Clarendon Press, Oxford 1995, dt. von Hans Günter Holl: Adam Smith – Leben und Werk. Verlag Wirtschaft und Finanzen, Düsseldorf.

Rothschild, Emma (2001): Economic Sentiments: Adam Smith, Condorcet, and the Enlightenment. Harvard University Press, Cambridge/Mass.

Scott, William Robert (1965): Adam Smith as Student and Professor. Nachdruck: A.M. Kelly, New York.

Skinner, Andrew u. Wilson, Thomas (Hrsg.) (1975): Essays on Adam Smith. Clarendon Press, Oxford.

Streminger, Gerhard (1999): Adam Smith. Rowohlt Taschenbuch Verlag, Reinbek, 2. Aufl.

Streminger, Gerhard (2000): Der natürliche Lauf der Dinge – Essays zu Adam Smith und David Hume. Metropolis Verlag, Marburg.

Trapp, Manfred (1987): Adam Smith – politische Philosophie und politische Ökonomie. Verlag Vandenhoeck u. Ruprecht, Göttingen.

West, Edwin George (1976): Adam Smith – The Man and his Works. Liberty Fund, Indianapolis.

Winter, Helen u. Rommel, Thomas (1999): Adam Smith für Anfänger – Der Wohlstand der Nationen. Deutscher Taschenbuch Verlag, München.

Wood, John Cunningham (Hrsg.) (1993/1994) : Adam Smith, Critical Assessments, 7 Bde. Routledge, London.

Zeittafel

1723	Adam Smith wird als zweiter Sohn von Adam Smith (sen.) und Margaret Douglas in Kirkcaldy in der Grafschaft Fife geboren. Sein Vater verstirbt vor seiner Geburt am 9. Januar 1723. Adam Smith wird am 5. Juni 1723 getauft.
1732-1737	Besuch der Grundschule in Kirkcaldy
1737	ab November Beginn des Studiums in Glasgow; Seminare bei Alexander Dunlop (Griechisch), John Simson (Mathematik) und Francis Hutcheson (Philosophie)
1740	Smith erhält ein Snell-Stipendium für ein Studium in Oxford.
1740-1746	Studium am Balliol College in Oxford; im August Rückkehr nach Kirkcaldy, 1744 Bachelor of Arts, Abschluss als Magister Artium
1748-1751	Smith hält in Edinburgh Kurse über die »schöne Literatur« und Jurisprudenz; persönliche Bekanntschaft mit David Hume
1751	Ernennung zum Professor für Logik an der Universität Glasgow
1752	Smith wechselt auf den Lehrstuhl für Moralphilosophie.
1759	Veröffentlichung der *Theorie der ethischen Gefühle*
1761	Veröffentlichung des Aufsatzes über den Ursprung der Sprachen
1762	Am 3. Mai wird Smith zum Bürger Glasgows ernannt, am 21. Oktober wird ihm der Titel eines Doktors der Rechte von der Universität Glasgaow verliehen.
1764-1766	Reise durch Frankreich und die Schweiz als Privatlehrer des Herzogs von Buccleuch und dessen Bruder, Zusammenkunft mit Voltaire in Genf, Bekanntschaft mit zahlreichen französischen Aufklärern und den Physiokraten in Paris

1766	Am 19. Oktober verstirbt der Bruder des Herzogs von Buccleuch in Paris, Smith kehrt nach England zurück.
1766/67	Smith arbeitet als Berater des Schatzkanzlers.
1767	Fellow der Royal Society
1767-1773	Arbeit am *Wohlstand der Nationen* in Kirkcaldy
1773-1776	Fertigstellung des *Wohlstands der Nationen* in London, Zusammenkünfte mit Benjamin Franklin
1776	Veröffentlichung des *Wohlstands der Nationen*; Tod Humes am 25. August
1777	Veröffentlichung von Smiths Darstellung der letzten Tage David Humes im *Scots Magazine*
1778	Smith wird zum Zollrevisor ernannt, er übersiedelt gemeinsam mit seiner Mutter, Janet Douglas und David Douglas nach Edinburgh.
1782/83	Überarbeitung des *Wohlstands der Nationen*
1783	Gründungsmitglied der Royal Society in Edinburgh
1784	Smiths Mutter stirbt am 23. Mai; Smith kämpft mit ernsthaften Gesundheitsproblemen.
1787	Smith wird in London operiert, sein Gesundheitszustand verbessert sich; am 15. November Ernennung zum Lord Rector der Universität Glasgow
1788	Tod von Janet Douglas; konzentrierte Überarbeitung der *Theorie der ethischen Gefühle* bis kurz vor seinem Tod
1790	Smith stirbt am 17. Juli in Edinburgh.

Michael S. Aßländer ist Professor für Wirtschafts- und Unternehmensethik an der Universität Kassel. Forschungsschwerpunkte: Ideengeschichte der Politischen Ökonomie, Wirtschafts- und Unternehmensethik, normative Grundlagen der Ökonomie. Veröffentlichungen u.a.: *Von der vita activa zur industriellen Wertschöpfung* (2005); (Hg. mit P. Ulrich), *John Stuart Mill – Der vergessene politische Ökonom und Philosoph* (2006); (Hg. mit A. Suchanek u. G. Ulshöfer), *Generationengerechtigkeit als Aufgabe von Wirtschaft, Politik und Gesellschaft* (2007).

In der Reihe »Zur Einführung« im Junius Verlag bisher erschienen:

Theodor W. Adorno
von Gerhard Schweppenhäuser

Giorgio Agamben
von Eva Geulen

Hans Albert
von Eric Hilgendorf

Karl-Otto Apel
von Walter Reese-Schäfer

Hannah Arendt
von Karl-Heinz Breier

Aristoteles
von Christof Rapp

Augustinus
von Johann Kreuzer

Roland Barthes
von Gabriele Röttger-Denker

Georges Bataille
von Peter Wiechens

Jean Baudrillard
von Falko Blask

Walter Benjamin
von Sven Kramer

Henri Bergson
von Gilles Deleuze

Hans Blumenberg
von Franz Josef Wetz

Pierre Bourdieu
von Markus Schwingel

Judith Butler
von Hannelore Bublitz

Ernst Cassirer
von Heinz Paetzold

E.M. Cioran
von Richard Reschika

Auguste Comte
von Gerhard Wagner

Gilles Deleuze
von Michaela Ott

Jacques Derrida
von Heinz Kimmerle

René Descartes
von Peter Prechtl

John Dewey
von Martin Suhr

Wilhelm Dilthey
von Matthias Jung

Meister Eckhart
von Norbert Winkler

In der Reihe »Zur Einführung« im Junius Verlag bisher erschienen:

Mircea Eliade
von Richard Reschika

Norbert Elias
von Ralf Baumgart/Volker Eichener

Epikur
von Carl-Friedrich Geyer

Amitai Etzioni
von Walter Reese-Schäfer

Paul K. Feyerabend
von Eberhard Döring

Johann Gottlieb Fichte
von Helmut Seidel

Michel Foucault
von Philipp Sarasin

Gottlob Frege
von Markus S. Stepanians

Sigmund Freud
von Hans-Martin Lohmann

Hans-Georg Gadamer
von Udo Tietz

Arnold Gehlen
von Christian Thies

Jürgen Habermas
von Detlef Horster

Nicolai Hartmann
von Martin Morgenstern

Georg Wilhelm Friedrich Hegel
von Herbert Schnädelbach

Martin Heidegger
von Günter Figal

Johann Gottfried Herder
von Jens Heise

Thomas Hobbes
von Wolfgang Kersting

Max Horkheimer
von Rolf Wiggershaus

David Hume
von Heiner F. Klemme

Edmund Husserl
von Peter Prechtl

Karl Jaspers
von Werner Schüßler

C.G. Jung
von Micha Brumlik

Immanuel Kant
von Jean Grondin

Sören Kierkegaard
von Konrad Paul Liessmann

In der Reihe »Zur Einführung« im Junius Verlag bisher erschienen:

Friedrich Kittler
von Geoffrey Winthrop-Young

Lawrence Kohlberg
von Detlef Garz

Heinz Kohut
von Ralph J. Butzer

Konfuzius
von Xuewu Gu

Siegfried Kracauer
von Gertrud Koch

Jacques Lacan
von Gerda Pagel

Gottfried Wilhelm Leibniz
von Hans Poser

Emmanuel Lévinas
von Bernhard H.F. Taureck

Claude Lévi-Strauss
von Edmund Leach

John Locke
von Walter Euchner

Niklas Luhmann
von Walter Reese-Schäfer

Jean-François Lyotard
von Walter Reese-Schäfer

Niccolò Machiavelli
von Quentin Skinner

Karl Marx
von Rolf Peter Sieferle

Maurice Merleau-Ponty
von Christian Bermes

Michel de Montaigne
von Peter Burke

Thomas Morus
von Dietmar Herz

Friedrich Nietzsche
von Wiebrecht Ries

Charles Sanders Peirce
von Helmut Pape

Jean Piaget
von Ingrid Scharlau

Platon
von Barbara Zehnpfennig

Helmuth Plessner
von Kai Haucke

Willard Orman Quine
von Geert Keil

John Rawls
von Wolfgang Kersting

In der Reihe »Zur Einführung« im Junius Verlag bisher erschienen:

Paul Ricœur
von Jens Mattern

Richard Rorty
von Walter Reese-Schäfer

Jean-Jacques Rousseau
von Günther Mensching

Jean-Paul Sartre
von Martin Suhr

Max Scheler
von Angelika Sander

Friedrich W.J. Schelling
von Franz Josef Wetz

Carl Schmitt
von Reinhard Mehring

Arthur Schopenhauer
von Volker Spierling

Sokrates
von Christoph Kniest

Adam Smith
von Michael S. Aßländer

Baruch de Spinoza
von Helmut Seidel

Leo Strauss
von Clemens Kauffmann

Charles Taylor
von Ingeborg Breuer

Thomas von Aquin
von Rolf Schönberger

Paul Tillich
von Gerhard Wehr

Alexis de Tocqueville
von Michael Hereth

Paul Valéry
von Ralph-Rainer Wuthenow

Eric Voegelin
von Michael Henkel

Michael Walzer
von Skadi Krause/Karsten Malowitz

Max Weber
von Volker Heins

Alfred North Whitehead
von Michael Hauskeller

Ludwig Wittgenstein
von Chris Bezzel

Slavoj Zizek
von Rex Butler

In der Reihe »Zur Einführung« im Junius Verlag bisher erschienen:

Analytische Philosophie
von Albert Newen

Angewandte Ethik
von Urs Thurnherr

Antike politische Philosophie
von Walter Reese-Schäfer

Argumentationstheorie
von Josef Kopperschmidt

Ästhetik
von Stefan Majetschak

Biopolitik
von Thomas Lemke

Computerphilosophie
von Klaus Mainzer

Erkenntnistheorie
von Herbert Schnädelbach

Die europäischen Moralisten
von Robert Zimmer

Feministische Theorien
von R. Becker-Schmidt/G.-A. Knapp

Filmtheorie
von Th. Elsaesser/M. Hagener

Geschichtsphilosophie
von Johannes Rohbeck

Grundbegriffe der Ethik
von Gerhard Schweppenhäuser

Hermeneutik
von Matthias Jung

Historische Anthropologie
von Jakob Tanner

Historische Epistemologie
von Hans-Jörg Rheinberger

Interkulturelle Philosophie
von Heinz Kimmerle

Kulturphilosophie
von Ralf Konersmann

Medientheorien
von Dieter Mersch

Moralbegründungen
von Konrad Ott

Phänomenologie
von Ferdinand Fellmann

Philosophie der Menschenrechte
von Ch. Menke/A. Pollmann

Rechtsphilosophie
von Detlef Horster

Wissenschaftstheorie
von Martin Carrier